筆　記　編

解説　ハードウェア・ソフトウェアに関する知識

■■1■　ハードウェアの構成

　コンピュータは，電子回路を用いて，データ処理を自動的に，高速，正確に行うことができる。コンピュータを構成している装置，部品類を**ハードウェア**という。ハードウェアは，さまざまな機能を持つたくさんの装置から構成されている。入力，出力，記憶，制御，演算の機能をコンピュータの**五大機能**といい，コンピュータは五大機能を受け持つ，五大装置から構成されている。

> **Point**　◆パーソナルコンピュータの標準的な構成
> ①本体
> 　CPU や主記憶装置のほかに，以下の装置などと一体になった
> 　ものがほとんどである。
> 　・ハードディスク装置
> 　・DVD 装置(CD 装置またはブルーレイディスク装置)
> ②キーボード
> ③マウス
> ④ディスプレイ装置
> ⑤プリンタ

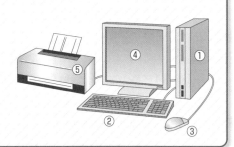

◆五大機能と装置

機　能	装　置	
コンピュータに命令やデータを読み込ませる。	入力装置	周辺装置
コンピュータが処理した結果を表示したり印字したりする。	出力装置	
入力装置から受けた命令やデータをためておく。	記憶装置　補助記憶装置	
	主記憶装置(メモリ)	処理装置
各装置が効率よく動作するようにコントロールする。	制御装置　CPU	
与えられた命令やデータにしたがって演算する。	演算装置　(中央処理装置)	

> **Point**
> 　コンピュータの中心部分である CPU(制御装置，演算装置)と主記憶装置(メモリ)を**処理装置**という。また，処理装置以外の入力装置や出力装置，補助記憶装置などを**周辺装置**という。

出力装置（ディスプレイ・プリンタ）

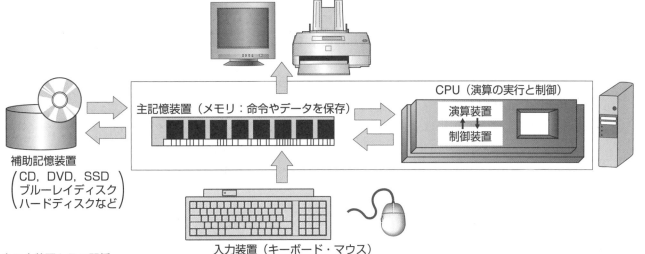

◆五大装置とその関係

ハード・ソフト

1)集積回路　半導体基板の上に複数の電子回路をまとめ，一つの部品として構成されたもの。数ミリ角の半導体基板上に電子回路が多数埋め込まれている。CPU や主記憶装置など，コンピュータの装置は半導体を使った集積回路で構成されている。

◆集積回路の種類

名称	英語表記	日本語表記	埋め込まれた電子回路の数
IC	Integrated Circuit	集積回路	1,000 個程度
LSI	Large Scale Integration	大規模集積回路	1,000 個から 10 万個程度
VLSI	Very Large Scale Integration	超大規模集積回路	10 万個から 1,000 万個程度
ULSI	Ultra Large Scale Integration	超々大規模集積回路	1,000 万個を超える

2)CPU(Central Processing Unit：中央処理装置)　制御装置と演算装置から構成される装置。コンピュータの頭脳にあたる。

①制御装置　記憶装置の命令を取り出して解読し，各装置が効率よく動作するように指示を送る装置。

②演算装置　データの四則計算や比較判断などを行う装置。

3)記憶装置

①主記憶装置　コンピュータ本体に組み込まれ，CPU から直接読み書きできる記憶装置。メモリ，メインメモリと呼ばれる。データの読み出し専用の ROM（ロム）と，データの読み出しと書き込みができる RAM（ラム）がある。

ⅰ)ROM(Read Only Memory)　データの読み出し専用のメモリで，電源を切っても記憶内容が消えない性質（不揮発性）がある。コンピュータ本体と周辺装置のやり取りを制御する BIOS（バイオス）などのように，書き換えられては困るものを記憶する場合に使う。コンピュータを起動させるためのプログラムなど，ごく基本的なソフトは ROM に記憶されている。ROM の内容は，通常，メーカーで製造時に書き込まれる。

ⅱ)RAM(Random Access Memory)　データの読み出しと書き込みができるメモリで，電源を切ると記憶内容は消えてしまう性質（揮発性）がある。コンピュータの処理に必要なプログラムやデータは RAM に記憶させる。

②補助記憶装置　CPU から直接読み書きできないが，電源を切っても記憶された内容が消えない記憶装置の総称。コンピュータは電源を切ると，主記憶装置の RAM の記憶内容は消えてしまう。しかし，次回以降，作業を続けるためには作業内容を記憶しておく必要がある。そのため，プログラムやデータは電源を切る前に，補助記憶装置に記憶させておかなければならない。

ⅰ)ハードディスク(Hard Disk)　硬い金属製の円盤（ディスク）に磁性材料を塗ったものを何枚も重ねた記憶媒体。この磁気ディスクをモーターで高速に回転させて，アクセスアームで記録場所に移動し，磁気ヘッドを近づけてデータを読み書きする装置をハードディスク装置（HDD：Hard Disk Drive）または磁気ディスク装置という。コンピュータの本体に内蔵されていることが多い。

ⅱ)SSD(Solid State Drive)　大容量の半導体メモリを用いた補助記憶装置。磁気ディスクや DVD などの光ディスクに比べ，機械的に動作する部分が無いため，小型，軽量で起動が速く，高速でデータを読み書きすることができる。消費電力も少なく，耐衝撃性にも優れている。

ハード・ソフト

ⅲ）DVD（Digital Versatile Disk）

　　　波長が 650nm（ナノメートル）の赤色のレーザ光線を利用してデータを読み書きする光ディスク。ディスクには薄い膜の記録層を 1 層または 2 層貼り付けてある。標準的な片面 1 層式には約 4.7GB 記録することができる。再生専用型の DVD‒ROM，追記型の DVD‒R，書き換え型の DVD‒RW，DVD‒RAM などがある。

ⅳ）ブルーレイディスク（Blu‒ray Disc：BD）

　　　波長が 405nm の青紫色のレーザ光線で読み書きする光ディスク。形状は直径 12cm で DVD と同じだが，1 層式で約 25GB，2 層式で約 50GB の記憶容量がある。追記型の BD‒R，書き換え型の BD‒RE がある。

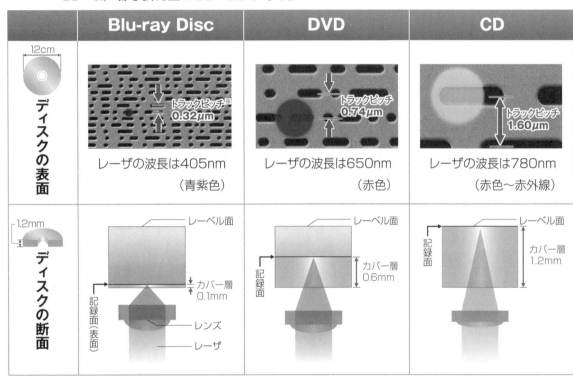

※トラックピッチ…ディスク（円盤）型の記憶媒体で，隣接する同心円状の記録単位（トラック）間の距離。

（写真提供：株式会社パナソニック）

ⅴ）フラッシュメモリ（flash memory）

　　　電源を切ってもデータが消えない不揮発性の半導体を用いて読み書きする補助記憶装置。SD メモリカードや USB メモリなどがある。小型で軽量，消費電力が少なく，携帯に便利で，ノートパソコンをはじめ，携帯電話やデジタルカメラなどで広く利用されている。

SD メモリカード　メモリスティック　　マルチメディアカード　　USB メモリ　　SSD

microSD　コンパクトフラッシュ　スマートメディア　xD ピクチャーカード

4）入力装置

①タッチパネル(touch panel)

ディスプレイ上に表示されたマークやボタンを指やペンで触れることにより，データを入力する装置。金融機関の ATM（現金自動預払機）や駅の券売機，携帯電話やゲーム機などで用いられている。

②イメージスキャナ(image scanner)

写真や絵，印刷物などの画像を光学的に読み取り，デジタルデータとして入力する装置。画像を細かい点（ドット）の集まりとして処理する。なお，点の細かさを解像度といい，dpi（ドット・パー・インチ）という単位で表す。dpi の値が大きい（解像度が高い）ほど画像をきれいに読み取ることができる。

③バーコードリーダ(barcode reader)

商品などに付いたバーコード(→ p.10)を光学的に読み取る装置。

タッチパネル

イメージスキャナ

バーコードリーダ
（写真提供：デンソーウェーブ）

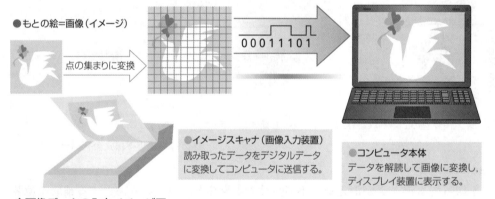
◆画像データの入力イメージ図

5）出力装置

①インクジェットプリンタ (ink jet printer)

細いノズルからインクを紙に噴射して印刷するプリンタ。通常，色料の3原色に黒を加えた，CMYK（シアン，マゼンタ，イエロー，ブラック）の4色のインクを用いて印刷する。おもに家庭用のプリンタとして使われている。

②レーザプリンタ(laser printer)

レーザ光線と静電気を使って，トナーと呼ばれる粉を紙に転写して印刷するプリンタ。コピー機と同じ原理で，印刷データを1ページ単位でプリンタのメモリに記憶させて印刷するため，ページプリンタともいう。印刷音が静かで，高速に高品質な印刷ができるので，ビジネス用のプリンタとして広く使われている。

③プロジェクタ(projector)

パソコンの画面やDVDの映像などをスクリーンや壁などに投影する装置。プレゼンテーションなどで用いられる。

インクジェットプリンタ　　　　　　　レーザプリンタ　　　　　　　　プロジェクタ

(写真提供：エプソン)

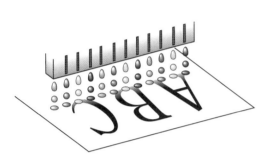

◆インクジェットプリンタのイメージ図　　◆レーザプリンタのイメージ図

6)インタフェース

コンピュータ本体と周辺装置を接続して，データをやり取りするための規格。パソコンでは，用途に合わせて国際的に規格化されており，さまざまな周辺装置を組み合わせて利用することができる。

① USB(Universal Serial Bus)

キーボードやマウスなどの周辺装置とパソコンを結ぶシリアルインタフェース規格。1つの受け口(ポート)で，最大127台の機器を接続することができる。また，電源を切らずに接続の抜き差しができるホットプラグ機能がある。

② HDMI(High‑Definition Multimedia Interface：高精細度マルチメディアインタフェース)

テレビなどのデジタル家電やAV機器で使われる映像や音声の入出力用のインタフェース規格。映像・音声・制御信号を1本のケーブルで合わせて送受信することができる。

USBケーブル　　　　　　　　　HDMIケーブル

(写真提供：株式会社バッファロー)

③ Bluetooth

電波を使用して，数mから数十m程度の近距離間でのデータ通信に利用されるインタフェース規格。機器間に障害物があっても利用することができる。

ハード・ソフト

■■2■ ソフトウェアの構成

1)OS(オペレーティングシステム：Operating System)

ハードウェアやデータを管理し，制御するソフトウェア。基本ソフトウェアともいう。コンピュータの利用者に，ハードウェアやソフトウェアを効率よく，使いやすい環境を提供する役割を担っている。

◆パーソナルコンピュータで使われる代表的な OS の種類

・Windows(ウィンドウズ)	・UNIX(ユニックス)
・macOS(マックオーエス)	・Linux(リナックス)

2)アプリケーションソフトウェア(Application Software)

ワープロソフトや表計算ソフトなどのように，特定の目的に利用するソフトウェア。応用ソフトウェアともいう。

◆アプリケーションソフトウェアの例

作業	ソフトウェア
文書を作る	ワープロソフト
表を使って計算をする	表計算ソフト
大量のデータを管理する	データベースソフト
スライド資料を作成する	プレゼンテーションソフト
図形や絵を描く	グラフィックソフト
Web ページを見る	ブラウザソフト

①インストール(Install)

コンピュータにソフトウェアを保存して使用可能な状態にすること。セットアップともいう。

②アンインストール(Uninstall)

コンピュータからインストールしたソフトウェアを削除して使用不可能な状態にすること。

3)アップデート(Update)

ソフトウェアを最新の状態に更新すること。使用しているソフトウェアの不具合を修正したり，機能を向上させるために，関係する Web サイトから必要なファイルをダウンロード(→ p.18)し，インストールして最新の状態にする。

■■3■ パーソナルコンピュータの操作

1)GUI(Graphical User Interface)

視覚的，直感的にコンピュータを利用できるようにした操作環境。現在のパソコンは，ほとんどがこの環境になっており，メニューから選択できたり，機能が絵文字で表現されているなど，利用者にとってたいへん使いやすい環境になっている。なお，GUI に対して，文字中心の操作環境を CUI(Character User Interface)という。

2)画面

①アイコン

フォルダ(→ p.9)やファイルの種類，機能などを視覚的にわかりやすく表現した画面上の小さな絵文字。これらを選択することで，操作を簡単に行うことができる。

②カーソル

画面上で入力位置や操作位置を示すしるし。現在動作中のソフトウェアが注目している場所を示し，その場所に文字，数値を入力したり，指示を与えたりする。

③スクロール

画面上に表示しきれない文字や画像などのデータを見るために，表示範囲を移動させる操作。表示範囲を上下または左右方向に移動させて，画面外にあったデータを表示させる。

■■4■　関連知識

1)2進数

私たちは，通常，0～9の10種類の数字を用いて数を表現している。このような数値の表現方法を10進数という。しかし，コンピュータの内部では，データは電流の有無や電圧の高低などにより認識され，0と1の2種類の数字によって表現されている。0と1のみを用いた数値の表現方法を2進数という。

〈2進数を10進数に変換〉

2進数の各桁に，桁の重みを乗じて，その和を求める。

〈例〉2進数の1101

1	1	0	1
×	×	×	×
2^3	2^2	2^1	2^0
‖	‖	‖	‖
⑧	④	0	①

⑧ ＋ ④ ＋ 0 ＋ ① ＝ 13

よって，2進数（1101）＝ 10進数（13）

〈10進数を2進数に変換〉

10進数を2で割り，商とあまりを求めることを繰り返す。最後にあまりを逆に並べる。

〈例〉10進数の13

```
2）13
2）  6 ・・・1
2）  3 ・・・0
2）  1 ・・・1
     0 ・・・1
```

13 ÷ 2 ＝ ⑥ あまり 1
⑥ ÷ 2 ＝ ③ あまり 0
③ ÷ 2 ＝ ① あまり 1
① ÷ 2 ＝ 0 あまり 1

よって，10進数（13）＝ 2進数（1101）

◆ 10進数と2進数の対応

10進数	2進数
0	0
1	1
2	10
3	11
4	100
5	101
6	110
7	111
8	1000
9	1001
10	1010
11	1011
12	1100
13	1101
14	1110
15	1111

Point

a ≠ 0のとき $a^0 = 1$

〈10進数を2進数に変換〉【別法】

2進数の各桁の重みの和が10進数の値になるような組み合わせを求めることで，10進数を2進数に変換することができる。

〈例〉10進数の22
(1) 10進数の値を超えない2進数の各桁の重みを，1（＝ 2^0）から順に右から左に書き出す。

　　16　8　4　2　1
　　※22を超えない最大の重みは，16（＝ 2^4）となる。

(2) 各桁の重みを足して10進数の「22」になるような組み合わせを求め，その重みに印を付ける。

　　⑯　8　④　②　1

(3) 印を付けた重みの下に「1」を記入し，印のない重みの下に「0」を記入する。

　　⑯　8　④　②　1
　　 1　 0　 1　 1　 0
　　※16×1＋4×1＋2×1＝22　となる。
　　よって，10進数（22）＝ 2進数（10110）

2)コンピュータの単位

①ビット(bit)　　2進数1桁で表せる情報の最小単位。1ビットで0か1の2通りのデータを表現できる。

ハード・ソフト

②バイト(Byte：B)　2進数8桁で表せる情報の基本単位。8ビットを1バイトという。1バイトで2^8（＝256）通りのデータを表現できる。英字・数字・記号など半角1文字分をコード化することができる。

◆ビット数と表現できる情報数

ビット数	2進数表現	10進数表現	表現できる情報数
1ビット	0 1	0 1	$2^1=2$ 0，1の2通り
2ビット	0 0 0 1 1 0 1 1	0 1 2 3	$2^2=4$ 0〜3の4通り
8ビット	0 0 0 0 0 0 0 0 0 0 0 0 0 0 0 1 ⋮ 1 1 1 1 1 1 1 0 1 1 1 1 1 1 1 1	0 1 ⋮ 2 5 4 2 5 5	$2^8=256$ 0〜255の256通り
nビット			2^n 0〜(2^n-1)の2^n通り

3）処理速度の単位(ms・μs・ns・ps・fs)

CPUが情報の読み出しを要求してから，記憶装置が情報を読み出し，CPUに送るまでの時間をアクセスタイムといい，その速度はコンピュータの性能を示す基準となる。読み書きの速度は非常に高速なため，1秒（セカンド）の1,000分の1や，さらにその1,000分の1というような単位を用いて，桁数を少なくして表現している。

◆処理速度の比較

遅い ↓ 速い	ミリセカンド(ms)	1,000分の1秒（10^{-3}秒）	千分の1秒
	マイクロセカンド(μs)	1,000,000分の1秒（10^{-6}秒）	百万分の1秒
	ナノセカンド(ns)	1,000,000,000分の1秒（10^{-9}秒）	十億分の1秒
	ピコセカンド(ps)	1,000,000,000,000分の1秒（10^{-12}秒）	一兆分の1秒
	フェムトセカンド(fs)	1,000,000,000,000,000分の1秒（10^{-15}秒）	千兆分の1秒

4）記憶容量の単位(KB・MB・GB・TB・PB)

記憶された大量の情報を表現するには，1B（バイト）の約1,000倍や，さらにその約1,000倍というような単位を用いて，桁数を少なくして表現している。

◆記憶容量の比較

小 ↓ 大	キロバイト(KB)	約1,000バイト（10^3バイト）	約千バイト
	メガバイト(MB)	約1,000,000バイト（10^6バイト）	約百万バイト
	ギガバイト(GB)	約1,000,000,000バイト（10^9バイト）	約十億バイト
	テラバイト(TB)	約1,000,000,000,000バイト（10^{12}バイト）	約一兆バイト
	ペタバイト(PB)	約1,000,000,000,000,000バイト（10^{15}バイト）	約千兆バイト

Point

コンピュータの数の概念は2進法なので，記憶容量の単位は，2^{10}(1,024)倍ずつ大きくなる。よって，1KBは10進数の1,000倍の1,000Bではなく，正確には1,024Bである。1MBは1,024KB（2^{20}B），1GBは1,024MB（2^{30}B），1TBは1,024GB（2^{40}B），1PBは1,024TB（2^{50}B）である。しかし，計算しやすくするために，1,024倍でなく，1,000倍を用いることが多い。

5）フォーマット(format：初期化)

　　ハードディスクなどの記憶媒体を，OSの記録方式に合わせて，読み書きできる状態にすること。初期化，イニシャライズともいう。通常，購入したハードディスクなどの記憶媒体を初めて使用するときに行う。なお，すでに使用されている記憶媒体をフォーマットすると，これまでに記録していたデータは全て消去されてしまうので，注意しなければならない。

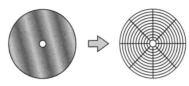

データを記録するため，住所の区画のように記憶する領域を小さな部分に区分けする。

◆フォーマットのしくみ

6）ファイル名

　　データを記憶媒体に保存する際に付ける名前。コンピュータのデータはファイル単位で保存される。ファイルは，保管場所(フォルダ)とファイル名により他と区別される。

7）フォルダ(ディレクトリ)

　　ハードディスクなどの記憶媒体にファイルを分類，整理するために作られた保管場所。

◆フォルダ構成例

8）バッチ処理

　　発生したデータを一定期間または一定量ためておき，一度にまとめて処理する方式。一括処理ともいわれる。電気や電話の料金請求処理，給与の計算などがある。

9）リアルタイム処理

データが発生すると即座に処理を行う方式。実時間処理ともいわれる。オンラインによる座席予約システムなどがある。

10）EOS(電子発注システム：Electronic Ordering System)

　　企業間をオンラインで結んだ受発注システム。コンビニエンスストアなどの小売店で受発注業務を効率化するために利用されている。コンピュータで発注・仕入・請求・支払などを一元管理し，小売店の端末と本部や卸売店などを結ぶことで，迅速で正確な発注作業が行える。POSシステムとリンクしたシステムもある。

11）EC(電子商取引：Electronic Commerce)

　　インターネットを利用して，商品やサービスの取引を行うこと。

ハード・ソフト

12)POSシステム(Point of Sales System)

販売店のレジで商品のバーコードを読み取ることで，売上情報を収集し記録するしくみ。商品管理や品揃えに反映することができる。レジで即座に行えるので，販売時点情報管理システムともいう。

◆ POSシステム

13)バーコード(barcode)

横方向に並んだ直線の太さや間隔により，データを表すもの。POSで利用されるバーコードは，国名，メーカー名，商品名などを13桁の数値で表している。また，これを読み取る装置をバーコードリーダという。なお，バーコードは，商品だけではなく，個人カードや図書管理などにも広く用いられている。

① JANコード(Japanese Article Number Code)

JIS(日本産業規格)によって規格化されたバーコード。日本の共通商品コードとなっており，POSシステムやEOSなどで利用されている。国コード，メーカーコード，商品コード，チェック用コードの順に，標準タイプは13桁，短縮タイプは8桁の数値で構成されている。なお，商品の販売価格はJANコードには含まれていない。販売価格は，POSシステムなどで管理したほうが，変更などが容易なためである。

◆ JANコードが示す内容

コード	標準タイプ(13桁)	短縮タイプ(8桁)
国コード(日本は４９または４５)	2桁	2桁
メーカーコード	5または7桁	4桁
商品コード	5または3桁	1桁
読み取りミスのチェック用コード	1桁	1桁

標準タイプ　　　　短縮タイプ

②二次元バーコード(QRコード：Quick Response code)

二次元バーコード

縦横の２方向に情報を持つコード。横方向にしか情報を持たないバーコードよりも，数百倍の情報を記録することができ，数値のほか，文字も記録することができる。

QRコードは，日本のデンソーウェーブが開発した二次元バーコードの形式で，日本で最も普及している。小さな正方形の点を縦横に同数並べる方式で，360°どの方向からも正確に情報を読み取ることができる。商品コードのほかに氏名や会社名，住所，電話番号，インターネットのURLやメールアドレスの記録などに利用されている。

14)RFID(電波方式認識：Radio Frequency IDentification)

　　情報を記録したICタグ(荷札)と読み取り機を使用して，電波(電磁波)による無線通信により，商品の識別や管理，個人の認証などを行う技術。ICタグは，電子タグや無線タグ，RFタグとも呼ばれ，半導体の集積回路(IC)にバーコードよりも多くの情報を記録することができる。また，バーコードと異なり，複数のICタグを一括して読み取ることや，箱や袋の中に入れたままで読み取ることができる。通信可能な距離は数cm〜数m。

 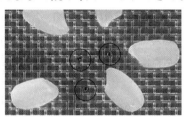

15)非接触型ICカード(non‐contact type IC card)

　　内部にICチップとアンテナを内蔵し，電波を利用してデータの送受信をするICカード。読み取り機に近づけるだけで処理することができ，交通機関の乗車券やキャッシュカード，プリペイドカード，運転免許証，身分証などに広く利用されている。

非接触型ICカード
(画像提供：JR東日本)

16)AI(Artificial Intelligence：人工知能)

　　人間の知能をコンピュータで実現するための技術。人間が学習をするように，コンピュータが自ら学習(ディープラーニング：深層学習)することができる。画像認識，音声認識，自然言語処理の技術で広く活用されている。一般的なコンピュータは，人間によりあらかじめプログラムされた指示通りの処理をするが，AIは，人間と同じように，自律的に認識，学習，判断，推論といった処理を行い，相手や状況に応じた適切で柔軟な対応をすることができる。

17)IoT(Internet of Things：モノのインターネット)

　　情報端末以外の家電などの電子機器や自動車などの機械類をインターネットに接続して，情報をやり取りするしくみ。これまでインターネットに接続されていなかった物体に，センサ機能や通信機能を付けてインターネットに接続することで，リアルタイムで情報交換が可能となる。離れた場所から自動認識，自動計測，自動制御などもできるようになる。

ハード・ソフト

問題　ハードウェア・ソフトウェアに関する知識

【1】　次の説明文に最も適した答えを解答群から選び，記号で答えなさい。

1．データの読み出し専用のメモリで，電源を切っても記憶内容が消えない。
2．磁性体を塗布した金属製の磁気ディスクを高速に回転させ，大量のデータの読み書きを行う記憶装置。
3．画面上のマークやボタンを指やペンで触れることにより入力する装置。
4．写真や絵，印刷物などを光学的に読み取り，デジタルデータとして入力する装置。
5．パソコンの画面やDVDの映像などをスクリーンや壁などに投影する装置。

解答群

ア．アイコン	**イ**．ハードディスク	**ウ**．イメージスキャナ	**エ**．フラッシュメモリ
オ．ROM	**カ**．RAM	**キ**．ブルーレイディスク	**ク**．プロジェクタ
ケ．CPU	**コ**．タッチパネル		

1	2	3	4	5

【2】　次の文の空欄にあてはまる最も適した数値を答えなさい。

1．コンピュータ内部では，すべてのデータは，（　　　）進数で表された数値として扱われ，この数値の1桁を1ビットという。
2．1バイトは，（　　　）ビットである。
3．1バイトで，（　　　）通りのデータを表現することができる。
4．USBは，一つの受け口で，最大（　　　）台の機器を接続することができる。
5．標準タイプのJANコードは，（　　　）桁の数値で構成されている。

1	2	3	4	5

【3】　次のA群の語句に最も関係の深い説明文をB群から選び，記号で答えなさい。

＜A群＞　1．ブルーレイディスク　　　2．レーザプリンタ　　　3．演算装置
　　　　　　4．Bluetooth　　　　　　　5．HDMI

＜B群＞

ア．電波を使用して，近距離間でのデータ通信に利用されるインタフェース規格。機器間に障害物があっても利用することができる。

イ．デジタル家電で使われる映像や音声の入出力用のインタフェース規格。映像・音声・制御信号を1本のケーブルで合わせて送受信することができる。

ウ．コンピュータ本体で，記憶装置の命令を取り出して解読し，各装置に指示を与える装置。

エ．電源を切ってもデータが消えない不揮発性の半導体を用いて読み書きする補助記憶装置。

オ．印字データをレーザ光線により感光ドラムにあてて，トナーを付着させてから用紙に転写する出力装置。

カ．細かな液状のインクを用紙に吹き付けて印字する出力装置。

キ．青紫色のレーザ光線でデータを読み書きする光ディスク。二層式で約50GB記録できる。

ク．パソコン本体とキーボードやマウスなどの周辺装置を接続するためのインタフェース規格。パソコンの起動中に抜き差しができ，一つの接続口で最大127台の周辺装置を接続することができる。

ケ．コンピュータ本体で，データの四則計算や比較判断を行う装置。

コ．赤色のレーザ光線でデータを読み書きする光ディスク装置。片面一層式で4.7GBまで記録できる。

1	2	3	4	5

【4】 次の説明文に最も適した答えをア，イ，ウの中から選び，記号で答えなさい。

1．プログラムを解読して演算処理を行い，各装置を制御するコンピュータの中心部分。
　ア．OS　　　　**イ**．CPU　　　　**ウ**．GUI

2．CPUから直接データを読み書きできない記憶装置の総称。電源を切っても記録された内容は消えない。
　ア．補助記憶装置　　**イ**．主記憶装置　　**ウ**．ROM

3．コンピュータ本体と周辺装置を接続して，データをやり取りするための規格。
　ア．インストール　　**イ**．フォーマット　　**ウ**．インタフェース

4．電源を切ってもデータが消えない不揮発性の半導体を用いて読み書きする記憶媒体。
　ア．ブルーレイディスク　　**イ**．フラッシュメモリ　　**ウ**．DVD

5．多くの電子回路を一つの基板にまとめて部品としたもの。
　ア．集積回路　　**イ**．USB　　**ウ**．EOS

1		2		3		4		5	

【5】 次の説明文に最も適した答えを解答群から選び，記号で答えなさい。

1．記憶装置の命令を取り出して解読し，各装置が効率よく動作するように指示を送る装置。
2．データの読み出しと書き込みができ，電源を切ると記憶内容が失われるメモリ。
3．コンピュータで情報を扱うときの最小単位。
4．インクを直接用紙に吹き付けて印刷する方式のプリンタ。
5．大容量の半導体メモリを用いた補助記憶装置。高速でデータの読み書きができる。

---解答群---
ア．ROM　　**イ**．演算装置　　**ウ**．制御装置　　**エ**．バイト
オ．RAM　　**カ**．SSD　　**キ**．ブルーレイディスク　　**ク**．ビット
ケ．インクジェットプリンタ　　**コ**．レーザプリンタ

1		2		3		4		5	

【6】 次のA群の語句に最も関係の深い説明文をB群から選び，記号で答えなさい。

＜A群＞　1．主記憶装置　　2．DVD　　3．バイト
　　　　　4．RFID　　5．USB

＜B群＞
ア．一つの受け口に，情報機器を最大127台まで接続可能なインタフェース規格。
イ．電波を使用して，近距離間でのデータ通信に利用されるインタフェース規格。機器間に障害物があっても利用することができる。
ウ．デジタル家電やAV機器で使われる映像や音声の入出力用のインタフェース規格。
エ．赤色のレーザ光線を用いてデータを読み書きする光ディスク。4.7GBまで記録できる。
オ．CPUから直接データを読み書きできない記憶装置の総称。電源を切っても記憶内容は消えない。
カ．電磁波を用いた無線により，情報を記録したタグから情報のやり取りを行う技術。
キ．コンピュータ本体に組み込まれ，CPUから直接データを読み書きできる記憶装置。
ク．2進数の1桁で表される情報の最小単位。
ケ．青紫色のレーザ光線を用いてデータを読み書きする光ディスク。2層式で約50GBまで記録できる。
コ．256通りのデータを表現することができる情報の基本単位。

1		2		3		4		5	

【7】 次の説明文に最も適した答えを解答群から選び，記号で答えなさい。

1．画面上の表示範囲を上下・左右に移動させて，画面外にあったデータを表示させる操作。

2．画面上の入力位置や操作位置を示すしるし。

3．コンピュータを視覚的に，直感的に操作できるようにした操作環境。

4．販売店のレジで商品のバーコードを読み取ることで，売上情報を収集し記録するしくみ。

5．コンピュータからソフトウェアを削除して導入前の状態に戻すこと。

――― 解答群 ―――

ア．カーソル　　　　イ．フォーマット　　　ウ．インストール　　　エ．アンインストール

オ．アイコン　　　　カ．スクロール　　　　キ．EOS　　　　　　　ク．POS システム

ケ．EC　　　　　　コ．GUI

1		2		3		4		5	

【8】 次のA群の語句に最も関係の深い説明文をB群から選び，記号で答えなさい。

＜A群＞　1．フォーマット　　　2．AI　　　　　　3．IoT

　　　　　4．JAN コード　　　　5．フォルダ

＜B群＞

ア．縦横の2方向に情報を持つコード。数値のほか，文字も記録することができる。

イ．無線により，情報を記録したタグに直接触れることなく情報のやり取りを行う技術。

ウ．記憶装置内にファイルを分類，整理するために作られた保管場所。

エ．コンピュータにソフトウェアを追加して使用可能な状態にすること。

オ．JIS によって規格化されたバーコード。日本の共通商品コードとなっており，POS システムや EOS などで利用されている。

カ．データを記憶媒体に保存する際に付ける名前。

キ．人間の知能をコンピュータ上で実現するための技術。画像認識，音声認識，自然言語処理の分野で広く活用されている。

ク．企業間の受発注業務をオンラインで結ばれたコンピュータを用いて効率的に行う電子発注システム。

ケ．初期化ともいい，OS のもとで記憶媒体を利用できるようにするために行う作業。

コ．情報端末以外の電子機器や機械などをインターネットに接続して，情報をやり取りすること。

1		2		3		4		5	

【9】 次の説明文に最も適した答えをア，イ，ウの中から選び，記号で答えなさい。

1．コンピュータ上のソフトウェアを最新の状態に更新すること。

　　　ア．アンインストール　　　　イ．アップデート　　　　ウ．フォーマット

2．商品情報などを記録したタグに直接触れることなく，無線によって情報のやり取りを行う技術。

　　　ア．RFID　　　　　　　　イ．EOS　　　　　　　　ウ．QR コード

3．ハードウェアとアプリケーションソフトウェアの間で動作し，それぞれを管理，制御するソフトウェア。

　　　ア．AI　　　　　　　　　イ．OS　　　　　　　　　ウ．アップデート

4．コンピュータを操作しやすくするために，視覚的にわかりやすく表現した画面上の小さな絵文字。

　　　ア．アイコン　　　　　　　イ．スクロール　　　　　ウ．カーソル

5．発生したデータを一定期間ためておき，一括して処理する方式。

　　　ア．リアルタイム処理　　　イ．電子発注システム　　ウ．バッチ処理

1		2		3		4		5	

【10】　次の説明文に最も適した答えを解答群から選び，記号で答えなさい。

1．内部に IC チップとアンテナを内蔵し，電波を利用してデータの送受信をする IC カード。読み取り機に近づけるだけで直接触れなくても処理することができる。

2．インターネットを利用して，商品やサービスの売買を行うしくみ。

3．企業間をオンラインで結び，受発注業務を効率的に行う電子発注システム。

4．日本の企業が開発した二次元バーコードの形式で，小さな正方形の点を縦横に同数並べ，360°どの方向からも正確に情報を読み取ることができる。

5．これまでインターネットに接続されていなかった電気製品や機械類に，センサ機能や通信機能を付けてインターネットに接続することで，自動認識，自動計測，自動制御などができるようにすること。

```
─ 解答群 ─────────────────────────────────────
ア．EC            イ．EOS          ウ．JAN コード        エ．CPU
オ．POS システム   カ．AI           キ．QR コード         ク．IoT
ケ．非接触型 IC カード  コ．オペレーティングシステム
```

1		2		3		4		5	

【11】　次の A 群の語句に最も関係の深い説明文を B 群から選び，記号で答えなさい。

＜A群＞　1．インストール　　　　2．フォーマット　　　　3．リアルタイム処理
　　　　　4．アプリケーションソフトウェア　　5．ファイル名

＜B群＞

ア．初期化とも呼ばれ，記憶媒体を利用できるようにするための作業。

イ．記憶媒体にファイルを分類，整理するために作られる保管場所。

ウ．表計算ソフトウェアやワープロソフトウェアのように，特定の目的に利用するソフトウェア。

エ．発生したデータを一定量または一定期間集めておき，一括してまとめて処理する処理方式。

オ．コンピュータからソフトウェアを削除して導入前の状態に戻すこと。

カ．データが発生すると即時に処理する処理方式。

キ．ハードウェアとアプリケーションソフトウェアの間で動作し，それぞれを管理，制御するソフトウェア。

ク．データやプログラムを記憶媒体に保存するときに付ける名前のこと。

ケ．ソフトウェアを最新の状態に更新すること。

コ．コンピュータにソフトウェアを保存して使用可能な状態にすること。

1		2		3		4		5	

【12】　次の処理速度と単位を示した表の(1)から(5)に最も適した答えを解答群から選び，記号で答えなさい。

処理速度	単位
1,000（　千）分の 1 秒	(1)
1,000,000（百万）分の 1 秒	(2)
1,000,000,000（十億）分の 1 秒	(3)
1,000,000,000,000（一兆）分の 1 秒	(4)
1,000,000,000,000,000（千兆）分の 1 秒	(5)

```
─ 解答群 ─────────────────────────────────────
ア．fs        イ．ms        ウ．ns        エ．ps        オ．μs
```

(1)		(2)		(3)		(4)		(5)	

ハード・ソフト

【13】 次の記憶容量と単位を示した表の(1)から(5)に最も適した答えを解答群から選び，記号で答えなさい。

記憶容量	単位
約 1,000（　千）バイト	(1)
約 1,000,000（百万）バイト	(2)
約 1,000,000,000（十億）バイト	(3)
約 1,000,000,000,000（一兆）バイト	(4)
約 1,000,000,000,000,000（千兆）バイト	(5)

―― 解答群 ――
　ア．GB　　　　**イ**．KB　　　　**ウ**．MB　　　　**エ**．PB　　　　**オ**．TB

(1)		(2)		(3)		(4)		(5)	

【14】 コンピュータの処理速度および記憶容量について，次の1から6と等しい値のものを解答群から選び，記号で答えなさい。ただし，1 KB ＝ 1,000B， 1 MB ＝ 1,000KB， 1 GB ＝ 1,000MB， 1 TB ＝ 1,000GB，1 PB ＝ 1,000TB とする。

1．100fs　　　　　2．1,000μs　　　　　3．0.1ns
4．10MB　　　　　5．100KB　　　　　　6．0.01PB

―― 解答群 ――
　ア．1ns　　　　**イ**．0.1ps　　　　**ウ**．1ms　　　　**エ**．100ps
　オ．10TB　　　**カ**．100GB　　　**キ**．0.01GB　　　**ク**．0.1MB

1		2		3		4		5		6	

【15】 次の 10 進数を 2 進数に変換しなさい。

1．6　　　　　　2．11　　　　　　3．21
4．28　　　　　5．35　　　　　　6．93

1		2		3	
4		5		6	

【16】 次の 2 進数を 10 進数に変換しなさい。

1．101　　　　　2．1010　　　　　3．11011
4．10111　　　　5．101010　　　　6．1100011

1		2		3	
4		5		6	

解説　通信ネットワークに関する知識

1）プロバイダ(ISP：Internet Service Provider)

インターネットの各種サービスを家庭や企業へ提供する接続業者。一般に，個人でインターネットを利用するにはプロバイダと契約して，プロバイダが設置しているアクセスポイントを経由してインターネットに接続する。アクセスポイントの数や料金，サービスの内容はプロバイダによって異なる。

2）HTML(Hyper Text Markup Language)

Webページを作成するための言語。タグとよばれる＜　＞の記号で区切られたコマンドを用いて，文書構造や文字装飾，画像や音声データ等の挿入，他のファイルへのリンクなどを定義する。

3）ブラウザ(browser)　HTML言語で記述されているWebページの情報を閲覧するためのソフトウェア。閲覧ソフト，ビューワともいう。

4）URL(Uniform Resource Locator)

インターネットにおいて，HTML文書や画像などが保存されているファイルの場所を示すアドレス。ブラウザに，固有のアドレスであるURLを指定することで，目的のWebページにアクセスすることができる。

5）ドメイン名　インターネット上のサーバに付けられたネットワークを識別するための名前。URLやメールアドレスで，組織・団体などの所属を表す部分。

◆URLの例

https ： //www ． jikkyo ． co ． jp / index ． html

組織名　属性　国名　　　ファイル名
ドメイン名　　※ディレクトリ名が前に付くこともある。

◆メールアドレスの例

hanako@jikkyo.co.jp

ユーザ名　　ドメイン名

◆国名の例　※アメリカは国名の表記をしなくてよい。

表記例	国　名	表記例	国　名
.jp	日本	.kr	韓国
.cn	中国	.uk	イギリス
.fr	フランス	.de	ドイツ

 北京市人民政府
　　http://www.beijing.gov.cn
ソウル大学校
　　https://en.snu.ac.kr

◆属性（組織の種類）の例

表記例	組　織		表記例	組　織	
.co	Commercial	企業（営利法人）	.ed	Education	初等中等教育機関
.ac	Academy	高等教育機関・学術研究機関	.ne	network service	ネットワークサービス業者
.go	Government	政府機関	.or	Organization	非営利法人

 国立国語研究所　　　　　https://www.ninjal.ac.jp
　　環境省　　　　　　　　　https://www.env.go.jp
　　公益財団法人日本水泳連盟　https://www.swim.or.jp

6）ハイパーリンク　Webページ上で，マウスをポイントして「手」のマークになる部分をクリックすると，あらかじめリンク先として指定しておいた別のWebページへ即座に接続を切り替えて移動できる機能。ハイパーリンクは，指定した文字列や画像に設定できるほか，URLやメールアドレスを直接入力した場合にもその文字列に自動的に設定される。

7）検索(サーチ)エンジン(search engine)

インターネット上で公開されている膨大なWebページの中から，目的のWebページを効率よく探し出すことができるシステム。検索エンジンには，指定したキーワードを含むWebページを探し出すロボット型検索エンジンと，分類されたカテゴリの中から目的の項目を順にたどっていくディレクトリ型検索エンジンなどがある。

通信・モラル

8）Web サーバ　　　HTML 文書や画像などの Web ページの情報を蓄積しておき，ブラウザからの要求に応じて，ネットワークを通じて送信するサーバ。

9）メールサーバ　　電子メールの送受信を行うサーバ。送信用と受信用のサーバから構成されている。

10）メーラ　　　　電子メールを送受信するために必要なソフトウェア。メールソフトともいう。

11）Web メール　　メーラを使わずに，ブラウザ上で電子メールの送受信を行うしくみ。Web メールを利用したサービスとして，Yahoo! メール，Gmail などがある。

12）電子メールの送信

　①宛先(To)　　　　　メーラで，電子メールを送信したい相手のメールアドレスを入力する場所。複数の人に送信したい場合は，メールアドレスを「，」や「；」で区切って入力する。

　②カーボンコピー(Cc：Carbon Copy)

　　　　　　　　　　　　メーラで，本来の電子メールを送信したい人（To で指定）以外の人にも，同一内容のメール（写し）を送信したいときにメールアドレスを入力する場所。Cc に入力したアドレスはすべての受信者が見ることができる。

　③ブラインドカーボンコピー(Bcc：Blind Carbon Copy)

　　　　　　　　　　　　Cc と同様，メーラを利用して，To で指定した相手以外にも同一内容のメール（写し）を送信したいときにメールアドレスを入力する場所。To, Cc と異なり，Bcc に入力したアドレスは他の受信者に見られることはない。

Bcc に入力したアドレスは，どの受信者の画面にも表示されない。

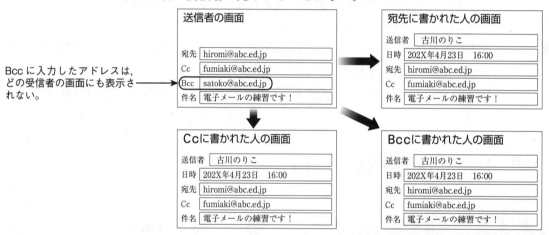

　④添付ファイル　　電子メールの本文と一緒に送付される，送信者が指定したファイル。本文の文字によるメッセージ（テキストデータ）のほかに，画像や映像，表計算ソフトなどのデータ（バイナリデータ）を一緒に送信することができる。知らない送信者からの添付ファイルは，コンピュータウイルスに感染している可能性があるので，取り扱いには注意が必要である。

13）ファイルサーバ　ネットワーク上で，複数の利用者が共通に使用するワープロ文書やワークシートなどのファイルを保存したサーバ。

14）プリントサーバ　ネットワーク上で，複数の利用者がプリンタを共有するために設置するサーバ。

15）オンラインストレージ(online storage)

　　　　　　　　　　　　インターネット上に用意されたデータの保存場所。インターネットに接続し，ユーザID（→ p.20）とパスワードを入力することで，HDD や SSD と同じようにデータを読み書きすることができる。複数の利用者が同時にアクセスでき，ファイルを共有することができる。

16）アップロード(up load)

　　　　　　　　　　　　利用者のコンピュータにあるプログラムやデータを，ネットワーク上のコンピュータ（サーバ）に転送して保存すること。

17）ダウンロード(down load)

　　　　　　　　　　　　ネットワーク上のコンピュータ（サーバ）にあるプログラムやデータを，利用者のコンピュータに転送して保存すること。

(解説)　情報モラルとセキュリティに関する知識

■■1■ 情報モラル

1）プライバシーの侵害

他人に知られたくない個人の情報を無断で公開し，本人に精神的苦痛を与えること。自宅住所や電話番号，メールアドレスなどの連絡先，身長・体重等の身体状況，家族，財産，病歴，犯罪歴などの情報を，本人の承諾なしに公開してはならない。

> **Memo**
>
> **◆個人情報**
>
> 　個人を識別できる情報を個人情報という。特に，氏名や住所，性別，生年月日を基本4情報といい，その情報をほかの情報と組み合わせることによって，本人を特定することができる。インターネット上では不用意に自分の個人情報を公開しないとともに，他人の個人情報を本人の承諾なく公開してはならない。一度インターネット上で公開されてしまった個人情報は，転載されることもあり，完全に消去することが困難になる。また，公開した人物を特定することも難しい。

2）フィルタリング（filtering）

青少年などにとって不適切なWebサイトへのアクセスを制限する機能。プロバイダが，希望者に対し，「有害サイトアクセス制限サービス」などとして，Webページを一定の基準で評価，判別して，該当するWebサイトを排除している。

3）有害サイト

青少年の健全な育成をさまたげる情報や犯罪につながる情報を掲載しているWebサイト。出会い系サイト，ギャンブルサイト，アダルトサイト，薬物サイトなどがある。

4）迷惑メール

①スパムメール　不特定多数の受信者へ一方的に大量に発信される広告や勧誘などを内容としたメール。

②チェーンメール　受信者に受信内容をほかの人へ送信するよう促すメール。「不幸の手紙」や「秘密情報」，「緊急連絡」などさまざまな種類がある。「最低○人にお知らせください」などのメッセージにのって次々と他人に転送されることがある。受信した場合には，内容に関わらず，決して転送してはならない。

◆スパムメールの例

> 月収800万円または年収1億円を望む方へ
> 突然のメールにて大変失礼いたします。
> ネットワークビジネスで今までうまくいかなかったあなた，これは本物です。超ローリスク，ハイリターン，そしてハイスピード。1人が2人を紹介することによって……。　　（以下略）

◆チェーンメールの例

> これは，本当のことです。このメールには，ある少女の怨念が込められています。これを読んだ人は，必ず呪われます。1週間以内に5人にメールを送らなければ，あなたへの呪いは解けません。呪いの声が聞きたい人は，０９０−××××−××××に電話してみてください。本当に怖いです。

5）ネット詐欺　インターネット上の取引において行われる詐欺行為。

①フィッシング詐欺　実在する金融機関や企業などを装った偽の電子メールやWebサイトで，クレジットカードの番号や暗証番号などの個人情報を不正に入手する犯罪行為。

②ワンクリック詐欺　実際に利用していないWebサイトの使用料や会員登録料などを，不当な料金で請求する詐欺行為。Webサイトのバナー広告や一方的に送られてきたメールのURLなどを，1回クリックしただけで詐欺にあうことからこのように呼ばれている。

■■2■ セキュリティ

1）認証　　　　セキュリティの一部で，ある人物が，本当にその人物であるかどうかを確認すること。ユーザ ID とパスワードがよく使われる。

2）生体認証（バイオメトリクス認証：biometrics authentication）

一人ひとりが異なる身体的な特徴により，本人確認を行う認証システム。指紋，眼球の虹彩，静脈，声紋，顔の形状などを用いる。ユーザ ID やパスワードに比べ，本人の身体そのものが認証の対象となるため，「なりすまし」ができなくなり，セキュリティを高めることができる。

3）ユーザ ID（user IDentification）

コンピュータシステムにおいて，利用者本人を識別するために入力する番号や文字列。一般に，社員番号や学生番号などが用いられる。

4）パスワード　　ユーザ ID が正当な利用者以外に不正に使用されないように設定する暗証番号。本人しか知らない番号や文字列を使う。

> **Memo**
> **◆パスワード設定時の注意**
> 　他人が調べればすぐにわかってしまう生年月日や電話番号などを設定してはならない。パスワードを知られてしまうと，「なりすまし」などの被害にあい，ネットワークを不正に利用されてしまう。自分だけがわかり，他人に推測されないよう設定する必要がある。また，同じものを使い続けていると，推測される危険性が高まるので，定期的に変更する必要がある。

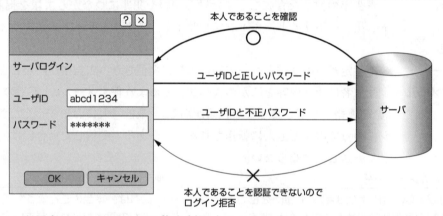

5）アクセス制限　利用者によってアクセス権を制限すること。ネットワーク上にあるファイルに対し，内容を見る（読み込み），データを変更したり削除したりする（書き込み）という操作に制限をかけることができる。

　①アクセス権　　ネットワーク上にあるファイルやフォルダ，情報機器などを利用するための権限のこと。ネットワーク上にあるファイルの「読み出し」と「書き込み」について，対象者ごとにアクセス許可，アクセス拒否を設定する。OS には，コンピュータの利用者に対して個々にアクセス権を設定する機能がある。

　②不正アクセス　利用権限のないコンピュータシステムへ侵入すること。

6）なりすまし　　他人のユーザ ID などを不正に利用し，その人のふりをしてネットワーク上で活動すること。

7）マルウェア（malware：malicious と software の混成語）

他人のコンピュータシステムに被害を与える目的で，悪意を持って作られたソフトウェアの総称。不正ソフトウェア，クライムウェアとも呼ばれる。

　①コンピュータウイルス（computer virus）

プログラムの一部に組み込まれて侵入し，プログラムが実行されると不正な処理を行い，自分で自分の複製を作って増殖（自己増殖）するマルウェア。ファイル感染型，マクロ感染型などがある。

通信・モラル

②スパイウェア(spyware：spy と software の混成語)

　　　　　　　　利用者に関する情報を収集して，外部へ送信するマルウェア。利用者が気づかずにインストールしている場合が多い。情報を盗み出すことが目的であり，コンピュータに不具合を起こしたり他へ感染したりしない。

③ワーム(worm)　　　侵入したコンピュータに，自分で自分の複製を大量に作成(自己増殖)して，さまざまな不具合を起こすマルウェア。電子メールに添付され自動送信されるので，ネットワークを通じて次々と感染が広がる。

④トロイの木馬　　　一見無害なファイルやソフトウェアを装ってコンピュータに侵入し，特定の日時に外部からの遠隔操作によって不正な処理を行うマルウェア。外部から命令があるまでは，利用者に気づかれないようにコンピュータ内部に潜伏する。

8)ウイルス対策ソフトウェア

　　　　　　　　コンピュータ内部でやり取りされるデータとウイルス定義ファイル(パターンファイル)を比較して，マルウェアを検出し，除去するソフトウェア。

①ウイルス定義ファイル(パターンファイル)

　　　　　　　　マルウェアの特徴を記録したマルウェア検出用のファイル。新種のマルウェアに対応するためには，最新のウイルス定義ファイルに更新したウイルス対策ソフトを用いる必要がある。

②ワクチンプログラム(vaccine program)

　　　　　　　　マルウェアの検出や除去などを専門的に行うソフトウェア。マルウェアを検出した場合には，除去したり，感染したファイルを削除したり，隔離したりする。

問題　通信ネットワーク・情報モラルとセキュリティに関する知識

【1】　次の説明文に最も適した答えを解答群から選び，記号で答えなさい。

1．Webページを作成するための言語。
2．Webページを閲覧するためのソフトウェア。
3．インターネットの各種サービスを提供する接続業者。
4．インターネット上で，Webページや画像などのファイルの保存場所を示すアドレス。
5．Webページ上の特定の場所をクリックすると，指定された別のページへ即座に移動する機能。

─ 解答群 ─
ア．メーラ	イ．添付ファイル	ウ．HTML	エ．ハイパーリンク
オ．URL	カ．メールサーバ	キ．ブラウザ	ク．カーボンコピー
ケ．プロバイダ	コ．ドメイン名		

1		2		3		4		5	

【2】　次の説明文に最も適した答えをア，イ，ウの中から選び，記号で答えなさい。

1．メーラを使わずに，ブラウザ上で電子メールの送受信を行う仕組み。
　　ア．フィルタリング　　　　　　イ．ダウンロード　　　　　　ウ．Webメール
2．インターネット上に公開されている情報を検索するために利用するシステム。
　　ア．検索エンジン　　　　　　　イ．URL　　　　　　　　　　ウ．ハイパーリンク
3．電子メールを送受信するためのソフトウェア。
　　ア．ブラウザ　　　　　　　　　イ．HTML　　　　　　　　　ウ．メーラ
4．電子メールを複数の相手に同時に送信する方法で，指定したメールアドレスは他の受信者には通知されない。
　　ア．Cc　　　　　　　　　　　　イ．Bcc　　　　　　　　　　ウ．To
5．Webページの情報を蓄積しておき，ブラウザからの要求に応じて，送信するコンピュータ。
　　ア．メールサーバ　　　　　　　イ．ファイルサーバ　　　　　ウ．Webサーバ

1		2		3		4		5	

【3】　次の文の（　1　）から（　5　）にあてはまる適当な語を解答群から選び，記号で答えなさい。

　私たちは，インターネットを利用してさまざまな情報を得ることができる。しかし，利用する際には最低限のルールを守らなければならない。たとえば，他人のユーザIDなどを不正に使用して，ネットワーク上で本人であるかのように振る舞う（　1　）や，氏名や住所，電話番号，身体状況などの個人情報を，本人の承諾なく公表し，本人に精神的苦痛を与える（　2　）は，決して行ってはならない。また，犯罪につながる情報を掲載している有害サイトと呼ばれるWebサイトもあるので，閲覧やデータの受発信を制限する（　3　）機能を利用するとよい。さらに，マルウェアによる被害を防ぐためには，あらかじめ，コンピュータに（　4　）をインストールしておくとよい。マルウェアの特徴を記録している（　5　）を用いることで，コンピュータからマルウェアを検出することができる。

─ 解答群 ─
ア．不正アクセス	イ．なりすまし	ウ．アクセス権	エ．ウイルス定義ファイル
オ．ウイルス対策ソフトウェア	カ．認証	キ．フィルタリング	ク．パスワード
ケ．ユーザID	コ．プライバシーの侵害		

1		2		3		4		5	

【4】　次の説明文に最も適した答えを解答群から選び，記号で答えなさい。

1．電子メールの送受信を行うサーバ。

2．サーバに公開されているプログラムやデータをネットワークを通して利用者のコンピュータに転送し保存すること。

3．電子メールの送信時に，本文と一緒に送付される画像や映像，音楽などのファイル。

4．複数の利用者で共有して利用するために，ワープロ文書や表計算のワークシートなどのファイルを保存しているサーバ。

5．URL や電子メールアドレスの，組織，団体など所属を表す部分。

解答群

ア．Web メール	イ．Web サーバ	ウ．メールサーバ	エ．添付ファイル
オ．ドメイン名	カ．ダウンロード	キ．宛先	ク．メーラ
ケ．ファイルサーバ	コ．アップロード		

1		2		3		4		5	

【5】　次の A 群の語句に最も関係の深い説明文を B 群から選び，記号で答えなさい。

＜A群＞　1．オンラインストレージ　　2．Cc　　　　　　　　3．ユーザ ID
　　　　　4．スパイウェア　　　　　5．フィッシング詐欺

＜B群＞

ア．ネットワークに接続する際に，利用者が本人かどうかを確認するために入力する暗証番号。

イ．コンピュータに侵入して利用者に関する情報を収集し，外部へ送信するマルウェア。

ウ．ネットワーク上のファイルや情報機器を利用できる権限のこと。

エ．インターネット上に用意されたデータの保存場所。複数の利用者でファイルを共有することができる。

オ．ネットワークに接続する際に，利用者を識別するために入力する番号や文字列。

カ．実際に利用していない Web サイトの使用料や会員登録料などを，不当な料金で請求する犯罪行為。

キ．電子メールの宛先を指定し，さらに参考として知らせたい相手を指定する方法で，受信者は他に指定された宛先がすべてわかる。

ク．ネットワークに他人のユーザ ID などを用いて不正に侵入し，本人であるかのように活動すること。

ケ．電子メールの宛先を指定し，さらに参考として知らせたい相手を指定する方法で，受信者はこの方法で指定された他の宛先がわからない。

コ．偽の電子メールや Web サイトで，クレジットカードの番号などの個人情報を不正に入手する犯罪行為。

1		2		3		4		5	

【6】　次の説明文に最も適した答えを解答群から選び，記号で答えなさい。

1．ある人物が本当にその人物であるかどうか，パスワードなどを用いて確認すること。

2．利用権限の無いコンピュータシステムへ侵入すること。

3．利用者によって，コンピュータシステムやファイルを利用する権限を制限すること。

4．メーラで，電子メールを送信したい相手のメールアドレスを入力する場所。

5．マルウェアの存在をチェックし，発見した場合には除去したり，感染したファイルを削除したりするプログラム。

解答群

ア．ワーム	イ．不正アクセス	ウ．パスワード	エ．アクセス制限
オ．ワクチンプログラム	カ．なりすまし	キ．認証	ク．アクセス権
ケ．To	コ．Cc		

1		2		3		4		5	

通信・モラル

【7】 次の A 群の語句に最も関係の深い説明文を B 群から選び，記号で答えなさい。

　＜A群＞　　1．ワンクリック詐欺　　　　2．生体認証　　　　　　3．プリントサーバ
　　　　　　　4．パスワード　　　　　　　5．ワーム

　＜B群＞
　　ア．ネットワークに接続する際に，正当な利用者以外の者が利用できないように設定された暗証番号。
　　イ．ネットワーク上で，複数の利用者が共有するワープロ文書などのファイルを保存しているサーバ。
　　ウ．プログラムの一部に組み込まれてコンピュータに侵入し，実行されると不正な処理を行うマルウェア。
　　エ．実在する企業などを装った偽の電子メールや Web サイトで，クレジットカードの番号や暗証番号など
　　　　の個人情報を不正に入手する犯罪行為。
　　オ．指紋や虹彩などの身体的特徴から本人確認を行う個人認証のしくみ。
　　カ．ネットワークに接続する際に，利用者を識別するために入力する番号や文字列。
　　キ．一方的に送られてきたメールの URL をクリックしたときなどに，不当な料金が請求される犯罪行為。
　　ク．侵入したコンピュータ内に，自分で自分の複製を大量に作成して障害を起こすマルウェア。
　　ケ．利用者に気づかれずコンピュータに侵入し，利用者の情報を収集して，外部へ送信するマルウェア。
　　コ．ネットワーク上で，複数の利用者がプリンタを共有するために設置されるサーバ。

1		2		3		4		5	

【8】 次の説明文に最も適した答えをア，イ，ウの中から選び，記号で答えなさい。

　1．青少年の健全な育成をさまたげる情報や，犯罪となる情報を掲載している Web ページ。
　　　ア．迷惑メール　　　　　　　　**イ**．ハイパーリンク　　　　　　**ウ**．有害サイト
　2．他人のコンピュータシステムに被害を与える目的で，悪意を持って作られたソフトウェアの総称。
　　　ア．ウイルス対策ソフトウェア　**イ**．マルウェア　　　　　　　　**ウ**．不正アクセス
　3．利用者のコンピュータにあるプログラムやデータを，ネットワーク上のサーバに転送すること。
　　　ア．ダウンロード　　　　　　　**イ**．アップデート　　　　　　　**ウ**．アップロード
　4．ネットワーク上にあるコンピュータやファイル，情報機器を利用するための権限のこと。
　　　ア．アクセス権　　　　　　　　**イ**．認証　　　　　　　　　　　**ウ**．ユーザ ID
　5．無害なファイルやソフトウェアを装ってコンピュータに侵入して潜伏し，外部からの遠隔操作によって
　　　特定のタイミングで不正な処理を行うマルウェア。
　　　ア．トロイの木馬　　　　　　　**イ**．ワーム　　　　　　　　　　**ウ**．スパイウェア

1		2		3		4		5	

【9】 次の文の（　1　）から（　5　）にあてはまる適当な語を解答群から選び，記号で答えなさい。

　　インターネットでは，本人の過失によらず，一方的に被害にあうこともある。Web サイトを閲覧中，特
　定のバナー広告などをクリックしたために，利用していない Web サイトの利用料金や会員登録料などが請
　求されることがある。1 度クリックしただけで被害にあうことから（　1　）といわれる。また，実在する会
　社を装った偽の Web サイトやメールにより，本人を信じ込ませ，クレジットカード番号などの個人情報を
　不正に入手する犯罪行為を（　2　）という。メールの受信者が，不愉快に感じたり，読むのに時間をとられ
　たりする，一方的に送信される不要なメールを総称して（　3　）という。このうち，広告や勧誘を目的に，
　不特定多数の人たちに大量に発信されるメールを（　4　）という。また，受信者に対して，受け取った内容
　を，知人へ転送することをすすめるメールを（　5　）という。

　┌─**解答群**───
　│　**ア**．チェーンメール　　　**イ**．不正アクセス　　　**ウ**．迷惑メール　　　**エ**．なりすまし
　│　**オ**．スパムメール　　　　**カ**．フィルタリング　　　**キ**．Web メール　　　**ク**．ワンクリック詐欺
　│　**ケ**．プライバシーの侵害　**コ**．フィッシング詐欺
　└──

1		2		3		4		5	

解説　プログラムに関する知識

　ある目的を達成するための処理の手順のことをアルゴリズムという。アルゴリズムを流れ図で表現し，それをプログラム言語で記述してプログラムを作成する。

1）流れ図（フローチャート）

処理の手順（アルゴリズム）を図式化したもの。流れ図に使用する記号は JIS で規定されており，次のような記号を使用する。記号の中に具体的な処理の内容を記述する。

◆流れ図記号の一部

端子	準備	処理	データ
（図）	（図）	（図）	（図）
プログラムの始まりと終わりを示す	初期値の設定などの処理の準備を示す	演算や代入などの処理を示す	データの入力や出力を示す
判断	ループ始端	ループ終端	線
（図）	（図）	（図）	（図）
条件によって処理を分岐することを示す	繰り返す処理の始まりを示す	繰り返す処理の終わりを示す	処理の流れを示す

2）変数
プログラム上で変化するデータを記憶しておく領域のこと。

3）定数
プログラム上で変化しない一定のデータのこと。

4）手続きの基本構造
順次，選択，繰り返しの3つの基本構造がある。これらを適切に組み合わせることで複雑なアルゴリズムも表現することができる。

①順次
上から下へと順番に処理を行う構造。

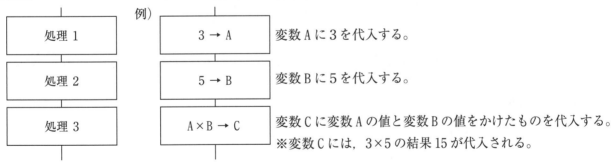

例）

変数 A に 3 を代入する。

変数 B に 5 を代入する。

変数 C に変数 A の値と変数 B の値をかけたものを代入する。
※変数 C には，3×5 の結果 15 が代入される。

②選択
条件によって処理を分ける構造。

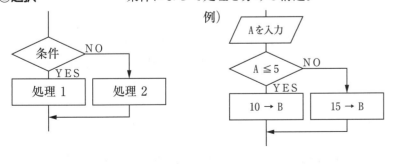

例）

変数 A に任意の値を入力する。
　入力された変数 A の値が 5 以下であれば，変数 B に 10 を代入する。
　入力された変数 A の値が 5 より大きければ，変数 B に 15 を代入する。

プログラム

③**繰り返し** 同じ処理を繰り返し行う構造。

　　ⅰ）**回数判定** 繰り返しの終了条件に，繰り返す回数を用いる。

例）

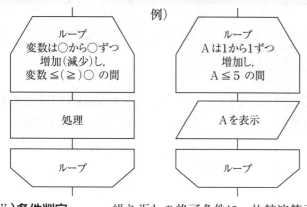

変数Aの値が1から1ずつ増加し，

変数Aの値が5以下の間，繰り返す。

※変数Aの値は1，2，3，4，5と変化する。

変数Aの値を表示する。

　※ループ内の処理を繰り返すため，

　　　1　2　3　4　5　と表示される。

　　ⅱ）**条件判定** 繰り返しの終了条件に，比較演算子や論理演算子を用いる。

例）

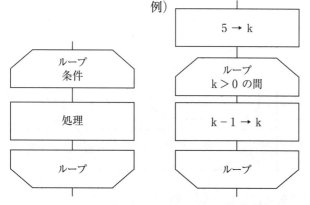

変数kに5を代入する。

変数kが0より大きい間，繰り返す。

"変数kの値−1"の結果を変数kに代入する。

※変数kの値は5，4，3，2，1，0と変化する。

5）**算術演算** 加算，減算，乗算，除算などの計算を行うこと。

　　　　◆**計算の優先順位**

優先度 高↓低	べき乗（＾）
	掛け算（×，＊）割り算（÷，／）
	足し算（＋）引き算（−）

　　　※足し算や引き算を優先させたい場合は，カッコを使用する。

6）**論理演算** 「0」（偽/False/No）または「1」（真/True/Yes）の入力値に対して，「0」または「1」を出力する演算を行うこと。

　　◆**論理演算の種類**

種類	AND	OR	NOT
記号	1 — 0 — 0	1 — 0 — 1	1 — 0
説明	2つの入力がともに「1」の場合，「1」を出力	2つの入力のうち，どちらか一方が「1」であれば，「1」を出力	「1」が入力されたら「0」，「0」が入力されたら「1」を出力

Point

　プログラムにおける比較演算の結果は，1（真/True/Yes）または0（偽/False/No）の論理演算から導き出された値になる。

　例えば，「1≦2 AND 3<2」は，比較演算を行った結果「1(真) AND 0(偽)」となるため，「0（偽）」となる。

7）トレース　　　　流れ図の処理やプログラムを実行したときにどのように変数が変化するのか確認する作業。

　　　　流れ図は，端子の「はじめ」から「おわり」に向かって，原則として上から下へ，左から右へと処理を行う。必要に応じて矢印で処理の流れを明示する。変数の変化をまとめた表をトレース表という。

例）入力される c の値が 3，y の値が 5 のとき，出力される z の値を答えなさい。

流れ図　　　　　　　　　　　　　　　　　　　　　　**トレース表**

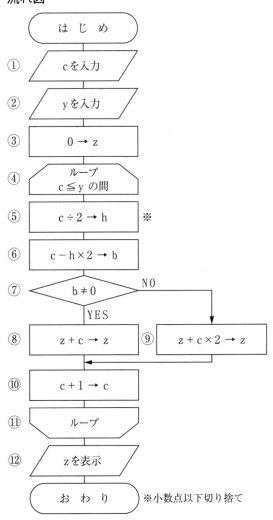

※小数点以下切り捨て

	c	y	z	h	b	
①	3					
②	3	5				
③	3	5	0			
④	3	5	0			3≦5 → Yes
⑤	3	5	0	1		
⑥	3	5	0	1	1	
⑦	3	5	0	1	1	1≠0 → Yes
⑧	3	5	3	1	1	
⑩	4	5	3	1	1	
⑪	4	5	3	1	1	ループ戻る
④	4	5	3	1	1	4≦5 → Yes
⑤	4	5	3	2	1	
⑥	4	5	3	2	0	
⑦	4	5	3	2	0	0≠0 → No
⑨	4	5	11	2	0	
⑩	5	5	11	2	0	
⑪	5	5	11	2	0	ループ戻る
④	5	5	11	2	0	5≦5 → Yes
⑤	5	5	11	2	0	
⑥	5	5	11	2	1	
⑦	5	5	11	2	1	1≠0 → Yes
⑧	5	5	16	2	1	
⑩	6	5	16	2	1	
⑪	6	5	16	2	1	ループ戻る
④	6	5	16	2	1	6≦5 → No
⑫	6	5	16	2	1	

≪**解説**≫

①変数 c に 3 を代入
②変数 y に 5 を代入
③変数 z に 0 を代入

④ c≦y（3≦5）の結果，ループの処理を行う
⑤ 3÷2 の計算結果 1 を変数 h に代入
⑥ 3−1×2 の計算結果 1 を変数 b に代入
⑦ b≠0（1≠0）の結果，YES に進む
⑧ 0+3 の計算結果 3 を変数 z に代入
⑩ 3+1 の計算結果 4 を変数 c に代入
⑪ループ始端に戻る

④ c≦y（4≦5）の結果，ループの処理を行う
⑤ 4÷2 の計算結果 2 を変数 h に代入
⑥ 4−2×2 の計算結果 0 を変数 b に代入
⑦ b≠0（0≠0）の結果，NO に進む
⑨ 3+4×2 の計算結果 11 を変数 z に代入
⑩ 4+1 の計算結果 5 を変数 c に代入
⑪ループ始端に戻る

④ c≦y（5≦5）の結果，ループの処理を行う
⑤ 5÷2 の計算結果 2 を変数 h に代入
⑥ 5−2×2 の計算結果 1 を変数 b に代入
⑦ b≠0（1≠0）の結果，YES に進む
⑧ 11+5 の計算結果 16 を変数 z に代入
⑩ 5+1 の計算結果 6 を変数 c に代入
⑪ループ始端に戻る
④ c≦y（6≦5）の結果，ループ処理を終える
⑫変数 z の値 16 を表示する

プログラム

問題　プログラムに関する知識

【1】 次の説明文に最も適した答えを解答群から選び，記号で答えなさい。

1．真（1）と偽（0）の2つの入力に対して，真（1）または偽（0）を出力する演算。

2．プログラムで変化する値を記憶する領域。

3．JISで定められた記号を用いて，処理の流れを図式化したもの。

4．手続きの基本構造のなかで，条件を満たす間，何度も同じ処理を行う構造。

5．整数の四則計算（加算・減算・乗算・除算）を扱う演算のこと。

--- 解答群 ---

| **ア**．繰り返し | **イ**．流れ図 | **ウ**．論理演算 | **エ**．変数 | **オ**．順次 |
| **カ**．定数 | **キ**．算術演算 | **ク**．選択 | **ケ**．トレース | |

1		2		3		4		5	

【2】 流れ図によって処理するとき，次の各問いに答えなさい。なお，入力する a の値は 1 以上の整数とする。

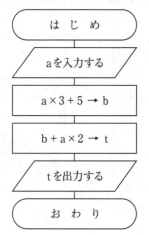

はじめ

aを入力する

$a \times 3 + 5 \rightarrow b$

$b + a \times 2 \rightarrow t$

tを出力する

おわり

問1．aの値が3のとき，出力されるtの値を答えなさい。

問2．aの値が12のとき，出力されるtの値を答えなさい。

問1		問2	

【3】　流れ図によって処理するとき，次の各問いに答えなさい。なお，入力する a，b の値は 1 以上の整数とする。

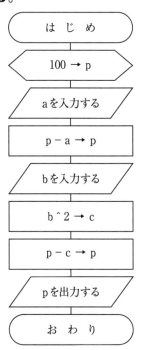

問1．a の値が 7，b の値が 3 のとき，出力される p の値を答えなさい。

問2．a の値が 20，b の値が 8 のとき，出力される p の値を答えなさい。

問1		問2	

【4】　流れ図にしたがって処理するとき，次の各問いに答えなさい。

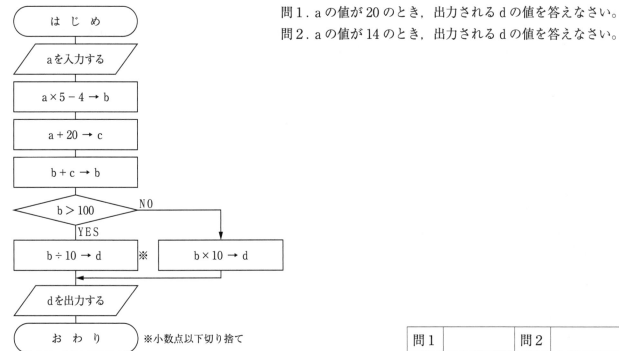

問1．a の値が 20 のとき，出力される d の値を答えなさい。

問2．a の値が 14 のとき，出力される d の値を答えなさい。

問1		問2	

【5】 流れ図にしたがって処理するとき，次の各問いに答えなさい。

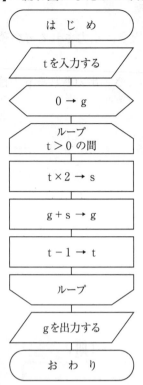

問1．tの値が5のとき，出力されるgの値を答えなさい。

問2．tの値が7のとき，出力されるgの値を答えなさい。

問1		問2	

【6】 流れ図にしたがって処理するとき，次の各問いに答えなさい。

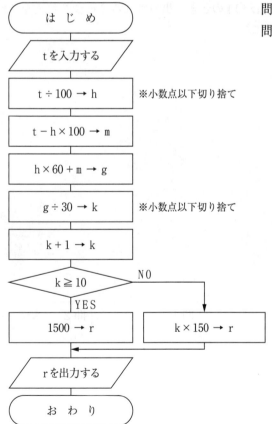

問1．tの値が135のとき，出力されるrの値を答えなさい。

問2．tの値が509のとき，出力されるrの値を答えなさい。

問1		問2	

解説　　　**表計算ソフトウェアに関する知識**

表計算ソフトウェアとは，多数のセルで構成されているワークシート上に文字や数値などのデータを入力し，計算や集計などを行うソフトウェアのことで，関数を用いた計算を行ったり，グラフ機能やデータベース機能などを備えている。代表的なものに，Microsoft Excel がある。

■■1■　表の作成

1)ワークシート　　パソコンの画面上に表示されている格子状の入力シートのこと。このシートにデータや計算式を入力することで，さまざまな集計処理を行うことができる。シートが複数枚合わさったものを，**ブック**という。

①セル　　ワークシート上に展開している格子のマス目一つ一つのこと。文字や数値，式の入力などの操作対象となっているセルを**アクティブセル**(カレントセル)という。アクティブセルは，**セルポインタ**で囲まれている。

・列　　ワークシートの縦方向のセルの集まり。各列は，横に並ぶアルファベットで区別される。

・行　　ワークシートの横方向のセルの集まり。各行は，縦に並ぶ数字で区別される。

②セル番地　　ワークシート上のセルの位置を示すもの。列番号(A，B，…)と行番号(1，2，…)を組み合わせて表現する。　**例**　セル番地(A1)は，「A 列の 1 行目のセル」という意味。

・相対参照　　行方向や列方向にセルの移動(カット)や複写(コピー)を行った場合に，セル内の計算式などに使用されているセル番地が，移動・複写した列方向や行方向に合わせて変化するように指定した番地。例えば，「A1」のように表す。

・絶対参照　　ワークシートの列番号(A，B，C，…)と行番号(1，2，3，…)の組み合わせで表されたセル番地で，行方向や列方向にセルの移動(カット)や複写(コピー)を行った場合でも，セル内の計算式などに使用されているセル番地が変化しないように指定した番地。例えば，「$A$1」のように表す。

◆複写後のセル番地の変化

相対参照　　　　　　　　　　　絶対参照

③列幅　　セルの横の長さ。セルに入力されているデータに対して，列の幅が狭かったり広すぎたりする場合は，その幅を調整することができる。

④行高　　セルの縦の長さ。行の高さを任意の高さに調整することができる。

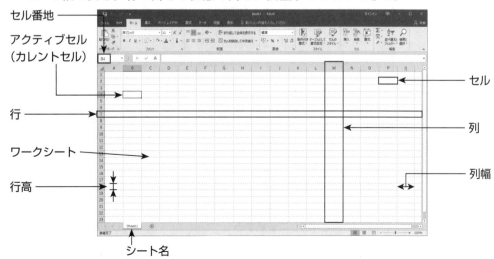

表計算ソフト

2)編集機能

①セルの表示形式　　数値データの表示形式は，次のように変更できる。

	A	(指定の内容)
1	123.45	←小数点以下の桁数表示（小数第2位まで表示）
2	10,000	←コンマ表示（3桁ごとにコンマをつけて表示）
3	¥10,000	←通貨記号表示（¥記号と3桁ごとのコンマをつけて表示）
4	100%	←パーセント表示（百分率で％をつけて表示）

②セル内の配置

ⅰ）文字位置　　セル内でのデータの位置。横方向には**左揃え・中央揃え（センタリング）・右揃え**，縦方向には**上揃え・上下中央揃え・下揃え**の設定ができる。

	A	(指定の内容)
1	ABC	←左揃え
2	ABC	←中央揃え（センタリング）
3	ABC	←右揃え

(指定の内容)
上揃え→
上下中央揃え
下揃え

	A
1	ABC
2	ABC
3	ABC

ⅱ）文字方向　　文字の方向には主に横組みと縦組みがあり，設定ができる。

ⅲ）セル結合　　二つ以上のセルを一つに結合することができる。

③複写　　表計算ソフトウェアの機能の一つで，元の場所にあるデータを損なうことなく，同じデータを別の場所に書き込むこと。文字や数値データだけでなく，計算式や罫線・表示形式など，セルに関するあらゆるデータを複写（コピー）できる。

④移動　　表計算ソフトウェアの機能の一つで，元の場所にあるデータを別の場所に移すこと。

⑤罫線　　ワークシート上に作られた表を見やすくするために，セルの外枠などを単位として引くことができる線のこと。**細線・太線**などがある。

3)計算機能

①算術演算子　　算術演算に利用する演算子のこと。

演算子（読み方）	意　味	使用例
＋（プラス）	足し算	A＋B
－（マイナス）	引き算	A－B
＊（アスタリスク）	掛け算	A＊B
／（スラッシュ）	割り算	A／B
＾（ハット）	べき乗	A＾B

②比較演算子　　セル内容などの大小を比較する条件を作成するときに用いる演算子のこと。

演算子	意　味	使用例
＝	等しい	A＝B（AとBは等しい）
＞	より大きい	A＞B（AはBより大きい）
＜	より小さい	A＜B（AはBより小さい）
＞＝	より大きいか等しい	A＞＝B（AはB以上）
＜＝	より小さいか等しい	A＜＝B（AはB以下）
＜＞	等しくない	A＜＞B（AとBは等しくない）

③再計算　　ワークシートに入力されているデータを変更すると，あらかじめ設定されている式にもとづいて自動的に改めて計算を行い，新しい計算結果を表示する機能のこと。

	A	B	C	D
1	商品	単価	数量	金額
2	A商品	1,500	10	15,000
3	B商品	2,000	15	30,000
4			合計	45,000

➡

	A	B	C	D
1	商品	単価	数量	金額
2	A商品	1,500	20	30,000
3	B商品	2,000	15	30,000
4			合計	60,000

C2を「20」に変更する　　　　　　D2とD4が再計算される

4)並べ替え　　データをある基準に従って，行単位でデータの順序を入れ替えること。ソート・整列・分類ともいう。

①キー項目　　データを並べ替えるときに，その基準となる項目のこと。

②**昇順**　　　　　数値や五十音，アルファベットなどのデータを本来定められている順序どおりに並べ替えること。**正順**ともいう。

③**降順**　　　　　本来定められている順序とは逆方向に並べ替えること。**逆順**ともいう。

▲	A	B	C
1	成績表		
2	番号	名前	点数
3	2	かわばた	40
4	3	ししど	60
5	5	たけうち	70
6	1	おおば	80
7	4	しらいし	90

← ←　「点数」を
キー項目として
昇順に並べ替え

▲	A	B	C
1	成績表		
2	番号	名前	点数
3	1	おおば	80
4	2	かわばた	40
5	3	ししど	60
6	4	しらいし	90
7	5	たけうち	70

「点数」を
キー項目として
降順に並べ替え　→ →

▲	A	B	C
1	成績表		
2	番号	名前	点数
3	4	しらいし	90
4	1	おおば	80
5	5	たけうち	70
6	3	ししど	60
7	2	かわばた	40

■■■2■　関数の利用

1)関数

同じ処理の繰り返しや，手作業では時間や手間のかかる処理を，範囲指定や値などの引数を設定することによって，表計算ソフトウェアが自動的に計算を行う機能のこと。いくつかのセルの合計や平均を求めたり，特殊な計算や処理を簡単に行うために，あらかじめ組み込まれている計算式などがある。

関数は，数学／三角関数，論理関数，文字列操作関数，統計関数，データベース関数，日付／時刻関数，財務関数など，分野別に用意されている。

・**引数（ひきすう）**　　関数が計算を行うときに必要な情報のこと。

◆3級で出題される関数

合計　　　　（説明）　引数によって示された値や範囲の合計を求める。
　　　　　　　（書式）　=SUM(数値1，数値2，…)

平均　　　　（説明）　引数によって示された値や範囲の平均を求める。
　　　　　　　（書式）　=AVERAGE(数値1，数値2，…)

最大値　　　（説明）　引数によって示された値や範囲の最大値を求める。
　　　　　　　（書式）　=MAX(数値1，数値2，…)

最小値　　　（説明）　引数によって示された値や範囲の最小値を求める。
　　　　　　　（書式）　=MIN(数値1，数値2，…)

順位付け　　（説明）　指定した数値が，範囲内のデータの中で何位なのか，順序の指定(0:降順，1:昇順)にしたがって順位をつける。
　　　　　　　（書式）　=RANK(数値，参照，[順序])　※ Excel 2010以降では，=RANK.EQ(数値，参照，[順序])
　　　　　　　（補足）　参照(範囲)は通常，コピーすることを前提として絶対参照で指定する。順序を省略した場合は，0を指定した場合と同じになる。

例 合計の降順に順位を求める。

▲	A	B	C	D	E	F	G
1							
2		成績一覧表					
3	生徒番号	氏名	国語	数学	英語	合計	順位
4	1A01	大庭　昭典	65	54	87	206	1
5	1A02	川端　利明	25	98	63	186	2
6	1A03	宍戸　成	95	29	19	143	5
7	1A04	白石　小路	65	67	35	167	3
8	1A05	竹内　孝	57	81	28	166	4
9							
10							=RANK(F4,$F$4:$F$8,0)

判定　　　　（説明）　引数によって示された条件を判定し，結果(真，偽)に応じて指定された値を表示する。
　　　　　　　（書式）　=IF(論理式，真の場合，偽の場合)

件数①　　　（説明）　引数によって示された値や範囲に存在している数値データの件数を求める。
（数値データのみ）（書式）　=COUNT(数値1，数値2，…)

件数②　　　（説明）　引数によって示された値や範囲に存在しているデータの件数を求める。
（入力データすべて）（書式）　=COUNTA(数値1，数値2，…)

端数処理①　（説明）　引数によって示された数値を四捨五入して指定された桁数にする。桁数が正の数(1，
（四捨五入）　　　　2，…)ならば小数位を，負の数(−1，−2，…)ならば整数位を処理する(切り上げ・切り捨ても同様)。
　　　　　　　（書式）　=ROUND(数値，桁数)

表計算ソフト

端数処理② （切り上げ）	（説明）　引数によって示された数値を指定された桁数に切り上げる。 （書式）　=ROUNDUP（数値，桁数）

端数処理②　　　　　（説明）　引数によって示された数値を指定された桁数に切り上げる。
（切り上げ）　　　　（書式）　=ROUNDUP（数値，桁数）
端数処理③　　　　　（説明）　引数によって示された数値を指定された桁数に切り捨てる。
（切り捨て）　　　　（書式）　=ROUNDDOWN（数値，桁数）

＜注＞１．例えば，ROUND 関数で小数第２位未満を四捨五入しても，セルの表示形式が整数部のみとなっている場合，表示される結果は小数点以下を四捨五入した結果となる。
　　　２．関数の書式は，次のとおりである。
　　　　　　　＝関数名（引数１，引数２，引数３，……，引数ｎ）
　　　　　　例　=SUM(A1:A5)，=SUM(A1:A5,C1:C5)
　　　３．引数における範囲は，セル番地とセル番地を「：」でつなぐことによって指定できる。
　　　４．端数処理をすると数値が丸められるので，その数値で計算すると，表示される値が実際の値と異なる場合がある。

	A	B	C	D	E
1	もとの数	12.3456		-12.3456	
2	小数第1位未満四捨五入	12.3 ←	=ROUND(B1,1)	-12.3 ←	=ROUND(D1,1)
3	小数第2位未満切り上げ	12.35 ←	=ROUNDUP(B1,2)	-12.35 ←	=ROUNDUP(D1,2)
4	小数第3位未満切り捨て	12.345 ←	=ROUNDDOWN(B1,3)	-12.345 ←	=ROUNDDOWN(D1,3)

　　　５．セル（A1）に入力されている「2,351.5435」を端数処理した結果は，次のとおりである。

端数処理	セルに入力されている 関数	桁　数						
		−3	−2	−1	0	1	2	3
四捨五入	=ROUND(A1，桁数)	2,000	2,400	2,350	2,352	2,351.5	2,351.54	2,351.544
切り上げ	=ROUNDUP(A1，桁数)	3,000	2,400	2,360	2,352	2,351.6	2,351.55	2,351.544
切り捨て	=ROUNDDOWN(A1，桁数)	2,000	2,300	2,350	2,351	2,351.5	2,351.54	2,351.543

文字列の操作① （文字列の長さ）	（説明）　セル内の文字列の長さ（文字数）を求める。 （書式）　=LEN（文字列） （補足）　全角と半角は区別されない。なお，LENB 関数は文字列のバイト数が求められ，全角と半角は区別される。

文字列の操作①　　　（説明）　セル内の文字列の長さ（文字数）を求める。
（文字列の長さ）　　（書式）　=LEN（文字列）
　　　　　　　　　　（補足）　全角と半角は区別されない。なお，LENB 関数は文字列のバイト数が求められ，全角と半角は区別される。
文字列の操作②　　　（説明）　文字列から指定した文字数のデータを抽出する。
（文字列の抽出）　　（書式）　=LEFT（文字列，文字数）……文字列の左端から
　　　　　　　　　　　　　　　=RIGHT（文字列，文字数）……文字列の右端から
　　　　　　　　　　　　　　　=MID（文字列，開始位置，文字数）……文字列の開始位置から右側へ
文字列の変換　　　　（説明）　セル内の文字列を数値に変換する。
　　　　　　　　　　（書式）　=VALUE（文字列）

	A	B	C	D	E	F	G
1							
2		成績一覧表					
3	生徒番号	氏名	国語	数学	英語	合計	順位
4	1 A 01	大庭　昭典	65	54	87	206	1
5	1 A 02	川端　利明	25	98	63	186	2
6	1 A 03	宍戸　成	95	29	19	143	5
7	1 A 04	白石　小路	65	67	35	167	3
8	1 A 05	竹内　孝	57	81	28	166	4
9							
10	生徒番号のけた数				4	=LEN(A4)	
11	生徒番号から学年を抽出				1	=LEFT(A4,1)	
12	生徒番号からクラスを抽出				A	=MID(A4,2,1)	
13	生徒番号からクラス内番号を抽出				01	=RIGHT(A4,2)	
14	クラス内番号を数値に変換				1	=VALUE(E13)	

◆文字列操作関数の使用例

日時①	（説明）	現在の日付と時刻のシリアル値を求める。
（現在日時）	（書式）	=NOW()
	（補足）	()の中は何も入力しない。
日時②	（説明）	現在の日付のシリアル値を求める。
（現在日付）	（書式）	=TODAY()
	（補足）	()の中は何も入力しない。
関数のネスト	（説明）	関数の引数に関数を使うことで，**入れ子**ともいう。IF 関数を使う場合などによく利用する。

	A	B	C	D	E	F	G
1							
2		成績一覧表					
3	生徒番号	氏名	国語	数学	英語	合計	判定
4	1 A 01	大庭　昭典	65	54	87	206	A
5	1 A 02	川端　利明	25	98	63	186	B
6	1 A 03	宍戸　成	95	29	19	143	C
7	1 A 04	白石　小路	65	67	35	167	B
8	1 A 05	竹内　孝	57	81	28	166	B
9							
10				G4：=IF(F4>=200,"A",IF(F4>=150,"B","C"))			

◆**関数の利用例**

次のような作成条件にしたがって表を作成するとき，使用する関数は式の例（次ページ）のとおりである。

	A	B	C	D	E	F	G
1							
2		メディア売上一覧表					
3							
4	商品名	単価	本店数量	支店数量	売上金額	割合	備考
5	CD-R(640MB)	¥80	390	297	54,960	9.7%	
6	CD-RW(700MB)	¥100	45	30	7,500	1.3%	
7	DVD-R(4.7GB)	¥600	36	26	37,200	6.6%	
8	DVD-RW(4.7GB)	¥900	78	52	117,000	20.7%	○
9	DVD+R(4.7GB)	¥700	54	42	67,200	11.9%	
10	DVD+RW(4.7GB)	¥1,000	87	39	126,000	22.3%	○
11	DVD-RAM(9.7GB)	¥2,300	25	42	154,100	27.3%	○
12				合計	563,960		
13				平均	80,566		
14				最大	154,100		
15				最小	7,500		
16				種類	7		

作成条件

1．表の体裁は，上の表を参考にして設定する。

　　　設　定　す　る　書　式　：　　罫線
　　　設定する数値の表示形式　：　　3桁ごとのコンマ，通貨，%，小数の表示桁数

2．「売上金額」は，「**単価×（本店数量 ＋ 支店数量）**」で求める。

3．「割合」は，売上金額の合計に対する「商品名」ごとの売上金額の割合を求める。ただし，%で小数第1位まで表示する。

4．「備考」は，売上金額が10万円以上の場合は ○ を表示し，それ以外の場合は何も表示しない。

5．「合計」，「平均」，「最大」，「最小」は，それぞれ売上金額の合計，平均，最大値，最小値を求める。

6．「種類」は，「商品名」の件数を求める。

◆式の例

セル番地	Excel の場合
E5	=B5*(C5+D5)
F5	=E5/$E$12
G5	=IF(E5>=100000,"○","")
E12	=SUM(E5:E11)
E13	=AVERAGE(E5:E11)
E14	=MAX(E5:E11)
E15	=MIN(E5:E11)
E16	=COUNTA(A5:A11)

■■3■　グラフの作成

1)棒グラフ　　　　集合

量の変化や大きさを表すときに用いられる。最も単純なパターンは数値軸(縦軸)に数値，項目軸(横軸)に名前などの不連続な項目をとったものである。この不連続なところを生かして，一つの目盛上に複数の項目を並べて比較できる。

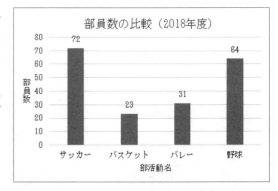

積み上げ

基本的には集合棒グラフと同じで，複数のデータ範囲の数値を一つの縦棒に積み上げた形で表す。総量の表示や総量に対する各データの比率を表すのに最適である。

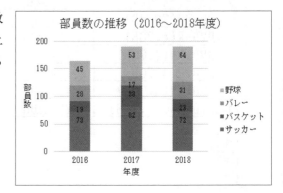

100% 積み上げ

構成要素の全体に対する各構成要素の構成比や，構成比の時間的変化を表す。円グラフに比べて，複数の母集団の比較をさらに明確に表示できる。

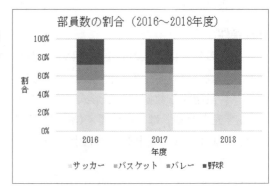

2)折れ線グラフ　　　時系列での変化を表すときに用いられる。データの推移を表したグラフなので，項目軸(横軸)には時系列を用いることが多い。また，複数の折れ線を使うと，項目間の推移を比較したり，構成比率なども大まかに読み取ることができる。

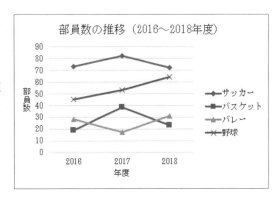

3)円グラフ
(切り離し円グラフ)　　　内訳比率を的確に表すときに用いられる。データの全体総量を1（100%）としたとき，その内訳比率を扇形の面積(中心角)で表現する。各データ要素を示す扇は切り離すことができる。

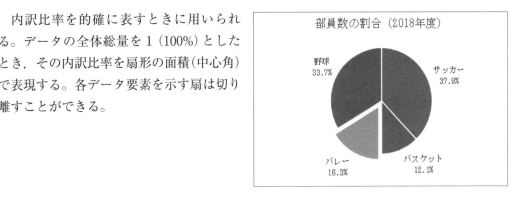

4)レーダー
(レーダーチャート)　　　複数の項目を同時に比較して，データの総合的なバランスを表す。

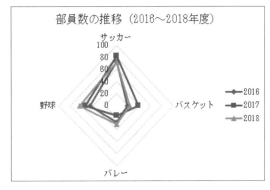

5)行列の切り替え　　　グラフの横軸(X軸)と縦軸(Y軸)のデータを入れ替えて表示する。

Point

　　　グラフ各部の名称は，次のとおりである。

グラフエリア…グラフ全体とグラフの要素すべて。

タイトル………グラフ全体が何を表しているのかを説明するもの。

項目軸…………グラフの横軸を項目軸(またはX軸)という。

数値軸…………グラフの縦軸を数値軸(またはY軸)という。

ラベル…………グラフの軸が何を示しているのかを説明したもの。

凡例（はんれい）………グラフの各データが何を示しているのかを説明したもの。

データラベル…各構成要素のデータの値を，グラフ内に表示させる。

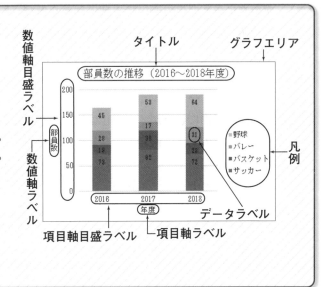

問題　表計算ソフトウェアに関する知識

【1】　次の文に最も関係の深い語を解答群から選び，記号で答えなさい。

1．関数や式などに使用されているセル番地が，複写先で変化しないように設定されたセル番地。

2．おもに，データ量の変化を表すときに用いられるグラフ。

3．ワークシートを構成しているデータを入力するためのマス目。

4．データを大きい順に並べ替えること。

5．一定の計算や処理を行うために，引数の設定などで簡単に結果を求められる機能。

6．＝，＜，＞，＜＝，＞＝，＜＞の演算子。

― 解答群 ―
ア．昇順	**イ**．降順	**ウ**．比較演算子	**エ**．絶対参照	**オ**．相対参照
カ．セル	**キ**．関数	**ク**．円グラフ	**ケ**．折れ線グラフ	**コ**．算術演算子

1		2		3		4		5		6	

【2】　次の文に最も関係の深い語を解答群から選び，記号で答えなさい。

1．セルの中央にデータを表示させること。

2．データを並べ替えるときに，基準となるデータのこと。

3．グラフ全体が何をグラフ化したものかを説明するもの。

4．ワークシート上の横方向のセルの集まり。

5．複数のデータ項目のバランスを見るために，中心から放射状に軸を取ったクモの巣状のグラフ。

6．ワークシート上に作成した表を見やすくするために，セル単位に引く線。

― 解答群 ―
ア．罫線	**イ**．行	**ウ**．引数	**エ**．タイトル	**オ**．中央揃え
カ．凡例	**キ**．列	**ク**．キー項目	**ケ**．100％積み上げ棒グラフ	**コ**．レーダーチャート

1		2		3		4		5		6	

【3】　次の文に最も関係の深い語を解答群から選び，記号で答えなさい。

1．数値を四捨五入して指定された桁数にする関数。

2．複数のデータ範囲の数値を一つの棒に積み重ねたもので，母集団の比較や内訳比率を表すのに最適なグラフ。

3．数値データを見やすくするために，3桁ごとにつける区切り記号。

4．時間の経過にしたがって変化するデータ量などを表すときに用いられるグラフ。

5．各データの全体に占める内訳比率などを表すときに用いられるグラフ。

6．グラフの模様や色ごとに，何のデータを表しているのかを説明するもの。

7．ワークシート内の一定範囲にある数値データの件数を求める関数。

― 解答群 ―
ア．セル	**イ**．タイトル	**ウ**．COUNT	**エ**．円グラフ	**オ**．凡例
カ．棒グラフ	**キ**．折れ線グラフ	**ク**．ROUND	**ケ**．コンマ	**コ**．積み上げ棒グラフ

1		2		3		4		5		6		7	

表計算ソフト

【4】　次のＡ群に最も関係の深いものを，Ｂ群のア，イ，ウの中から選び，記号で答えなさい。

＜Ａ群＞	＜Ｂ群＞		
1．切り捨て	ア．ROUNDDOWN 関数	イ．ROUND 関数	ウ．ROUNDUP 関数
2．円グラフ	ア．量の変化	イ．時系列	ウ．内訳比率
3．降順	ア．あ，い，う，え，お	イ．5，4，3，2，1	ウ．7月，8月，9月
4．比較演算子	ア．＝＜＞	イ．＋－	ウ．＊／
5．縦棒グラフの横軸	ア．数値軸	イ．項目軸	ウ．凡例

1	2	3	4	5

【5】　次のＡ群に最も関係の深いものを，Ｂ群のア，イ，ウの中から選び，記号で答えなさい。

＜Ａ群＞	＜Ｂ群＞		
1．折れ線グラフ	ア．データの比率	イ．データの大きさ	ウ．データの推移
2．端数処理	ア．再計算	イ．四捨五入	ウ．中央揃え
3．文字数を数える	ア．COUNT 関数	イ．COUNTA 関数	ウ．LEN 関数
4．通貨記号	ア．％記号	イ．，記号	ウ．￥記号
5．積み上げ棒グラフ	ア．総量の表示	イ．バランスの表示	ウ．時系列の表示

1	2	3	4	5

【6】　次のＡ群の表示形式が設定されているセルにＢ群の数値データが入力されたとき，セルに表示される値として最も適しているものを，Ｃ群のア，イ，ウの中から選び，記号で答えなさい。

＜Ａ群＞	＜Ｂ群＞	＜Ｃ群＞		
1．小数第2位表示	2134.5	ア．2134.5	イ．2,134.50	ウ．2134.50
2．小数第3位表示	592.4563	ア．592.456	イ．592.457	ウ．592.450
3．コンマ表示	17041	ア．1,70,41	イ．17,041	ウ．1,7041
4．通貨記号表示	10530	ア．￥10530	イ．￥105,30	ウ．￥10,530
5．パーセント表示	1.1	ア．11％	イ．110％	ウ．1.1％

1	2	3	4	5

【7】　ワークシートの各セルには，次のような計算式が入力されている。セル（A1）に数値データ「30」を入力したとき，各セルに表示される値を答えなさい。

	A	B	C
1	30	=A1-5	=SUM(A1:B1)
2	=A1^2	=A2-A1*B1	=AVERAGE(A1:A3)
3	=A1+A2/5	=ROUND((A2-B2)/A3,0)	=MAX(B1:B3)

A2		A3		B1		B2	
B3		C1		C2		C3	

【8】　次の用語の説明として最も適しているものを，ア，イ，ウの中から選び，記号で答えなさい。

1．ドラッグ　　　　　**ア**．マウスのボタンを1回押すこと。
　　　　　　　　　　　イ．マウスのボタンを2回連続して押すこと。
　　　　　　　　　　　ウ．マウスのボタンを押しながら移動すること。

2．A＞B　　　　　　　**ア**．「AはB以上」を表している。
　　　　　　　　　　　イ．「AはBよりも大きい」を表している。
　　　　　　　　　　　ウ．「AはBよりも小さい」を表している。

3．凡例　　　　　　　**ア**．グラフ全体を説明するもの。
　　　　　　　　　　　イ．グラフのデータの数値を表示するもの。
　　　　　　　　　　　ウ．グラフの個々のデータを説明するもの。

4．再計算　　　　　　**ア**．変更されたデータで計算し直すこと。
　　　　　　　　　　　イ．計算式を入力すること。
　　　　　　　　　　　ウ．入力データを訂正・追加・削除すること。

1		2		3		4	

【9】　次の用語の説明として最も適しているものを，ア，イ，ウの中から選び，記号で答えなさい。

1．VALUE　　　　　　**ア**．セル内の文字列の文字数を求める関数。
　　　　　　　　　　　イ．文字列を数値へ変換する関数。
　　　　　　　　　　　ウ．現在の日付と時刻を求める関数。

2．左揃え　　　　　　**ア**．セル内のデータを左右の中央に揃えること。
　　　　　　　　　　　イ．文字列データのセル内での標準的な位置。
　　　　　　　　　　　ウ．数値データのセル内での標準的な位置。

3．コンマ　　　　　　**ア**．3860.25 を 3860.2 に端数処理するための関数。
　　　　　　　　　　　イ．円を示す「¥」記号のこと。
　　　　　　　　　　　ウ．4桁以上の数値を3桁ごとに区切る「,」記号のこと。

4．LEFT　　　　　　　**ア**．文字列の右端から指定文字数を抽出する関数。
　　　　　　　　　　　イ．文字列の左端から指定文字数を抽出する関数。
　　　　　　　　　　　ウ．文字列の開始位置から右側へ指定文字数を抽出する関数。

1		2		3		4	

【10】　次の用語の説明として最も適しているものを，ア，イ，ウの中から選び，記号で答えなさい。

1．タイトル　　　　　　**ア**．グラフ全体の内容を説明するもの。
　　　　　　　　　　　　イ．グラフの各データの内容を説明するもの。
　　　　　　　　　　　　ウ．グラフの項目軸の内容を説明するもの。

2．切り離し円グラフ　**ア**．時系列での変化を表すときに用いられるグラフ。
　　　　　　　　　　　　イ．量の変化や大きさを表すときに用いられるグラフ。
　　　　　　　　　　　　ウ．構成比率を的確に表すときに用いられ，強調したい項目を他の項目から切り離したグラフ。

3．昇順　　　　　　　　**ア**．身長の高い順にデータを並べ替えること。
　　　　　　　　　　　　イ．五十音順にデータを並べ替えること。
　　　　　　　　　　　　ウ．日付の新しい順にデータを並べ替えること。

4．TODAY　　　　　　　**ア**．明日の日付を求める関数。
　　　　　　　　　　　　イ．今日の日付を求める関数。
　　　　　　　　　　　　ウ．現在の日付と時刻を求める関数。

1		2		3		4	

【11】　次の表は，交通機関におけるバリアフリーの状況を示したものである。**各問いに答えなさい。**

	A	B	C	D
1	交通機関におけるバリアフリーの状況（駅数）			
2				
3				
4	設置項目	ＪＲ	私鉄	地下鉄
5	エレベーター	186	212	227
6	エスカレーター	288	398	442
7	身障者用トイレ	1,505	1,483	445
8	誘導ブロック	2,696	1,348	515
9	改札口拡充	3,251	1,634	515
10	券売機点字テープ	2,212	1,094	476

問1．エレベーターが設置されている駅全体に占める，各交通機関の割合を示すグラフとして適切なものを
　　　選び，記号で答えなさい。

ア．

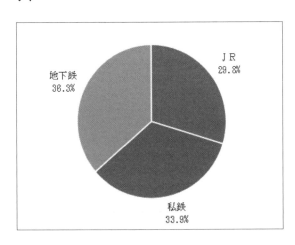

イ．

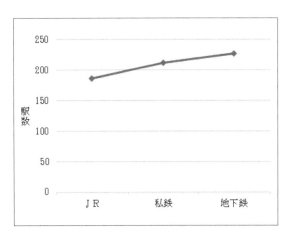

問2．上の表から，最も設置数の多い交通機関と設置項目の組み合わせを選び，記号で答えなさい。

　　　ア．「私鉄」と「身障者用トイレ」　　　　　　**イ．**「ＪＲ」と「改札口拡充」

問3．次の集合縦棒グラフで示されたデータの組み合わせとして最も適切なものを選び，記号で答えなさい。

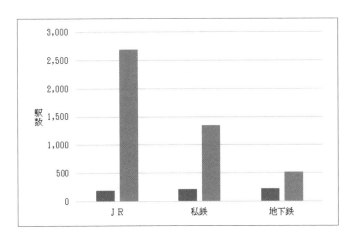

　　　ア．「エレベーター」と「誘導ブロック」　　　**イ．**「エスカレーター」と「券売機点字テープ」

問1		問2		問3	

【12】　次の表は，あるレンタル店の1月〜3月までの売上を集計したものである。作成条件にしたがって，各問いの答えを解答群から選び，記号で答えなさい。

◢	A	B	C	D	E	F	G	H	I	J
1										
2		レンタル料売上表								
3										
4	氏名	会員コード	性別	種別	1月	2月	3月	合計	売上金額	順位
5	伊藤規子	2201F	F	学生	11	8	12	31	¥4,650	5
6	小塚美紀	1104F	F	一般	16	23	19	58	¥11,600	2
7	佐藤保幸	1322M	M	一般	21	19	22	62	¥12,400	1
8	高橋啓二	2106M	M	学生	18	14	11	43	¥6,450	4
9	今村麻衣	1099F	F	一般	12	17	13	42	¥8,400	3
10										
11			一般単価	200						
12			学生単価	150						

作成条件

1．「性別」は，「会員コード」の右端から1文字を抽出して表示する。

2．「種別」は，「会員コード」の左端から1文字を抽出し，1の場合は 一般 を表示し，それ以外の場合は 学生 を表示する。

3．「合計」は，「1月」から「3月」の合計を求める。

4．「売上金額」は，「種別」により次の式で求める。ただし，¥表示し，コピーすることを前提とする。
　　　一般の場合　：　**「一般単価 × 合計」**
　　　学生の場合　：　**「学生単価 × 合計」**

5．「順位」は，「売上金額」を基準として，降順に順位を求める。

問1．C5に設定する式を答えなさい。
　　ア．=LEFT(B5,1)　　　　　　**イ**．=RIGHT(B5,1)　　　　　　**ウ**．=RIGHT(A5,1)

問2．D5に設定する式を答えなさい。
　　ア．=IF(LEFT(B5,1)="1","一般","学生")　　　　**イ**．=IF(LEFT(B5,1)=1,"一般","学生")
　　ウ．=IF(LEFT(B5,1)="1","学生","一般")

問3．H5に設定する式を答えなさい。
　　ア．=SUM(E5:E9)　　　　　　**イ**．=SUM(E5:G5)　　　　　　**ウ**．=SUM(E5:G9)

問4．I5に設定する式を答えなさい。
　　ア．=IF(D5="一般",D11*H5,D12*H5)　　　　**イ**．=IF(D5="一般",D11*$H$5,D12*$H$5)
　　ウ．=IF(D5="一般",$D$11*H5,$D$12*H5)

問5．J5に設定する式を答えなさい。
　　ア．=RANK(I5,$I$5:$I$9,0)　　　　**イ**．=RANK(I5,$I$5:$I$9,1)
　　ウ．=RANK(H5,$H$5:$H$9,1)

問1		問2		問3		問4		問5	

【13】　次の表は，スポーツチームの成績をまとめたものである。作成条件にしたがって，各問いの答えを解答群から選び，記号で答えなさい。

	A	B	C	D	E	F
1						
2		チーム別成績一覧表				
3						
4	チーム名	略称	勝ち数	負け数	勝率	判定
5	アトランタオークス	アトラ	34	16	0.680	◎
6	ボストンセルネック	ボスト	28	22	0.560	◎
7	フィラデルフィア12er	フィラ	25	24	0.510	◎
8	オークランドマック	オーク	24	26	0.480	
9	ワシントンウィザード	ワシン	21	27	0.438	
10	ニューヨークケックス	ニュー	20	28	0.417	
11	マイアミコールド	マイア	17	35	0.327	
12		最多勝利	34			
13		最少勝利	17			

作成条件

1．「略称」は，「チーム名」の左端から3文字を抽出する。

2．「勝率」は，次の式で求める。ただし，小数第3位未満を四捨五入し，小数第3位まで表示する。

　　「勝ち数 ÷（勝ち数 ＋ 負け数）」

3．「判定」は，「勝率」が0.5を超える場合は全角文字の ◎ を表示し，それ以外の場合は何も表示しない。

4．「最多勝利」は，「勝ち数」の最大値を求める。

5．「最少勝利」は，「勝ち数」の最小値を求める。

問1．B5に設定する式を答えなさい。

　ア．=LEFT(A5,3)　　　　　　**イ**．=MID(A5,3,3)　　　　　　**ウ**．=RIGHT(A5,3)

問2．E5に設定する式を答えなさい。

　ア．=ROUND(C5/(C5+D5),1)　　　　　**イ**．=ROUND(C5/(C5+D5),3)

　ウ．=ROUNDUP(C5/(C5+D5),3)

問3．F5に設定する式を答えなさい。

　ア．=IF(E5<0.5,"◎","")　　　**イ**．=IF(E5>=0.5,"◎","")　　　**ウ**．=IF(E5>0.5,"◎","")

問4．C12に設定する式を答えなさい。

　ア．=MAX(C5:D11)　　　　　**イ**．=MAX(C5:C11)　　　　　**ウ**．=MIN(C5:C11)

問5．C13に設定する式を答えなさい。

　ア．=MIN(C5:C11)　　　　　**イ**．=MIN(C5:D11)　　　　　**ウ**．=MAX(C5:C11)

問1		問2		問3		問4		問5	

【14】 次の表は，ある学校の1学年の通学手段を調査し集計したものである。作成条件にしたがって，各問いの答えを解答群から選び，記号で答えなさい。

	A	B	C	D	E	F	G	H	I
1									
2			1学年通学手段調査集計表						
3									
4	主な通学手段	1組	2組	3組	4組	5組	合計	割合	備考
5	私鉄	16	11	なし	14	12	53	26.2%	*
6	JR	21	21	15	19	11	87	43.1%	**
7	自転車	なし	5	25	8	10	48	23.8%	*
8	徒歩	3	4	なし	なし	7	14	6.9%	
9	クラス人数	40	41	40	41	40			
10	最大人数	21	21	25	19	12			
11	利用手段数	3	4	2	3	4			

作成条件

1．「合計」は，「1組」から「5組」までの合計を求める。

2．「割合」は，次の式で求める。ただし，％で小数第1位まで表示し，コピーすることを前提とする。

　　「**主な通学手段ごとの合計 ÷ クラス人数の合計**」

3．「備考」は，「割合」が30％以上の場合は半角文字の **＊＊**，20％以上30％未満の場合は半角文字 ＊ を表示し，それ以外の場合は何も表示しない。

4．「クラス人数」は，組ごとに合計を求める。

5．「最大人数」は，組ごとに最大値を求める。

6．「利用手段数」は，組ごとに件数を求める。

問1．H5に設定する式を答えなさい。

　ア．=G5/SUM($B$9:F9)　　　　　**イ**．=G5/SUM(B9:$F$9)　　　　　**ウ**．=G5/SUM($B$9:$F$9)

問2．I5に設定する式を答えなさい。

　ア．=IF(H5>=30%,"**",IF(H5>=20%,"*",""))

　イ．=IF(H5>=20%,"**",IF(H5>=30%,"*",""))

　ウ．=IF(H5>=30%,"**",IF(H5>=20%,"","*"))

問3．B9に設定する式を答えなさい。

　ア．=AVERAGE(B5:B8)　　　　　**イ**．=SUM(B5:B8)　　　　　**ウ**．=MAX(B5:B8)

問4．B10に設定する式を答えなさい。

　ア．=MAX(B5:B8)　　　　　**イ**．=MIN(B5:B8)　　　　　**ウ**．=SUM(B5:B8)

問5．B11に設定する式を答えなさい。

　ア．=COUNTA(B4:B8)　　　　　**イ**．=COUNT(B5:B8)　　　　　**ウ**．=COUNTA(B5:B8)

問1		問2		問3		問4		問5	

【15】 次の表は，ある洋菓子店の人気スイーツの売上集計表である。作成条件にしたがって，各問いの答えを解答群から選び，記号で答えなさい。

	A	B	C	D	E	F	G	H	I	J
1										
2		人気スイーツ売上集計表								
3										
4	商品名	単価	税込単価	2月売上数	3月売上数	売上高（2ヶ月分）	伸び率（％）	割合	順位	備考
5	ロールケーキ	1,200	1,296	2,853	3,102	7,717,680	8.73	31.7%	2	○
6	無花果タルト	450	486	3,221	2,956	3,002,022	-8.23	12.3%	6	×
7	いちごケーキ	400	432	4,429	4,526	3,868,560	2.20	15.9%	5	
8	シューケーキ	430	464	3,671	3,981	3,550,528	8.45	14.6%	3	○
9	ブラウニー	350	378	2,842	3,102	2,246,832	9.15	9.2%	1	○
10	ベリーショート	500	540	3,570	3,774	3,965,760	5.72	16.3%	4	
11			合計	20,586	21,441	24,351,382				
12			最高	4,429	4,526	7,717,680				
13			最低	2,842	2,956	2,246,832				

作成条件

1．「税込単価」は，「単価」に1.08を乗じて求める。ただし，小数点以下は切り捨て，整数表示とする。
2．「売上高（2ヶ月分）」は，次の式で求める。
　　「（2月売上数 ＋ 3月売上数）× 税込単価」
3．「伸び率（％）」は，次の式で求める。ただし，小数第2位未満を切り上げ，小数第2位まで表示する。
　　「（3月売上数 ÷ 2月売上数 － 1）× 100」
4．「割合」は，次の式で求める。ただし，％で小数第1位まで表示し，H10までコピーすることを前提とする。
　　「売上高（2ヶ月分）÷ 売上高（2ヶ月分）の合計」
5．「順位」は，「伸び率（％）」を基準として，降順に順位を求める。
6．「備考」は，「伸び率（％）」が6以上の場合は ○ を表示し，0以上6未満の場合は何も表示せず，0未満の場合は × を表示する。
7．「合計」は，各列の合計を求める。
8．「最高」は，各列の最大値を求める。
9．「最低」は，各列の最小値を求める。

問1．F5に設定する式を答えなさい。
　　ア．=(D5+E5)*C5　　　　　　**イ**．=(D5+E5)*B5　　　　　　**ウ**．=(D5*E5)*C5

問2．G5に設定する式を答えなさい。
　　ア．=ROUND((E5/D5-1)*100,4)　　　　**イ**．=ROUNDUP((D5/E5-1)*100,2)
　　ウ．=ROUNDUP((E5/D5-1)*100,2)

問3．H5に設定する式を答えなさい。
　　ア．=F5/F11　　　　　　**イ**．=$F$5/$F$11　　　　　　**ウ**．=F5/$F$11

問4．I5に設定する式を答えなさい。
　　ア．=RANK(G5,$G$5:$G$10,0)　　　　**イ**．=RANK(G5,$G$5:$G$10,1)
　　ウ．=RANK(G5,$G$5:$H$10,0)

問5．J5に設定する式を答えなさい。
　　ア．=IF(G5>6,"○",IF(G5>0,"","×"))　　　**イ**．=IF(G5>=6,"○",IF(G5>=0,"","×"))
　　ウ．=IF(G5>=6,"○",IF(G5>=0,"×",""))

問1		問2		問3		問4		問5	

【16】 次の表は，ある高校の文化祭における収支報告書である。作成条件にしたがって，各問いの答えを解答群から選び，記号で答えなさい。

	A	B	C	D	E	F	G	H
1								
2		文化祭収支報告書						
3								
4	クラス	催事内容	装飾費	仕入代金	売上金額	利益	順位	備考
5	1年1組	調理	12,500	25,000	54,000	16,500	2	◎
6	1年2組	お化け屋敷	25,900	0	45,000	19,100	1	◎
7	1年3組	ゲーム	9,850	9,600	23,000	3,550	5	△
8	2年1組	迷路	29,800	0	30,000	200	7	△
9	2年2組	調理	13,800	35,000	65,000	16,200	3	◎
10	3年1組	販売	9,750	20,000	32,000	2,250	6	△
11	3年2組	販売	8,600	19,000	34,000	6,400	4	○
12		合計	110,200	108,600	283,000	64,200		
13		平均	15,743	15,514	40,429	9,171		
14		最高	29,800	35,000	65,000	19,100		
15		最低	8,600	0	23,000	200		
16		クラス数	7					

作成条件

1．「利益」は，次の式で求める。

　　　「売上金額 － （装飾費 ＋ 仕入代金）」

2．「順位」は，「利益」を基準として，降順に順位を求める。

3．「備考」は，「利益」が10,000 以上の場合は ◎ を，5,000 以上10,000 未満の場合は ○ を，それ以外の場合は △ を表示する。

4．「合計」は，各列の合計を求める。

5．「平均」は，各列の平均を求める。ただし，小数点以下を四捨五入し，整数部のみ表示する。

6．「最高」は，各列の最大値を求める。

7．「最低」は，各列の最小値を求める。

8．「クラス数」は，A列のクラス名が入力されているセルの数を求める。

問1．F5 に設定する式を答えなさい。
　　ア．=E5+(C5-D5)　　　　　イ．=E5-(C5+D5)　　　　　ウ．=E5*(C5+D5)

問2．G5 に設定する式を答えなさい。
　　ア．=RANK(F5,$F$5:$F$11,0)　　　　イ．=RANK(F5,$F$5:$F$11,1)
　　ウ．=RANK(F5,$F$5:$F$12,0)

問3．H5 に設定する式を答えなさい。
　　ア．=IF(F5>10000,"◎",IF(F5>5000,"○","△"))
　　イ．=IF(F5>=10000,"◎",IF(F5>=5000,"△","○"))
　　ウ．=IF(F5>=10000,"◎",IF(F5>=5000,"○","△"))

問4．C13 に設定する式を答えなさい。
　　ア．=ROUND(AVERAGE(C5:C11),1)　　　　イ．=ROUND(AVERAGE(C5:C11),0)
　　ウ．=ROUND(AVERAGE(C5:C11),-1)

問5．C16 に設定する式を答えなさい。
　　ア．=COUNT(A5:A11)　　　　イ．=COUNTA(A4:A11)　　　　ウ．=COUNTA(A5:A11)

問1		問2		問3		問4		問5	

【17】　次の表は，ラーメンコンテストの結果を集計したものである。作成条件にしたがって，各問いの答えを解答群から選び，記号で答えなさい。

	A	B	C	D	E	F	G	H	I
1									
2		ラーメンコンテスト集計表							
3									
4	商品番号	店名	種類コード	種類	単価	売上数	売上金額	比率	種類別順位
5	1650A	ラーメンごろう	A	しょうゆ	650	185	120,250	10.3%	2
6	2680A	北海政	A	しょうゆ	680	190	129,200	11.1%	1
7	3600A	平成軒	A	しょうゆ	600	185	111,000	9.5%	3
8	4670S	ゆうひ	S	塩	670	216	144,720	12.4%	1
9	5710S	七角屋	S	塩	710	159	112,890	9.7%	3
10	6690S	３番ラーメン	S	塩	690	178	122,820	10.5%	2
11	7720M	万里眼	M	味噌	720	206	148,320	12.7%	1
12	8690M	みそみそ屋	M	味噌	690	192	132,480	11.4%	3
13	9700M	えぞっこ	M	味噌	700	205	143,500	12.3%	2
14						合計	1,165,180		

作成条件

1．「種類コード」は，「商品番号」の右端から１文字を抽出して表示する。
2．「種類」は，「種類コード」がAの場合は しょうゆ，Sの場合は 塩，Mの場合は 味噌 と表示する。
3．「単価」は「商品番号」の左端２桁目より３文字を抽出し，数値に変換して表示する。
4．「売上金額」は次の式で求める。

　　　「単価　×　売上数」

5．「合計」は売上金額の合計を求める。
6．「比率」は，次の式で求める。ただし，小数第３位未満を四捨五入して，％で小数第１位まで表示する。

　　　「売上金額　÷　売上金額の合計」

7．「種類別順位」は，「売上金額」を基準として，「種類」ごとに降順に「順位」を求める。

問１．C5 に設定する式を答えなさい。
　ア．=RIGHT(A5,1)　　　　　　　イ．=MID(A5,1,1)　　　　　ウ．=LEFT(A5,1)

問２．D5 に設定する式を答えなさい。
　ア．=IF(C5="A","しょうゆ",IF(C5="S","味噌","塩"))
　イ．=IF(C5="A","塩",IF(C5="S","しょうゆ","味噌"))
　ウ．=IF(C5="A","しょうゆ",IF(C5="S","塩","味噌"))

問３．E5 に設定する式を答えなさい。
　ア．=VALUE(MID(A5,2,3))　　　　　　イ．=VALUE(LEFT(A5,3))
　ウ．=VALUE(MID(A5,3,2))

問４．H5 に設定する式を答えなさい。
　ア．=ROUNDUP(G5/$G$14,3)　　　　　　イ．=ROUND(G5/$G$14,3)
　ウ．=ROUNDDOWN(G5/$G$14,3)

問５．I5 に設定する式を答えなさい。
　ア．=RANK(G5,$G$5:$G$13,0)　　　　　　イ．=RANK(G5,$G$5:$G$7,1)
　ウ．=RANK(G5,$G$5:$G$7,0)

問1		問2		問3		問4		問5	

実 技 編

解説　　　実技例題

DATA　実技例題_提供データ

　あるケーキ店は，月間売上状況を調査し，その結果を得た。資料と作成条件にしたがって，シート名「シート1」を作成しなさい。

資 料

月間売上表

種類	1週目	2週目	3週目	4週目
アップルパイ	143	140	138	150
ショートケーキ	408	413	456	478
チーズケーキ	335	341	373	388
チョコレートケーキ	170	179	183	192
モンブラン	191	213	189	194

価格表

種類	価格
アップルパイ	400
ショートケーキ	380
チーズケーキ	330
チョコレートケーキ	350
モンブラン	420

作成条件

ワークシートは，提供されたものを使用する。

1．表およびグラフの体裁は，右ページを参考にして設定する。

　　　設 定 す る 書 式　：　罫線の種類，行高，セル内の配置
　　　設定する数値の表示形式　：　3桁ごとのコンマ，％，小数の表示桁数

2．表の※印の部分は，式や関数を利用して求める。また，※※印の部分は，資料より必要な値を入力する。

3．グラフの※印の部分は，表に入力された値をもとに表示する。

4．「1．売上数一覧表」は，次のように作成する。

　(1)　「4週合計売上数」は，「1週目」～「4週目」の合計を求める。

　(2)　「伸び率」は，次の式で求める。ただし，小数第3位未満を切り捨て，％で小数第1位まで表示する。

　　　　　　「4週目　÷　1週目　－　1」

　(3)　「週計」は，各列の合計を求める。

　(4)　「平均」は，各列の平均を求める。ただし，整数部のみ表示する。

　(5)　「最大」は，各列の最大値を求める。

　(6)　「最小」は，各列の最小値を求める。

　(7)　表の作成後，6～10行目のデータを，「4週合計売上数」を基準として，降順に並べ替える。

5．積み上げ縦棒グラフは，「1．売上数一覧表」から作成する。

　(1)　数値軸の目盛は，最小値(0)，最大値(1,500)，および間隔(300)を設定する。

　(2)　軸ラベルの方向を設定する。

　(3)　凡例の位置を設定する。

　(4)　データラベルを設定する。

6．「2．売上金額一覧表」は，次のように作成する。

　(1)　「種類」，「価格」は，資料を参考に入力する。

　(2)　「種類」は，「1．売上数一覧表」のB6～B10の値をコピーして貼り付ける。

　(3)　「売上金額」は，「価格」に「1．売上数一覧表」の「4週合計売上数」を掛けて求める。

　(4)　「備考」は，「売上金額」が300,000以上の場合，○を表示し，それ以外の場合，何も表示しない。

　(5)　「月計」は，売上金額の合計を求める。

7．円グラフは，「2．売上金額一覧表」から作成する。

　(1)　データラベルを設定し，割合を％で小数第1位まで表示する。

　(2)　「ショートケーキ」を切り離す。

ケーキ店売上一覧表

1．売上数一覧表

種類	1週目	2週目	3週目	4週目	4週合計売上数	伸び率
アップルパイ	143	140	138	150	571	4.8%
ショートケーキ	408	413	456	478	※	※
チーズケーキ	335	341	373	388	※	※
チョコレートケーキ	170	179	183	192	※	※
モンブラン	191	213	189	194	※	※
週計	1,247	※	※	※	※	
平均	249	※	※	※	※	
最大	408	※	※	※	※	
最小	143	※	※	※	※	

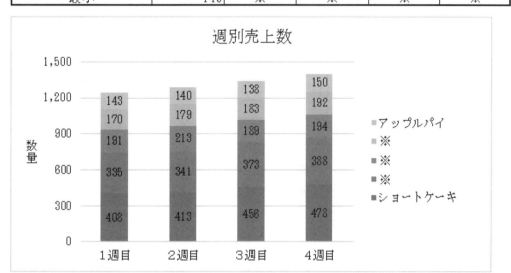

2．売上金額一覧表

種類	価格	売上金額	備考
ショートケーキ	380	666,900	○
※※	※※	※	※
※※	※※	※	※
※※	※※	※	※
※※	※※	※	※
月計		※	

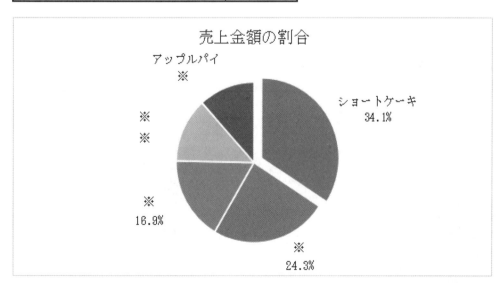

（シート1）

1．表1の体裁

(1) 表のタイトル

① セル(A2)に「ケーキ店売上一覧表」を入力し，セル(A2～H2)を選択し， [セルを結合して中央揃え ▼] をクリックする。

▲	A	B	C	D	E	F	G	H
1								
2	ケーキ店売上一覧表							
3								

② フォントサイズを「16」にする。 [16 ▼]　　※他のセルよりも大きいフォントサイズであればよい。

(2) 列幅の変更

① マウスポインタを，列番号 [A] と [B] の境界線に合わせ， ✛ を左にドラッグし，A列の列幅を狭くする。

② マウスポインタを，列番号 [B] と [C] の境界線に合わせ， ✛ をダブルクリックし，B列の列幅を自動調整する。

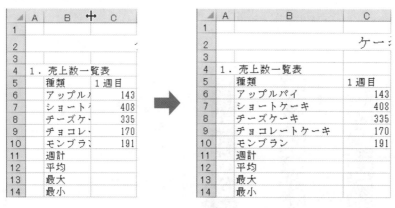

(3) セル内改行

セル(G5)の「4週合計売上数」の「計」と「売」の文字の間にカーソルを置き，[Alt]を押しながら[Enter]を押してセル内で改行し，[Enter]を押す。

	C	D	E	F	G
		ケーキ店売上一覧表			
	1週目	2週目	3週目	4週目	4週合計売
	143	140	138	150	

➡

	C	D	E	F	G
		ケーキ店売上一覧表			
	1週目	2週目	3週目	4週目	4週合計 売上数
	143	140	138	150	

(4) 文字位置の変更

5行目とセル(B11～B14)を選択し， ☰ (中央揃え)をクリックする。

▲	A	B	C	D	E	F	G	H
1								
2		ケーキ店売上一覧表						
3								
4	1．売上数一覧表							
5		種類	1週目	2週目	3週目	4週目	4週合計 売上数	伸び率
6		アップルパイ	143	140	138	150		
7		ショートケーキ	408	413	456	478		
8		チーズケーキ	335	341	373	388		
9		チョコレートケーキ	170	179	183	192		
10		モンブラン	191	213	189	194		
11		週計						
12		平均						
13		最大						
14		最小						

2．式の入力(1)

(1) 作成条件4 (1)

① セル(G6)を選択し，「=SUM(C6:F6)」を入力する。

② セル(G6)を選択し，右下のフィルハンドルにマウスポインタを合わせて，下方向に，セル(G7～G10)までドラッグし，式をコピーする。

③ セル(C6～G10)を選択し，（桁区切りスタイル）をクリックする。

(2) 作成条件4 (2)

① セル(H6)を選択し，「=ROUNDDOWN(F6/C6-1,3)」を入力する。

② セル(H6)を選択し，%（パーセントスタイル）をクリックし，さらに（小数点以下の表示桁数を増やす）を1回クリックする。

③ セル(H6)を選択し，右下のフィルハンドルにマウスポインタを合わせて，下方向に，セル(H7～H10)までドラッグし，式をコピーする。

▲	A	B	C	D	E	F	G	H	I
1									
2			ケーキ店売上一覧表						
3									
4		1．売上数一覧表							
5		種類	1週目	2週目	3週目	4週目	4週合計売上数	伸び率	
6		アップルパイ	143	140	138	150	571	4.8%	
7		ショートケーキ	408	413	456	478	1,755	17.1%	
8		チーズケーキ	335	341	373	388	1,437	15.8%	
9		チョコレートケーキ	170	179	183	192	724	12.9%	
10		モンブラン	191	213	189	194	787	1.5%	
11		週計							
12		平均							
13		最大							
14		最小							

(3) 作成条件4 (3)

セル(C11)を選択し，「=SUM(C6:C10)」を入力する。

(4) 作成条件4 (4)

セル(C12)を選択し，「=AVERAGE(C6:C10)」を入力する。さらに（小数点以下の表示桁数を減らす）を1回クリックする。

(5) 作成条件4 (5)

セル(C13)を選択し，「=MAX(C6:C10)」を入力する。

(6) 作成条件4 (6)

セル(C14)を選択し，「=MIN(C6:C10)」を入力する。

(7) 式のコピーと表示形式

セル(C11～C14)を選択し，選択範囲右下のフィルハンドルにマウスポインタを合わせて，右方向に，セル(G11～G14)までドラッグし，式をコピーする。続けて（桁区切りスタイル）をクリックする。

▲	A	B	C	D	E	F	G	H	I
1									
2			ケーキ店売上一覧表						
3									
4		1．売上数一覧表							
5		種類	1週目	2週目	3週目	4週目	4週合計売上数	伸び率	
6		アップルパイ	143	140	138	150	571	4.8%	
7		ショートケーキ	408	413	456	478	1,755	17.1%	
8		チーズケーキ	335	341	373	388	1,437	15.8%	
9		チョコレートケーキ	170	179	183	192	724	12.9%	
10		モンブラン	191	213	189	194	787	1.5%	
11		週計	1,247	1,286	1,339	1,402	5,274		
12		平均	249	257	268	280	1,055		
13		最大	408	413	456	478	1,755		
14		最小	143	140	138	150	571		

３．表１の並べ替え

(1) 作成条件４（7）

① 並べ替える範囲のセル(B5 ～ H10)を選択し，[データ]の ⧄ (並べ替え)をクリックする。

② [先頭行をデータの見出しとして使用する]にチェックが入っているのを確認し，[列　最優先されるキー]に「４週合計売上数」，[順序]に「大きい順」を指定して OK をクリックする。

▲	A	B	C	D	E	F	G	H
1								
2			ケーキ店売上一覧表					
3								
4		1．売上数一覧表						
5		種類	1週目	2週目	3週目	4週目	4週合計売上数	伸び率
6		ショートケーキ	408	413	456	478	1,755	17.1%
7		チーズケーキ	335	341	373	388	1,437	15.8%
8		モンブラン	191	213	189	194	787	1.5%
9		チョコレートケーキ	170	179	183	192	724	12.9%
10		アップルパイ	143	140	138	150	571	4.8%
11		週計	1,247	1,286	1,339	1,402	5,274	
12		平均	249	257	268	280	1,055	
13		最大	408	413	456	478	1,755	
14		最小	143	140	138	150	571	

４．表１の罫線

① セル(B5 ～ H5)を選択し，Ctrl を押しながらセル(B6 ～ H10)とセル(B11 ～ G14)を選択する。

② [ホーム]の ⧉ ▼ より，罫線リストから ⊞ (格子)をクリックし，さらに ⊞ (太い外枠)をクリックする。

▲	A	B	C	D	E	F	G	H
1								
2			ケーキ店売上一覧表					
3								
4		1．売上数一覧表						
5		種類	1週目	2週目	3週目	4週目	4週合計売上数	伸び率
6		ショートケーキ	408	413	456	478	1,755	17.1%
7		チーズケーキ	335	341	373	388	1,437	15.8%
8		モンブラン	191	213	189	194	787	1.5%
9		チョコレートケーキ	170	179	183	192	724	12.9%
10		アップルパイ	143	140	138	150	571	4.8%
11		週計	1,247	1,286	1,339	1,402	5,274	
12		平均	249	257	268	280	1,055	
13		最大	408	413	456	478	1,755	
14		最小	143	140	138	150	571	

5．積み上げ縦棒グラフの作成

(1) 作成条件5

① セル(B5 ～ F10)を選択し，［挿入］の 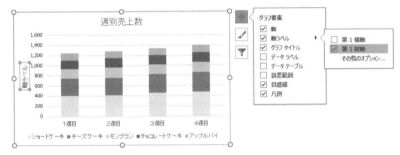（縦棒／横棒グラフの挿入）より，「2-D 縦棒」の （積み上げ縦棒）をクリックする。

② デザインの （行／列の切り替え）をクリックする。

③ グラフエリアをドラッグして，表の下の適切な位置に配置する。

④ グラフエリアの「グラフタイトル」をクリックし，「週別売上数」を入力する。

⑤ グラフエリアをクリックし，グラフの右上に表示される （グラフ要素）から，「軸ラベル」に「第1縦軸」を設定し，「数量」を入力する。

　なお，グラフエリアをクリックし，［デザイン］の （グラフ要素を追加）から，「軸ラベル」を「第1縦軸」に設定することもできる。

⑥ 「縦(値)軸ラベル」を選択した状態で，［書式］の「選択対象の書式設定」をクリックするか，または，「縦(値)軸ラベル」上で右クリックして，「軸ラベルの書式設定」を選択する。

　「軸ラベルの書式設定」より，「タイトルのオプション」の （サイズとプロパティ）をクリックし，「配置」の「文字列の方向」を「縦書き」に設定する。

⑦ グラフエリアの「縦(値)軸」をクリックし，「軸の書式設定」の （軸のオプション）をクリックし，「軸のオプション」から，最小値0　最大値1500　単位(主)300を設定する。

　なお，「縦(値)軸」を選択した状態で，［書式］の「選択対象の書式設定」をクリックするか，または「縦(値)軸」上で右クリックして，「軸の書式設定」から設定することもできる。

 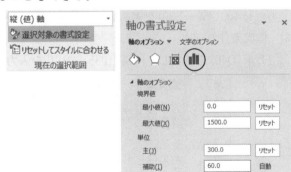

⑧ グラフエリアをクリックし， （グラフ要素）から，「凡例」を「右」，「データラベル」を「中央揃え」に設定する。

　なお，グラフエリアをクリックし，［デザイン］の （グラフ要素を追加）から，「凡例」を「右」，「データラベル」を「中央」に設定することもできる。

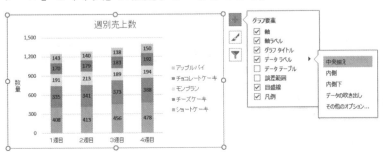

6．データの入力

(1) 作成条件6 (2)

① 「1．売上数一覧表」のセル(B6〜B10)を選択し，[ホーム]の 📋 (コピー)をクリックする。

② セル(B35)をクリックし，[ホーム]の 📋 (貼り付け)より，[値の貼り付け]→[値]をクリックする。

③ 資料より，「種類」に対応した「価格」を入力する。

33	2．売上金額一覧表			
34	種類	価格	売上金額	備考
35	ショートケーキ	380		
36	チーズケーキ	330		
37	モンブラン	420		
38	チョコレートケーキ	350		
39	アップルパイ	400		

(2) 文字位置の変更とセル結合

① 34行目を選択し，≡ (中央揃え)をクリックする。

② セル(B40)に「月計」を入力し，B40〜C40を選択して，🔲 セルを結合して中央揃え ▾ をクリックする。

33	2．売上金額一覧表			
34	種類	価格	売上金額	備考
35	ショートケーキ	380		
36	チーズケーキ	330		
37	モンブラン	420		
38	チョコレートケーキ	350		
39	アップルパイ	400		
40	月計			

7．式の入力(2)

(1) 作成条件6 (3)

① セル(D35)を選択し，「=C35*G6」を入力する。

② セル(D35)を選択し，右下のフィルハンドルにマウスポインタを合わせて，セル(D39)までドラッグし，式をコピーする。

③ セル(D35〜D39)を選択した状態で，❟ (桁区切りスタイル)をクリックする。

(2) 作成条件6 (4)

① セル(E35)を選択し，「=IF(D35>=300000,"○","")」を入力する。

② セル(E35)を選択し，右下のフィルハンドルにマウスポインタを合わせて，セル(E39)までドラッグし，式をコピーする。

③ セル(E35〜E39)を選択した状態で ≡ (中央揃え)をクリックする。

(3) 作成条件6 (5)

セル(D40)を選択し，「=SUM(D35:D39)」を入力する。

33	2．売上金額一覧表			
34	種類	価格	売上金額	備考
35	ショートケーキ	380	666,900	○
36	チーズケーキ	330	474,210	○
37	モンブラン	420	330,540	○
38	チョコレートケーキ	350	253,400	
39	アップルパイ	400	228,400	
40	月計		########	

※ソフトウェアのバージョンによっては，セル(D40)に数式を入力すると，自動入力機能により，セル(E40)に「○」が表示されてしまうので削除する。

〈補足〉 必要に応じてマウスポインタを，列番号 D と E の境界線に合わせ，✚ をダブルクリックし，D列の列幅を自動調整する。

8．表2の罫線

① セル(B34〜E34)を選択し，Ctrlを押しながらセル(B35〜E39)とセル(B40〜D40)を選択する。

② 罫線リストから ⊞ (格子)をクリックし，さらに 🔲 (太い外枠)をクリックする。

33	2．売上金額一覧表			
34	種類	価格	売上金額	備考
35	ショートケーキ	380	666,900	○
36	チーズケーキ	330	474,210	○
37	モンブラン	420	330,540	○
38	チョコレートケーキ	350	253,400	
39	アップルパイ	400	228,400	
40	月計		1,953,450	

9．切り離し円グラフの作成

(1) 作成条件7

① セル(B34 〜 B39)を選択し，Ctrlを押しながらセル(D34 〜 D39)を選択する。

② [挿入]の🥧▼(円またはドーナツグラフの挿入)より，「2-D 円」の🥧(円)をクリックする。

③ グラフエリアをドラッグして，表の下の適切な位置に配置する。

④ グラフエリアの「グラフタイトル」をクリックし，「売上金額の割合」を入力する。

⑤ グラフエリアをクリックし，➕(グラフ要素)から，「凡例」のチェックをはずし，さらに，「データラベル」を「その他のオプション」に設定する。

　なお，グラフエリアをクリックし，[デザイン]の📊(グラフ要素を追加)から，「凡例」を「なし」，「データラベル」を「その他のデータラベルオプション」に設定することもできる。

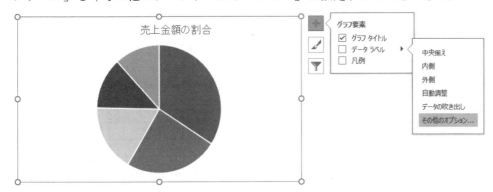

⑥ 「データラベルの書式設定」から，📊(ラベルオプション)をクリックし，「ラベルオプション」を選択し，「ラベルの内容」に「分類名」と「パーセンテージ」，「ラベルの位置」を「外部」に設定する。

　さらに，「表示形式」の「カテゴリ」を「パーセンテージ」，「小数点以下の桁数」に「1」を設定する。

⑦ 円グラフの任意の部分をクリックし，さらに，切り離す「ショートケーキ」の扇形部分をクリックし，選択状態にする。

⑧ 「ショートケーキ」の扇形部分を，円の中心から外側にドラッグし，適切な位置でドロップする。

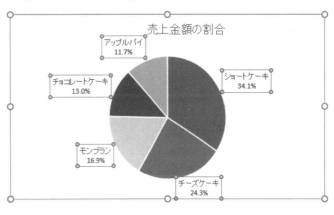

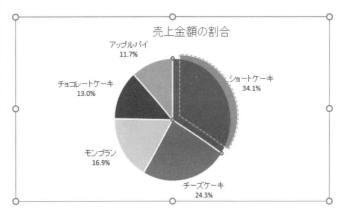

【実技問題１】 （表の作成）

次のような栄養素の摂取量に関するデータを入力し，罫線を引いて表を作成しなさい。なお，表の体裁は，問題を参考にして設定すること。

	A	B	C	D	E	F
1						
2		全国一人１日あたり食品群別摂取量				
3						
4	食品群	エネルギー（kcal）	タンパク質（g）	炭水化物（g）	鉄（mg）	ビタミンC（mg）
5	動物性食品	423.0	35.8	9.2	2.1	6.0
6	穀類	797.0	15.4	166.9	1.0	0.0
7	いも類	40.0	0.7	9.5	0.2	8.0
8	野菜類	71.0	3.0	15.8	1.1	36.0
9	果実類	71.0	0.6	18.4	0.2	36.0
10	魚介類	120.0	15.1	1.7	0.8	1.0
11	肉類	161.0	12.3	0.4	0.6	4.0
12	菓子類	88.0	1.6	14.1	0.2	0.0
13	食品群計	1,771.0	※	※	※	※
14	最高	797.0	※	※	※	※
15	最低	40.0	※	※	※	※

【実技問題２】 （データの並べ替え）

次のような海外修学旅行者数に関するデータを入力し，５〜14行目のデータを，Ｄ列の「合計」を基準として，降順に並べ替えなさい。なお，表の体裁は，問題を参考にして設定すること。

	A	B	C	D	E
1					
2		高校生の海外修学旅行者数一覧			
3					
4	行き先	生徒数（公立）	生徒数（私立）	合計	
5	アメリカ	8,060	18,692	26,752	
6	カナダ	980	6,954	※	
7	イギリス	428	4,515	※	
8	フランス	901	5,943	※	
9	オーストラリア	6,897	22,765	※	
10	シンガポール	14,689	10,137	※	
11	マレーシア	15,885	6,770	※	
12	中国	7,039	4,924	※	
13	韓国	16,811	9,495	※	
14	台湾	5,174	2,850	※	

→

	A	B	C	D	E
1					
2		高校生の海外修学旅行者数一覧			
3					
4	行き先	生徒数（公立）	生徒数（私立）	合計	
5	オーストラリア	6,897	22,765	※	
6	アメリカ	8,060	18,692	26,752	
7	韓国	16,811	9,495	※	
8	シンガポール	14,689	10,137	※	
9	マレーシア	15,885	6,770	※	
10	中国	7,039	4,924	※	
11	台湾	5,174	2,850	※	
12	カナダ	980	6,954	※	
13	フランス	901	5,943	※	
14	イギリス	428	4,515	※	

【実技問題3】 （計算式の入力・複写①）　　　　　　　**DATA**　実技問題3_提供データ

次の表は，コンビニエンスストアの売上データを示したものである。作成条件にしたがって，表を作成しなさい。

	地域	販売額	店舗数	1店舗あたり	備考
5	北海道	4,166	2,462	1.7	
6	東北	5,020	3,018	※	※
7	関東	35,169	17,986	※	※
8	中部	7,654	4,202	※	※
9	近畿	10,687	6,042	※	※
10	中国	3,871	2,068	※	※
11	四国	637	637	※	※
12	九州・沖縄	6,136	3,405	※	※
13	合計	※	※		
14	平均	9,168	※		
15	最高	※	※		
16	最低	※	※		

表のタイトル：コンビニエンスストア売上データ　単位：億円

作成条件

1. 表の体裁は，上の表を参考にして設定する。

　　　設定する書式　：　罫線
　　　設定する数値の表示形式　：　3桁ごとのコンマ，小数の表示桁数

2. 表の※印の部分は，式や関数を利用して求める。
3. 「1店舗あたり」は，次の式で求める。ただし，小数第1位未満を切り上げ，小数第1位まで表示する。
　　　「販売額　÷　店舗数」
4. 「備考」は，「1店舗あたり」が1.8より大きい場合，○を表示し，それ以外の場合，何も表示しない。
5. 「合計」は，各列の合計を求める。
6. 「平均」は，各列の平均を求める。ただし，整数部のみ表示する。
7. 「最高」は，各列の最大値を求める。
8. 「最低」は，各列の最小値を求める。
9. 表の作成後，5～12行目のデータを，「販売額」を基準として，降順に並べ替える。

【実技問題4】　（計算式の入力・複写②）　　　　　　　　**DATA**　実技問題4_提供データ

次の表は，世界の産業用ロボットの稼働台数を示したものである。作成条件にしたがって，表を作成しなさい。

	A	B	C	D	E	F
1						
2		産業用ロボット稼働台数				
3						
4	国名	前年度	今年度	増加数	増減率 （％）	備考
5	アメリカ	149,836	182,249	32,413	22	○
6	イギリス	13,519	15,591	※	※	※
7	ドイツ	148,259	167,579	※	※	※
8	タイ	9,635	20,337	※	※	※
9	日本	307,698	304,001	※	※	※
10	フランス	34,495	32,301	※	※	※
11	スペイン	28,868	28,091	※	※	※
12	中国	52,290	132,784	※	※	※
13			最高	※	※	
14			最低	※	※	

作成条件

1．表の体裁は，上の表を参考にして設定する。

　　　［　設 定 す る 書 式 ：　　罫線，行高，セル内の配置　］
　　　［　設定する数値の表示形式 ：　　3桁ごとのコンマ　　　　　］

2．表の※印の部分は，式や関数を利用して求める。

3．「増加数」は，次の式で求める。

　　　「今年度　－　前年度」

4．「増減率（％）」は，次の式で求める。ただし，整数部のみ表示する。

　　　「（今年度　÷　前年度　－　1）　×　100」

5．「備考」は，「増減率（％）」が100未満の場合，○ を表示し，それ以外の場合，何も表示しない。

6．「最高」は，各列の最大値を求める。

7．「最低」は，各列の最小値を求める。

【実技問題5】 （計算式の入力・複写③）　　　　　　　　　**DATA** 実技問題 5_提供データ

次の表は, ある販売店における飲料水の売上を示したものである。作成条件にしたがって, 表を作成しなさい。

	A	B	C	D	E	F	G
1							
2			飲料水売上一覧				
3							
4	取引先コード	支店名	商品名	単価	売上数量	売上金額	備考
5	150123	港支店	コーラ	150	156	23,400	
6	200124	江東支店	サイダー	※	230	※	※
7	120125	豊島支店	ジュース	※	178	※	※
8	150126	品川支店	コーラ	※	194	※	※
9	150127	港支店	清涼飲料水	※	265	※	※
10	120128	江東支店	サイダー	※	182	※	※
11	200129	品川支店	ジュース	※	171	※	※
12	120130	江東支店	清涼飲料水	※	220	※	※

作成条件

1. 表の体裁は, 上の表を参考にして設定する。

〔 設 定 す る 書 式 ：　罫線　　　　　　　　　　　〕
〔 設定する数値の表示形式 ：　3桁ごとのコンマ 〕

2. 表の※印の部分は, 式や関数を利用して求める。

3. 「単価」は, 「取引先コード」の左端から3文字を抽出し, 数値データに変換する。

4. 「売上金額」は, 次の式で求める。

　　　　「単価　×　売上数量」

5. 「備考」は「売上金額」が 30,000 以上の場合, ○ を表示し, それ以外の場合, 何も表示しない。

実技問題

【実技問題6】（集合棒グラフ）

DATA　実技問題6_提供データ

次の表は，企画旅行の売上に関するデータを示したものである。作成条件にしたがって，表とグラフを作成しなさい。

	A	B	C	D	E	F
1						
2			企画旅行売上一覧表			
3					単位：円	
4	商品名	滞在地	価格	売上数	売上高	売上比率
5	美肌の湯でしっとりと	鳴子温泉	29,200	21	613,200	6.1%
6	古都京都でのんびりと	嵐山	35,600	42	※	※
7	イルミネーションの街へ	函館市	36,800	58	※	※
8	砂風呂＆エステプラン	指宿温泉	41,900	39	※	※
9	世界遺産石見銀山を訪れる	玉造温泉	42,500	37	※	※
10	琉球満喫プラン	恩納村	48,400	23	※	※
11	白川郷・五箇山合掌造り	高山市	57,300	26	※	※
12			合計	※	※	
13			平均	※	※	

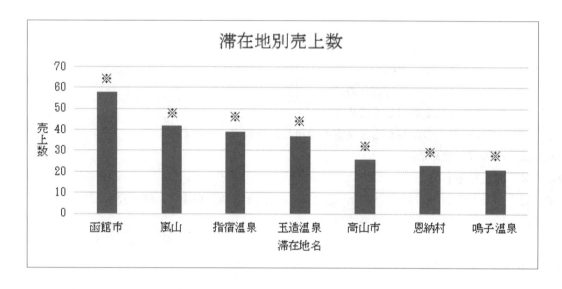

作成条件

1．表およびグラフの体裁は，上を参考にして設定する。

> 設定する書式　：　罫線
> 設定する数値の表示形式　：　3桁ごとのコンマ，％，小数の表示桁数

2．表の※印の部分は，式や関数を利用して求める。

3．グラフの※印の部分は，表に入力された値をもとに表示する。

4．「売上高」は，次の式で求める。

　　　「価格　×　売上数」

5．「売上比率」は，次の式で求める。ただし，％で小数第1位まで表示する。

　　　「売上高　÷　売上高の合計」

6．「合計」は，各列の合計を求める。

7．「平均」は，各列の平均を求める。ただし，整数部のみ表示する。

8．表の作成後，5～11行目のデータを，「売上数」を基準として，降順に並べ替える。

9．集合縦棒グラフは，滞在地別の売上数を比較することができるものを作成する。

　(1)　数値軸の目盛は，最小値(0)，最大値(70)，および間隔(10)を設定する。

　(2)　軸ラベルの方向を設定する。

　(3)　データラベルを設定する。

【実技問題7】 （積み上げ棒グラフ）

DATA 実技問題7_提供データ

次の表は，世界各国の中学校2年生の学力を示したものである。作成条件にしたがって，表とグラフを作成しなさい。

資料

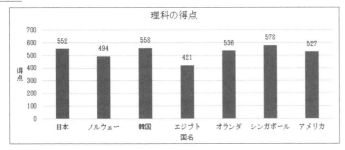

	A	B	C	D	E
1					
2		中学校2年生の学力比較			
3					
4	国名	数学	理科	合計	判定
5	日本	570	552	1,122	○
6	ノルウェー	461	※※	※	※
7	韓国	589	※※	※	※
8	エジプト	406	※※	※	※
9	オランダ	536	※※	※	※
10	シンガポール	605	※※	※	※
11	アメリカ	504	※※	※	※
12			平均	※	
13			最高	※	
14			最低	※	

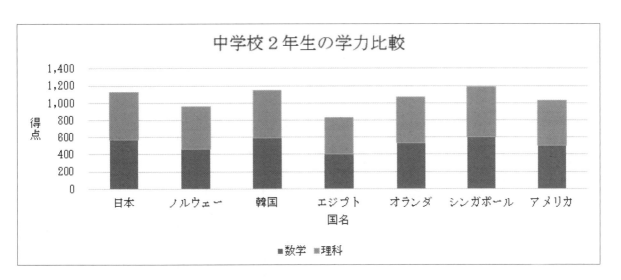

作成条件

1．表およびグラフの体裁は，上を参考にして設定する。

　　設　定　す　る　書　式　：　罫線
　　設定する数値の表示形式　：　3桁ごとのコンマ，小数の表示桁数

2．表の※印の部分は，式や関数を利用して求める。また，※※印の部分は，資料より必要な値を入力する。

3．「合計」は，次の式で求める。

　　　　　「数学　＋　理科」

4．「判定」は，「数学」が「理科」よりも得点が高い場合，○を表示し，それ以外の場合，何も表示しない。

5．「平均」は，「合計」の平均を求める。ただし，小数第1位まで表示する。

6．「最高」は，「合計」の最大値を求める。

7．「最低」は，「合計」の最小値を求める。

8．積み上げ縦棒グラフは，各国の数学と理科の得点を比較することができるものを作成する。

　（1）　数値軸の目盛は，最小値（0），最大値（1,400），および間隔（200）を設定する。

　（2）　軸ラベルの方向を設定する。

　（3）　凡例の位置を設定する。

【実技問題8】 （100%積み上げ棒グラフ）　　　　　　　　DATA　実技問題8_提供データ

次の表は，部活動の種目別負傷事故発生状況を示したものである。作成条件にしたがって，表とグラフを作成しなさい。

資料

バレーボール部の負傷事故発生状況

骨折	240 名
ねんざ	359 名
脱きゅう	20 名
打撲	140 名

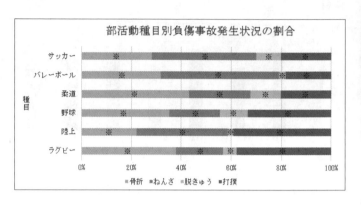

部活動種目別負傷事故発生状況の割合

	A	B	C	D	E	F	G	H
1								
2	部活動種目別負傷事故発生状況							
3								
4	種目	骨折	ねんざ	脱きゅう	打撲	合計	割合	備考
5	サッカー	290	429	100	209	1,028	28.2%	
6	野球	190	110	60	180	※	※	※
7	バレーボール	※※	※※	※※	※※	※	※	※
8	陸上	90	150	10	160	※	※	※
9	ラグビー	140	70	20	140	※	※	※
10	柔道	320	180	90	150	※	※	※
11					最高	※		
12					最低	※		
13					種目数	※		

作成条件

1. 表およびグラフの体裁は，上を参考にして設定する。

> 設 定 す る 書 式 ： 罫線
> 設定する数値の表示形式 ：　3桁ごとのコンマ，％，小数の表示桁数

2. 表の※印の部分は，式や関数を利用して求める。また，※※印の部分は，資料より必要な値を入力する。

3. グラフの※印の部分は，表に入力された値をもとに表示する。

4. 「合計」は，「骨折」から「打撲」までの合計を求める。

5. 「割合」は，「合計」に対する「骨折」の割合を求める。ただし，小数第3位未満を四捨五入し，％で小数第1位まで表示する。

6. 「備考」は，「割合」が30%以上の場合，○を表示し，それ以外の場合，何も表示しない。

7. 「最高」は，「合計」の最大値を求める。

8. 「最低」は，「合計」の最小値を求める。

9. 「種目数」は，種目の数を求める。

10. 表の作成後，5～10行目のデータを，「合計」を基準として，昇順に並べ替える。

11. 100%積み上げ横棒グラフは，部活動ごとの負傷事故の割合を比較することができるものを作成する。

　(1)　数値軸の目盛は，最小値（0%），最大値（100%），および間隔（20%）を設定する。

　(2)　軸ラベルの方向を設定する。

　(3)　凡例の位置を設定する。

　(4)　データラベルを設定する。

【実技問題9】　(折れ線グラフ)

DATA　実技問題9_提供データ

次の表は，一般紙とスポーツ紙の発行部数を示したものである。作成条件にしたがって，表とグラフを作成しなさい。

資料

一般紙の発行部数

平成16年	平成19年	平成22年	平成25年	平成28年
47,469,987	46,963,136	44,906,720	43,126,352	39,821,106

スポーツ紙の発行部数

平成16年	平成19年	平成22年	平成25年	平成28年
5,551,577	5,065,535	4,415,120	3,873,116	3,455,041

◢	A	B	C	D	E	F
1						
2		新聞発行部数一覧				
3						単位：部
4	年次	平成16年	平成19年	平成22年	平成25年	平成28年
5	一般紙	※※	46,963,136	44,906,720	43,126,352	39,821,106
6	スポーツ紙	5,551,577	5,065,535	※※	3,873,116	※※
7	合計	※	※	※	※	※
8	世帯数	49,837,731	51,713,048	53,362,801	54,594,744	55,811,969
9	1世帯あたり	※	※	※	※	※

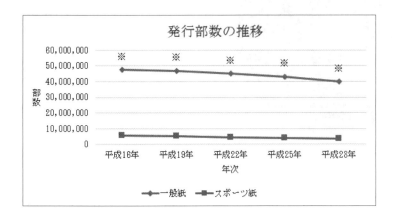

作成条件

1．表およびグラフの体裁は，上を参考にして設定する。

$$\left[\begin{array}{l} 設定する書式　：　罫線 \\ 設定する数値の表示形式　：　3桁ごとのコンマ，小数の表示桁数 \end{array} \right]$$

2．表の※印の部分は，式や関数を利用して求める。また，※※印の部分は，資料より必要な値を入力する。

3．「合計」は，「一般紙」と「スポーツ紙」の合計を求める。

4．「1世帯あたり」は，次の式で求める。ただし，小数第2位未満を切り上げ，小数第2位まで表示する。

　　　　「合計　÷　世帯数」

5．折れ線グラフは，発行部数の推移を比較することができるものを作成する。

　(1)　数値軸の目盛は，最小値(0)，最大値(60,000,000)，および間隔(10,000,000)を設定する。

　(2)　凡例の位置を設定する。

　(3)　軸ラベルの方向を設定する。

　(4)　「一般紙」のデータラベルを設定する。

【実技問題 10】　（切り離し円グラフ）　　　　　　　　DATA　実技問題 10_提供データ

次の表は，上半期における月ごとの降水量の推移を示したものである。作成条件にしたがって，表とグラフを作成しなさい。

	A	B	C	D	E	F	G	H	I
1									
2		主な気象台別の降水量							
3								単位：mm	
4	気象台	1月	2月	3月	4月	5月	6月	割合	備考
5	札幌	111.0	111.0	32.0	6.0	65.5	40.0	2.7%	
6	東京	17.5	57.0	119.5	240.0	255.0	225.5	※	※
7	名古屋	26.5	52.0	152.0	198.5	211.5	228.5	※	※
8	松江	150.0	165.5	149.5	140.5	124.5	209.5	※	※
9	鹿児島	68.0	52.0	106.5	147.0	278.0	630.5	※	※
10	那覇	70.0	123.0	245.5	69.0	118.5	152.5	※	※
11	合計	443.0	※	※	※	※	※		
12	平均	73.8	※	※	※	※	※		
13	最高	150.0	※	※	※	※	※		
14	最低	17.5	※	※	※	※	※		

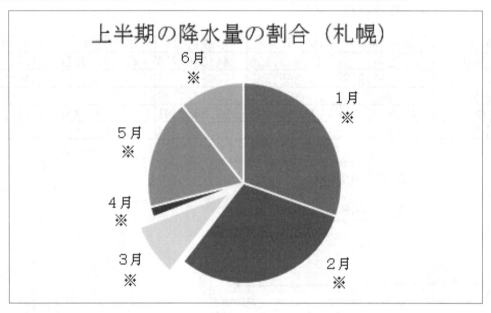

作成条件

1．表およびグラフの体裁は，上を参考にして設定する。

　　　設　定　す　る　書　式　：　　罫線
　　　設定する数値の表示形式　：　　3桁ごとのコンマ，％，小数の表示桁数

2．表の※印の部分は，式や関数を利用して求める。

3．「合計」は，各列の合計を求める。ただし，小数第1位まで表示する。

4．「平均」は，各列の平均を求める。ただし，小数第1位まで表示する。

5．「最高」は，各列の最大値を求める。ただし，小数第1位まで表示する。

6．「最低」は，各列の最小値を求める。ただし，小数第1位まで表示する。

7．「割合」は，次の式で求める。ただし，小数第3位未満を切り上げ，％で小数第1位まで表示する。

　　　　　　「各気象台の6月　÷　6月の合計」

8．「備考」は，「割合」が15％以上の場合，○を表示し，それ以外の場合，何も表示しない。

9．円グラフは，「札幌」の上半期の降水量の割合を示すことができるものを作成する。

　⑴　データラベルを設定し，割合を％で小数第1位まで表示する。

　⑵　「3月」を切り離す。

【実技問題11】 （レーダーチャート）

DATA　実技問題11_提供データ

次の表は，あるコンビニエンスストアにおけるおにぎりの売上を示したものである。作成条件にしたがって，表とグラフを作成しなさい。

	A	B	C	D	E	F	G
1							
2		店舗別売上高					
3						単位：円	
4	店舗名	うめ	たらこ	昆布	ツナマヨ	合計	備考
5	本店	10,960	15,290	13,780	13,200	53,230	○
6	駅前店	9,900	17,200	7,580	15,030	※	※
7	1丁目店	8,220	10,600	12,950	16,820	※	※
8	東町店	9,800	7,750	11,580	17,530	※	※
9	5丁目店	9,540	8,060	16,250	12,300	※	※
10	地下街店	10,500	13,670	12,350	16,530	※	※
11	最高	10,960	※	※	※		
12	最低	8,220	※	※	※		

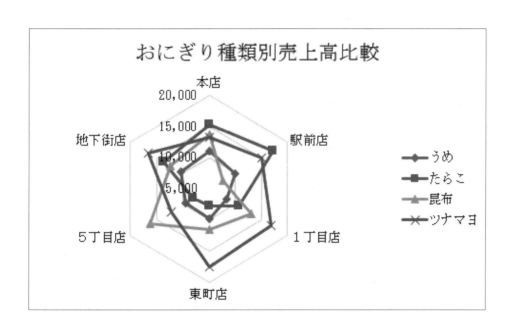

作成条件

1. 表およびグラフの体裁は，上を参考にして設定する。

   設定する書式　　：　罫線
   設定する数値の表示形式　：　3桁ごとのコンマ

2. 表の※印の部分は，式や関数を利用して求める。

3. 「合計」は，各店舗の売上合計を求める。

4. 「備考」は，「合計」が50,000以上の場合，○を表示し，それ以外の場合，何も表示しない。

5. 「最高」は，各列の最大値を求める。

6. 「最低」は，各列の最小値を求める。

7. レーダーチャートは，おにぎりの種類ごとの売上高を比較することができるものを作成する。

　(1)　数値軸の目盛は，最小値(5,000)，最大値(20,000)，および間隔(5,000)を設定する。

　(2)　マーカー付きで表示する。

実技問題

【実技問題 12】 （実践問題①）　　　　　　　　　　　DATA　実技問題 12_提供データ

　ある旅行会社は，海外旅行の現状を調査し，その結果を得た。資料と作成条件にしたがって，シート名「シート1」を作成しなさい。

資料

1年間の海外旅行者数　　　　　　　　　　　　　　　（単位：人）

	1年前	9ヶ月前	6ヶ月前	3ヶ月前	現況
ハネムーン	203	273	315	175	168
ファミリー	245	252	490	168	210
ＯＬ	252	315	434	203	238
学生	413	315	518	343	399
シニア（６０歳以上）	56	84	378	77	56
インセンティブ（社員旅行）	245	322	553	406	280
商用・視察	175	154	399	203	126

作成条件

1．表およびグラフの体裁は，右ページを参考にして設定する。

　　[設 定 す る 書 式 ： 罫線，行高，セル内の配置]
　　[設定する数値の表示形式 ： 3桁ごとのコンマ]

2．表の※印の部分は，式や関数を利用して求める。また，※※印の部分は，資料より必要な値を入力する。

3．「合計」は，旅行者ごとに人数の合計を求める。

4．「最高」は，各列の最大値を求める。

5．「最低」は，各列の最小値を求める。

6．折れ線グラフは，旅行者ごとの海外旅行者数の推移を比較することができるものを作成する。

　(1)　数値軸の目盛は，最小値(0)，最大値(600)，および間隔(150)を設定する。

　(2)　凡例の位置を設定する。

１年間の海外旅行者数

単位：人

	１年前	９ヶ月前	６ヶ月前	３ヶ月前	現況	合計
ハネムーン	203	273	※※	175	168	1,134
ファミリー	245	※※	490	168	※※	※
ＯＬ	252	315	434	203	※※	※
学生	※※	315	518	343	399	※
シニア（６０歳以上）	56	84	378	※※	56	※
インセンティブ（社員旅行）	※※	322	553	406	280	※
商用・視察	※※	154	399	203	126	※
最高	413	※	※	※	※	
最低	56	※	※	※	※	

旅行者別の推移

（シート１）

【実技問題13】 （実践問題②）　　　　　　　　　　　　　　**DATA** 実技問題13_提供データ

　ある調査機関は，今年の主要産業別の初任給を性別，学歴別に調査し，その結果を得た。資料と作成条件にしたがって，シート名「シート1」を作成しなさい。

資料

主要産業別の初任給一覧表　　　　（単位：千円）

性別	分類	大学卒	高校卒
男性	建設業	201.2	168.7
	運輸業・郵便業	193.9	160.4
	卸売業・小売業	199.1	158.3
	金融業・保険業	198.3	157.3
女性	建設業	195.1	146.5
	運輸業・郵便業	197.6	161.7
	卸売業・小売業	194.9	156.6
	金融業・保険業	190.3	146.9

作成条件

1．表およびグラフの体裁は，右ページを参考にして設定する。

　　〔設定する書式　：　罫線，行高，セル内の配置〕
　　〔設定する数値の表示形式　：　小数の表示桁数〕

2．表の※印の部分は，式や関数を利用して求める。また，※※印の部分は，資料より必要な値を入力する。

3．グラフの※印の部分は，表に入力された値をもとに表示する。

4．E列とH列の「対前年増減率(%)」は，それぞれ次の式で求める。ただし，小数第1位まで表示する。

　　　　「(今年　－　前年)　÷　前年　×　100」

5．「順位」は，今年の高校卒の初任給を基準として，降順に順位を求める。

6．「最高」は，各列の最大値を求める。

7．「最低」は，各列の最小値を求める。

8．集合縦棒グラフは，建設業における今年の高校卒の男女別の初任給を比較することができるものを作成する。

　(1)　数値軸の目盛は，最小値(100)，最大値(200)，および間隔(20)を設定する。

　(2)　軸ラベルの方向を設定する。

　(3)　データラベルを設定する。

主要産業別の初任給一覧表

単位：千円

性別	分類	大学卒			高校卒			順位
		今年	前年	対前年増減率(%)	今年	前年	対前年増減率(%)	
男性	建設業	※※	200.5	※	168.7	162.7	3.7	1
	運輸業・郵便業	193.9	190.3	※	160.4	158.5	※	※
	卸売業・小売業	199.1	200.3	※	※※	160.6	※	※
	金融業・保険業	198.3	193.6	※	157.3	144.7	※	※
女性	建設業	195.1	190.4	※	146.5	155.2	※	※
	運輸業・郵便業	197.6	187.7	※	※※	155.6	※	※
	卸売業・小売業	※※	193.7	※	156.6	155.7	※	※
	金融業・保険業	190.3	184.1	※	146.9	148.9	※	※
	最高	201.2	※	※	※	※	※	
	最低	190.3	※	※	※	※	※	

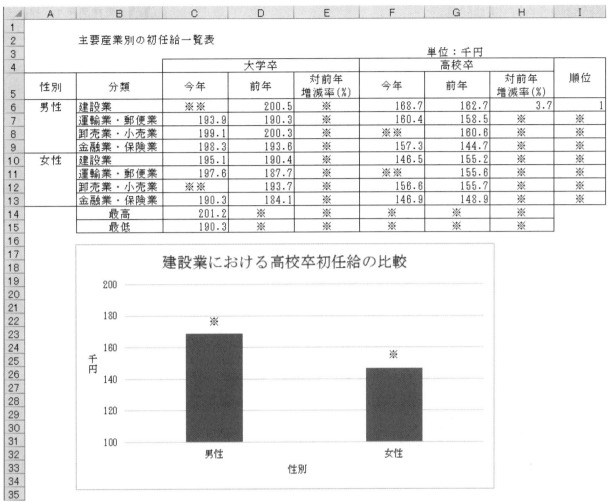

（シート1）

【実技問題14】　（実践問題③）

DATA 実技問題14_提供データ

　ある菓子メーカーは，一世帯あたりのせんべいの購入金額を県庁所在地別に調査し，その結果を得た。資料と作成条件にしたがって，シート名「シート1」を作成しなさい。

資料

県庁所在地別一世帯あたりのせんべい購入金額　　　　　　（単位：円）

札幌市	盛岡市	宇都宮市	金沢市	福井市	京都市	佐賀市	那覇市
2,900	6,500	8,700	6,000	6,800	5,400	3,000	1,900

作成条件

1．表およびグラフの体裁は，右ページを参考にして設定する。

　　　設 定 す る 書 式 ：　罫線
　　　設定する数値の表示形式 ：　3桁ごとのコンマ，％，小数の表示桁数

2．表の※印の部分は，式や関数を利用して求める。また，※※印の部分は，資料より必要な値を入力する。

3．「順位」は，せんべいの購入金額を基準として，降順に順位を求める。

4．「最高」は，各列の最大値を求める。

5．「最低」は，各列の最小値を求める。

6．「平均」は，各列の平均を求める。ただし，整数部のみ表示する。

7．円グラフは，那覇市におけるお菓子の種類ごとの購入金額の割合を表すことができるものを作成する。

　⑴　データラベルを設定し，割合を％で小数第1位まで表示する。

　⑵　「スナック菓子」を切り離す。

県庁所在地別一世帯あたりのお菓子の購入金額

単位：円

県庁所在地	和菓子		洋菓子		その他の菓子		順位
	ようかん	まんじゅう	カステラ	プリン	せんべい	スナック菓子	
札幌市	1,000	700	500	1,600	※※	4,000	7
盛岡市	600	500	200	1,900	※※	4,500	※
宇都宮市	1,700	1,800	800	1,700	※※	3,600	※
金沢市	400	2,000	1,800	1,800	※※	5,000	※
福井市	1,500	1,400	2,100	1,600	※※	4,300	※
京都市	700	1,300	900	1,700	※※	3,500	※
佐賀市	1,800	2,100	800	1,600	※※	5,100	※
那覇市	300	600	1,000	700	※※	6,000	※
最高	1,800	※	※	※	※	※	
最低	300	※	※	※	※	※	
平均	1,000	※	※	※	※	※	

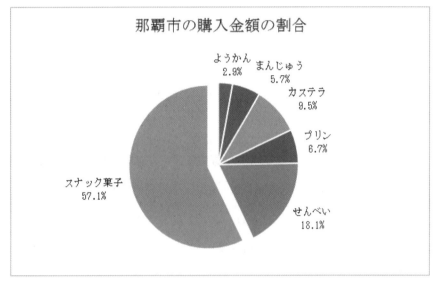

（シート１）

実技問題

【実技問題 15】 （実践問題④）　　　　　　　　　　　　　　**DATA** 実技問題 15_提供データ

　ある清涼飲料水販売会社は，2019 年度におけるペットボトルの回収量と販売量を調査し，その結果を得た。資料と作成条件にしたがって，シート名「シート1」を作成しなさい。

資料

2019 年度ペットボトルの回収量と販売量

市町村分別収集量	284,492 t
事業系ボトル回収量	267,168 t
ペットボトル販売量	593,380 t

出典：PET ボトルリサイクル推進協議会

作成条件

ワークシートは，提供されたものを使用する。

1．表およびグラフの体裁は，右ページを参考にして設定する。

　　　設 定 す る 書 式 ：　罫線，行高，セル内の配置
　　　設定する数値の表示形式 ：　3 桁ごとのコンマ，%，小数の表示桁数

2．表の※印の部分は，式や関数を利用して求める。また，※※印の部分は，資料より必要な値を入力する。

3．「販売量伸び率」は，「(当該年度のペットボトル販売量 － 前年度のペットボトル販売量) ÷ 前年度のペットボトル販売量」で求める。ただし，%で小数第 1 位まで表示する。

　　　E6 の設定例：=(D6−D5)/D5

4．「回収率」は，次の式で求める。ただし，%で小数第 1 位まで表示する。

　　　「(市町村分別収集量 ＋ 事業系ボトル回収量) ÷ ペットボトル販売量」

5．「合計」は，各列の合計を求める。

6．「最大」は，各列の最大値を求める。

7．「最小」は，各列の最小値を求める。

8．「平均」は，各列の平均を求める。ただし，整数部のみ表示する。

9．レーダーチャートは年度ごとの回収量の比較をすることができるものを作成する。

　(1)　数値軸の目盛は，最小値(50,000)，最大値(350,000)，および間隔(100,000)を設定する。

　(2)　凡例の位置を設定する。

年度	市町村分別収集量	事業系 ボトル回収量	ペットボトル 販売量	販売量伸び率	回収率
			単位：トン		
2014	292,455	239,853	569,257	－	93.5%
2015	292,881	220,040	562,981	-1.1%	※
2016	298,466	230,914	596,056	※	※
2017	302,403	239,012	587,351	※	※
2018	282,276	289,892	625,547	※	※
2019	※ ※	※ ※	※ ※	※	※
合計	1,752,973	※	※		
最大	302,403	※	※		
最小	282,276	※	※		
平均	292,162	※	※		

ペットボトル回収量の推移

（シート1）

実技問題

【実技問題 16】 （実践問題⑤）   **DATA** 実技問題 16_提供データ

東京都の内湾と島しょ部の漁業生産額について調べたデータがある。資料と作成条件にしたがって，シート名「シート1」を作成しなさい。

資料

2016 年の漁業生産額
（百万円）

海区	生産額
大島	1,662
三宅	268
八丈	1,152
小笠原	772
内湾	303

2018 年の小笠原海区の漁業生産額構成比
（％）

かじき類	さんご	はまだい	その他
32.2	29.3	13.3	25.2

作成条件

ワークシートは，提供されたものを使用する。

1．表およびグラフの体裁は，右ページを参考にして設定する。

$$\begin{bmatrix} 設 定 す る 書 式 ： & 罫線 \\ 設定する数値の表示形式 ： & 3桁ごとのコンマ，\%，小数の表示桁数 \end{bmatrix}$$

2．表の※印の部分は，式や関数を利用して求める。また，※※印の部分は，資料より必要な値を入力する。

3．「1．海区別漁業生産額」は，次のように作成する。

　⑴　「合計」は，「大島」から「内湾」までの合計を求める。

　⑵　「順位」は，「合計」を基準として，降順に順位を求める。

　⑶　「平均」は，各列の平均を求める。ただし，小数第1位まで表示する。

　⑷　「最大」は，各列の最大値を求める。

　⑸　「最小」は，各列の最小値を求める。

　⑹　「備考」は，「大島」の生産額が「大島」の平均以上の場合，○ を表示し，それ以外の場合，何も表示しない。

4．折れ線グラフは，「1．海区別漁業生産額」から作成する。

　⑴　数値軸の目盛は，最小値(100)，最大値(1,700)，および間隔(200)を設定する。

　⑵　凡例の位置を設定する。

5．「2．小笠原の漁業生産額」は，次のように作成する。

　⑴　「生産額」は，次の式で求める。ただし，整数部のみ表示する。

　　　　「2018 年の小笠原海区の漁業生産額(F10)　×　構成比　÷　100」

　⑵　「合計」は，各列の合計を求める。

6．円グラフは，「2．小笠原の漁業生産額」から作成する。

　⑴　データラベルを設定し，割合を％で小数第1位まで表示する。

　⑵　「かじき類」を切り離す。

東京都内湾・島しょ部漁業生産について

1．海区別漁業生産額

単位：百万円

年	大島	三宅	八丈	小笠原	内湾	合計	順位	備考
2014年	1,571	225	948	550	245	3,539	5	
2015年	1,578	215	974	764	296	※	※	※
2016年	※※	※※	※※	※※	※※	※	※	※
2017年	1,611	247	1,007	729	277	※	※	※
2018年	1,516	331	1,080	777	303	※	※	※
平均	1,587.6	※	※	※	※			
最大	1,662	※	※	※	※			
最小	1,516	※	※	※	※			

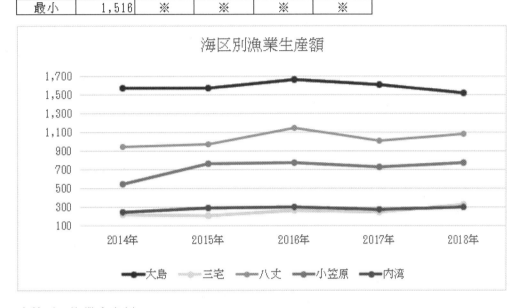

海区別漁業生産額

2．小笠原の漁業生産額

（％）単位：百万円

	構成比	生産額
かじき類	32.2	250
さんご	※※	※
はまだい	※※	※
その他	※※	※
合計	※	※

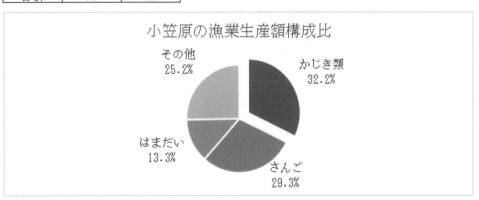

小笠原の漁業生産額構成比

（シート1）

【実技問題17】 （実践問題⑥）

DATA 実技問題17_提供データ

ある山岳団体は，1週間の富士山登山者数と平均気温を調査し，その結果を得た。資料と作成条件にしたがって，シート名「シート1」を作成しなさい。

資料

御殿場ルートを利用した登山者数	
1日	1,183
2日	1,102
3日	906
4日	652
5日	1,143
6日	2,414
7日	2,162

富士山の平均気温	単位：℃
1日	3.5
2日	8.9
3日	8.4
4日	6.5
5日	7.6
6日	6.1
7日	5.4

作成条件

ワークシートは，提供されたものを使用する。

1．表およびグラフの体裁は，右ページを参考にして設定する。

> 設定する書式 ： 罫線
> 設定する数値の表示形式 ： 3桁ごとのコンマ，小数の表示桁数

2．表の※印の部分は，式や関数を利用して求める。また，※※印の部分は，資料より必要な値を入力する。

3．グラフの※印の部分は，表に入力された値をもとに表示する。

4．「1．登山道別登山者数」は，次のように作成する。

  (1) 「合計」は，各列の合計を求める。

  (2) 「平均」は，各列の平均を求める。ただし，整数部のみ表示する。

  (3) 「備考」は，「1日」の登山者数が，登山ルートごとで，7日間の平均以上の場合，○ を表示し，それ以外の場合，何も表示しない。

5．100％積み上げ横棒グラフは，「1．登山道別登山者数」から作成する。

6．「2．1日の平均気温」は，次のように作成する。

  (1) 「最高気温」は，観測地点ごとの最大値を求める。

  (2) 「最低気温」は，観測地点ごとの最小値を求める。

7．折れ線グラフは，「2．1日の平均気温」から作成する。

  (1) 数値軸の目盛は，最小値(0.0)，最大値(40.0)，および間隔(10.0)を設定する。

  (2) 凡例の位置を設定する。

  (3) データラベルを設定する。

富士山登山者数の推移

1．登山道別登山者数

登山道名	1日	2日	3日	4日	5日	6日	7日	備考
吉田ルート	2,485	2,183	2,248	2,273	2,495	4,610	3,145	※
富士宮ルート	996	703	656	491	535	1,193	839	○
須走ルート	281	270	197	188	242	586	614	※
御殿場ルート	1,183	※※	※※	※※	※※	※※	※※	※
合計	4,945	※	※	※	※	※	※	
平均	1,236	※	※	※	※	※	※	

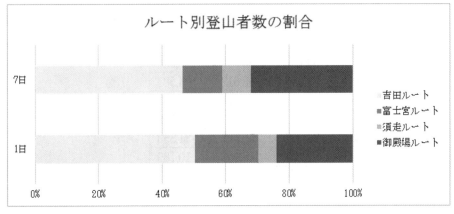

ルート別登山者数の割合

2．1日の平均気温　　　　　　　　　　　　　　　　　　　　　　　単位：℃

観測地点	1日	2日	3日	4日	5日	6日	7日	最高気温	最低気温
富士山	3.5	※※	※※	※※	※※	※※	※※	8.9	3.5
三島	26.9	26.5	26.6	27.6	28.0	27.1	26.7	※	※
東京	27.7	27.6	27.9	29.5	29.8	30.9	31.0	※	※

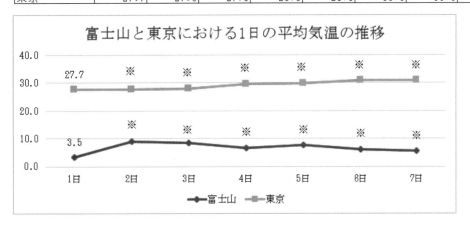

富士山と東京における1日の平均気温の推移

（シート1）

【実技問題18】　（実践問題⑦）　　　　　　　　　　　　　　　DATA　実技問題18_提供データ

　ある商社は，各支店の9月から12月の売上高を調査し，その結果を得た。資料と作成条件にしたがって，シート名「シート1」を作成しなさい。

資料

支店別売上高一覧

単位：千円

支店名	9月	10月	11月	12月
札幌支店	24,553	32,629	33,034	43,189
仙台支店	7,962	11,910	15,935	13,658
本店	91,881	92,133	102,391	149,395
名古屋支店	52,178	68,220	62,092	62,088
大阪支店	78,647	89,646	93,613	104,583
博多支店	19,868	21,694	22,170	21,753
パリ支店	9,985	12,055	9,157	8,532
ロンドン支店	19,356	26,557	30,128	31,553
シカゴ支店	8,432	7,702	8,901	10,189
ニューヨーク支店	44,328	36,901	41,691	57,247

作成条件

ワークシートは，提供されたものを使用する。

　1．表およびグラフの体裁は，右ページを参考にして設定する。

　　　［ 設 定 す る 書 式 ： 　罫線　　　　　　　　　　　　　　　　　　　　　　　　　　］
　　　［ 設定する数値の表示形式 ： 　3桁ごとのコンマ，％，小数の表示桁数　］

　2．表の※印の部分は，式や関数を利用して求める。また，※※印の部分は，資料より必要な値を入力する。

　3．グラフの※印の部分は，表に入力された値をもとに表示する。

　4．「1．支店別一覧表」は，次のように作成する。

　⑴　「合計」は，「9月」から「12月」の合計を求める。

　⑵　「最大」は，「9月」から「12月」の最大値を求める。

　⑶　「備考」は，「12月」が「11月」以上の場合，○を表示し，それ以外の場合，何も表示しない。

　⑷　「平均」は，各列の平均を求める。ただし，小数第1位未満を切り捨て，小数第1位まで表示する。

　5．折れ線グラフは，「1．支店別一覧表」から作成する。

　⑴　数値軸の目盛は，最小値(0)，最大値(150,000)，および間隔(50,000)を設定する。

　⑵　凡例の位置を設定する。

　6．「2．海外店舗一覧表」は，次のように作成する。

　⑴　「割合」は，次の式で求める。ただし，％で小数第1位まで表示する。

　　　　　　　「12月　÷　9月から12月の合計」

　7．円グラフは，「2．海外店舗一覧表」から作成する。

　⑴　データラベルを設定し，割合を％で整数部のみ表示する。

売上高一覧表

1．支店別一覧表　　　　　　　　　　　　　　　　　　　　　　　単位：千円

支店名	9月	10月	11月	12月	合計	最大	備考
札幌支店	24,553	32,629	※※	43,189	133,405	43,189	○
仙台支店	7,962	11,910	※※	13,658	※	※	※
本店	91,881	92,133	※※	149,395	※	※	※
名古屋支店	52,178	68,220	※※	62,088	※	※	※
大阪支店	78,647	89,646	※※	104,583	※	※	※
博多支店	19,868	21,694	※※	21,753	※	※	※
平均	45,848.1	※	※	※	※		

支店別売上高の推移

凡例：札幌支店　仙台支店　本店　名古屋支店　大阪支店　博多支店

2．海外店舗一覧表　　　　　　　　　　　　　　　　　　　　　単位：千円

支店名	9月	10月	11月	12月	割合
ロンドン支店	19,356	※※	30,128	※※	※
ニューヨーク支店	44,328	※※	41,691	※※	※

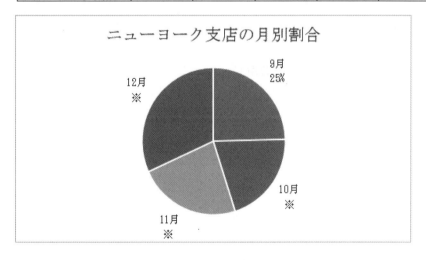

ニューヨーク支店の月別割合

9月 25%
10月 ※
11月 ※
12月 ※

（シート1）

【実技問題 19】 （実践問題⑧）　　　　　　　　　　　DATA　実技問題 19_提供データ

　ある統計調査機関は，繊維業界の財務状況を調査し，その結果を得た。資料と作成条件にしたがって，シート名「シート1」を作成しなさい。

資料

財務状況

単位：百万円

会社名	売上高	売上原価	販売費及び一般管理費	営業外収益	営業外費用	流動資産	固定資産	流動負債	固定負債
西レ	1,592,279	1,280,649	228,194	17,361	12,553	796,732	935,098	550,278	401,937
国人	745,712	555,208	178,146	5,614	8,186	372,255	390,143	289,281	180,990
朝化成	1,666,640	1,239,452	335,228	13,821	10,656	819,469	980,702	602,864	372,855
南洋紡	339,009	267,694	54,234	4,821	6,381	184,739	262,707	164,931	127,093
ヨニチカ	160,190	130,827	23,843	2,281	3,947	100,274	154,779	138,562	95,173
清清紡	450,693	359,463	77,836	8,002	3,109	239,318	312,613	188,406	120,903

作成条件

ワークシートは，提供されたものを使用する。

1．表およびグラフの体裁は，右ページを参考にして設定する。

　　　　設定する書式　：　罫線，行高，セル内の配置
　　　　設定する数値の表示形式　：　3桁ごとのコンマ，％，小数の表示桁数

2．表の※印の部分は，式や関数を利用して求める。

3．グラフの※印の部分は，表に入力された値をもとに表示する。

4．「1．収益性分析」は，次のように作成する。

　(1)　「売上総利益」は，次の式で求める。

　　　　　　　「売上高　−　売上原価」

　(2)　「営業利益」は，次の式で求める。

　　　　　　　「売上総利益　−　販売費及び一般管理費」

　(3)　「経常利益」は，次の式で求める。

　　　　　　　「営業利益　＋　営業外収益　−　営業外費用」

　(4)　「経常利益率」は，次の式で求める。ただし，小数第3位未満を四捨五入し，％で小数第1位まで表示する。

　　　　　　　「経常利益　÷　売上高」

　(5)　「備考」は，「経常利益率」が4.1％以上の場合，○ を表示し，それ以外の場合，何も表示しない。

　(6)　「合計」は，各列の合計を求める。

　(7)　「平均」は，各列の平均を求める。ただし，小数第1位未満を切り捨て，小数第1位まで表示する。

　(8)　表の完成後6〜11行目のデータを，「経常利益率」を基準として，降順に並べ替える。

5．集合横棒グラフは，「1．収益性分析」から作成する。

　(1)　数値軸の目盛は，最小値(0)，最大値(100,000)，および間隔(10,000)を設定する。

　(2)　軸ラベルの方向を設定する。

　(3)　データラベルを設定する。

6．「2．経常利益率上位2社の安全性分析」は，次のように作成する。

　(1)　表の※※印の部分は，「1．収益性分析」において，「経常利益率」が上位2社の会社名と値を，資料をもとに入力する。

　(2)　「純資産」は，次の式で求める。

　　　　　　　「(流動資産　＋　固定資産)　−　(流動負債　＋　固定負債)」

　(3)　「自己資本比率」は，次の式で求める。ただし，％で小数第1位まで表示する。

　　　　　　　「純資産　÷　(流動資産　＋　固定資産)」

7．円グラフは，「2．経常利益率上位2社の安全性分析」から作成する。

　(1)　データラベルを設定し，割合を％で小数第1位まで表示する。

繊維業界の経営分析

1．収益性分析

単位：百万円

会社名	売上高	売上原価	売上総利益	販売費及び一般管理費	営業利益	営業外収益	営業外費用	経常利益	経常利益率	備考
西レ	1,592,279	1,280,649	311,630	228,194	83,436	17,361	12,553	88,244	5.5%	○
国人	745,712	555,208	※	178,146	※	5,614	8,186	※	※	※
朝化成	1,666,640	1,239,452	※	335,228	※	13,821	10,656	※	※	※
南洋紡	339,009	267,694	※	54,234	※	4,821	6,381	※	※	※
ヨニチカ	160,190	130,827	※	23,843	※	2,281	3,947	※	※	※
清清紡	450,693	359,463	※	77,836	※	8,002	3,109	※	※	※
合計	4,954,523	※	※	※	※	※	※	※		
平均	825,753.8	※	※	※	※	※	※	※		

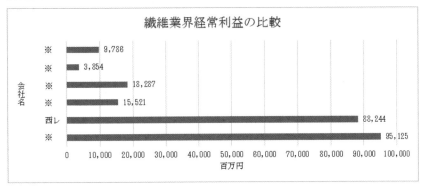

繊維業界経常利益の比較

2．経常利益率上位2社の安全性分析

単位：百万円

	会社名	資産		負債		資本	自己資本比率
		流動資産	固定資産	流動負債	固定負債	純資産	
1位	※※	※※	※※	※※	※※	※	※
2位	※※	※※	※※	※※	※※	※	※

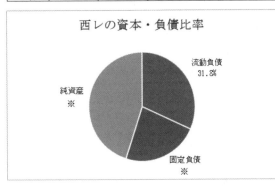

西レの資本・負債比率

（シート1）

【実技問題 20】（実践問題⑨）　　　　　　　　　DATA　実技問題 20_提供データ

　次の資料は，ある観光地における宿泊施設の夏季宿泊者数と満足度である。資料と作成条件にしたがって，シート名「シート1」を作成しなさい。

資料

夏季宿泊者数と満足度

施設名	宿泊者数			満足度		
	6月	7月	8月	施設	接客	価格
湯元伊藤	1,092	2,509	2,614	56	71	75
別宅旅館	2,853	3,301	3,501	95	84	91
サンダーバード	3,110	3,614	4,569	95	95	100
プリンセス湖畔	2,984	2,836	2,715	85	52	66
ラノーチェ	2,541	3,569	4,012	81	95	100
湖畔の宿青山亭	3,473	4,698	5,124	100	98	100
かつら山の郷	957	1,054	2,568	65	80	76

作成条件

ワークシートは，提供されたものを使用する。

1．表およびグラフの体裁は，右ページを参考にして設定する。

　　〔　設　定　す　る　書　式　：　罫線　　　　　　　　　　　　　　　〕
　　〔　設定する数値の表示形式　：　　3桁ごとのコンマ，％，小数の表示桁数　〕

2．表の※印の部分は，式や関数を利用して求める。また，※※印の部分は，資料より必要な値を入力する。

3．「1．夏季の宿泊施設稼働状況表」は，次のように作成する。

　(1)　「業態コード」は「施設コード」の左端1文字を抽出して表示する。

　(2)　「業態」は，「業態コード」が「R」の場合，旅館 を表示し，「H」の場合，ホテル を表示し，それ以外の場合，コテージ を表示する。

　(3)　「宿泊料金」は，「施設コード」の右端から5文字を抽出し，数値に変換する。

　(4)　「売上高」は，次の式で求める。

　　　　「宿泊料金　×　「6月」から「8月」の宿泊者数の合計」

4．折れ線グラフは，「1．夏季の宿泊施設稼働状況表」から作成する。

　(1)　数値軸の目盛は，最小値(0)，最大値(6,000)，および間隔(1,000)を設定する。

　(2)　軸ラベルの方向を設定する。

5．「2．宿泊施設満足度一覧表」は，次のように作成する。

　(1)　「合計」は，「施設」から「価格」の合計を求める。

　(2)　「平均」は，「施設」から「価格」の平均を求める。ただし，小数第1位未満を切り捨て，小数第1位まで表示する。

　(3)　「割合」は，次の式で求める。ただし，％で小数第1位まで表示する。

　　　　「合計　÷　F28 から F34 の合計」

　(4)　「備考」は，「平均」が90を超える場合，○ を表示し，それ以外の場合，何も表示しない。

　(5)　「順位」は，「平均」を基準として，降順に順位を求める。

6．積み上げ縦棒グラフは，「2．宿泊施設満足度一覧表」から作成する。

　(1)　数値軸の目盛は，最小値(0)，最大値(350)，および間隔(50)を設定する。

　(2)　データラベルを設定する。

宿泊施設一覧表

1．夏季の宿泊施設稼働状況表

施設名	施設コード	業態コード	業態	宿泊料金	宿泊者数			売上高
					6月	7月	8月	
湯元伊藤	R09500	R	旅館	9,500	1,092	2,509	2,614	59,042,500
別宅旅館	R22000	※	※	※	2,853	3,301	3,501	※
サンダーバード	T10100	※	※	※	3,110	3,614	4,569	※
プリンセス湖畔	H09900	※	※	※	2,984	※※	※※	※
ラノーチェ	T12000	※	※	※	2,541	※※	※※	※
湖畔の宿青山亭	R08900	※	※	※	3,473	※※	※※	※
かつら山の郷	R28000	※	※	※	957	※※	※※	※

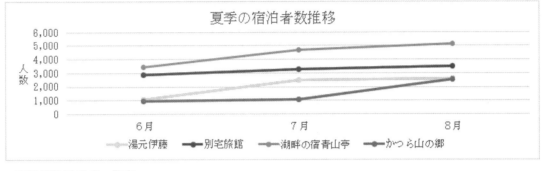

2．宿泊施設満足度一覧表

施設名	施設	接客	価格	合計	平均	割合	備考	順位
湯元伊藤	56	71	75	202	67.3	11.5%		7
別宅旅館	95	84	91	※	※	※	※	※
サンダーバード	95	95	100	※	※	※	※	※
プリンセス湖畔	85	※※	※※	※	※	※	※	※
ラノーチェ	81	※※	※※	※	※	※	※	※
湖畔の宿青山亭	100	※※	※※	※	※	※	※	※
かつら山の郷	65	※※	※※	※	※	※	※	※

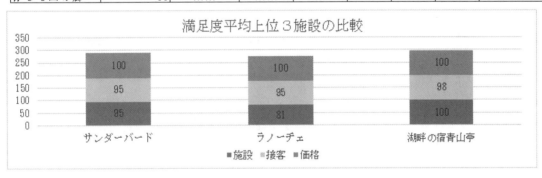

（シート1）

主催　公益財団法人　全国商業高等学校協会
情報処理検定模擬試験問題　第3級

第1回　筆記　　　　　　　　　　　　　　　　　　　　　　制限時間 20分

【1】　次の説明文に最も適した答えを解答群から選び，記号で答えなさい。

1．光ディスクに，青紫色のレーザ光線を用いて，片面一層の場合データを約25GBまで読み書きできる記憶媒体。

2．企業間をオンラインで結び，受発注業務をシステム化・自動化した電子発注システム。

3．システムやネットワークに接続する際に，利用者を識別するために入力する番号や文字列。

4．Webページを閲覧するためのソフトウェア。

5．インターネットを利用する際に，Webページの閲覧やデータの受発信を制限する機能。

解答群
- **ア**．ユーザID
- **イ**．EC
- **ウ**．プロバイダ
- **エ**．ブラウザ
- **オ**．パスワード
- **カ**．フィルタリング
- **キ**．バーコード
- **ク**．EOS
- **ケ**．DVD
- **コ**．ブルーレイディスク

1		2		3		4		5	

【2】　次のA群の語句に最も関係の深い説明文をB群から選び，記号で答えなさい。

＜A群＞　1．バイト　　2．アプリケーションソフトウェア　　3．AI
　　　　　4．ダウンロード　　5．CPU

＜B群＞
ア．販売管理ソフトウェアや給与計算ソフトウェアなどのように，特定の業務用に開発されたソフトウェア。

イ．2進数1桁で表される情報の最小単位。

ウ．ネットワーク上のコンピュータにあるプログラムやデータを，利用者のコンピュータに転送して保存すること。

エ．情報端末以外の電子機器や機械類をインターネットに接続して，情報をやり取りするしくみ。

オ．ハードウェアを管理し，効率よく動作させるためのソフトウェア。

カ．256通りのデータを表現することができる情報の基本単位。

キ．利用者のコンピュータにあるプログラムやデータを，ネットワーク上のコンピュータに転送して保存すること。

ク．半導体基板の上に，複数の電子部品を組み込んだ電子回路。

ケ．人間の知能をコンピュータで実現するための技術。コンピュータが自ら学習することができ，画像認識や音声認識，自然言語処理の技術で広く活用されている。

コ．プログラムを解読してデータの演算処理を行うとともに，各装置を制御するコンピュータの中心部分。

1		2		3		4		5	

【3】　次の説明文に最も適した答えをア，イ，ウの中から選び，記号で答えなさい。

1．10進数の25を2進数で表したもの。

　　　ア．11000　　　　　　　　　**イ**．11001　　　　　　　　　**ウ**．11010

2．千兆分の1秒を表す時間の単位。

　　　ア．μs　　　　　　　　　　　**イ**．fs　　　　　　　　　　　**ウ**．ns

3．パソコンとキーボード，マウス，プリンタなどの多様な情報機器の接続を統一したシリアルインタフェースで，一つの受け口で最大127台まで接続可能な規格。

　　　ア．USB　　　　　　　　　　**イ**．GUI　　　　　　　　　　**ウ**．URL

4．情報を記録したタグを使用して，電波による無線通信により，個人や物を管理するしくみ。

　　　ア．HDMI　　　　　　　　　**イ**．Bluetooth　　　　　　　**ウ**．RFID

5．一見無害なソフトウェアを装ってコンピュータに侵入し，特定の日時に外部からの遠隔操作によって不正な処理を行うマルウェア。

　　　ア．トロイの木馬　　　　　　**イ**．スパイウェア　　　　　　**ウ**．ワーム

1		2		3		4		5	

【4】 次の各問いに答えなさい。

問1．次の表の「売上高」を3桁ごとに桁区切りをしたい。指定するボタンと
して適切なものを選び，記号で答えなさい。

ア． [ボタン]　　　　イ． ，　　　　ウ． %

	A	B
1		
2	支店名	売上高
3	札幌	2156000
4	東京	3154264
5	名古屋	2346190
6	大阪	2150111
7	福岡	2164000

問2．次の表は，羽田空港の天気予報を示した表である。
A5には明日の日付を自動的に表示する。A5に設定する式
として適切なものを選び，記号で答えなさい。

ア．=NOW()

イ．=TODAY()+1

ウ．=TODAY()

	A	B	C
1			
2	羽田空港の天気予報		
3			
4	日付	天気	風速
5	9月4日	晴れ	3m
6	9月5日	晴れのち曇り	2.5m
7	9月6日	曇り	3.5m
8	9月7日	曇りのち雨	8m
9	9月8日	雨	10m
10	9月9日	晴れ	1m
11	9月10日	晴れ時々曇り	2m

問3．次の表は，ある会社の売上を示した表である。B7には
「118220000」が入力されているが，正しく表示されていない。
正しく表示させる方法として適切なものを選び，記号で答え
なさい。

ア．B列とC列の境界をダブルクリックする。

イ．B列とC列の境界をポイントする。

ウ．B列とC列の境界をクリックする。

	A	B	C
1			
2		売上報告書	
3			
4		合計	
5	札幌支店	72,100,000	
6	東京支店	29,039,000	
7	博多支店	##########	

問4．次の表は，スキー場の積雪量と滑走状況を示した表
である。「積雪量(m)」は「積雪マーク」の文字数を
数えて求める。C4に設定する式として適切なものを
選び，記号で答えなさい。

ア．=COUNTA(B4)

イ．=COUNT(B4)

ウ．=LEN(B4)

	A	B	C	D
1				
2	スキー場積雪情報			
3	スキー場名	積雪マーク	積雪量(m)	滑走
4	ネコマンマ	○○○	3	可
5	アリス		0	不可
6	マイケル	○○	2	可
7	ダスパ	○○○	3	可

問5．次の表は，あるスポーツチームの成績表である。「判
定」は，「勝率」が0.5を超えている場合は◎，0.4
を超えている場合は○，それ以外の場合は何も表示
しない。E4に設定する式として適切なものを選び，
記号で答えなさい。ただし，この式をE10までコピ
ーするものとする。

ア．=IF(D4>0.5,"◎",IF(D4>0.4,"○",""))

イ．=IF(D4<0.5,"◎",IF(D4<0.4,"○",""))

ウ．=IF(D4>=0.5,"◎",IF(D4>=0.4,"○",""))

	A	B	C	D	E
1					
2	スポーツチームディビジョン別チーム成績				
3		勝数	負数	勝率	判定
4	オークランドマック	24	26	0.480	○
5	ニュージャージャーネッツ	34	16	0.680	◎
6	ニューヨークケックス	20	30	0.400	
7	フィラデルフィア12er	25	24	0.510	◎
8	ホストンセルネック	28	22	0.560	◎
9	マイアミコールド	17	30	0.362	
10	ワシントンウィザード	15	36	0.294	

問1		問2		問3		問4		問5	

【5】　次の各問いに答えなさい。

問1．次の表の A2 には 5 が，B2 には 8 が，C2 には 3 が入力され，D2 には表示されている式が設定されている。計算をした結果，D2 に表示される値を答えなさい。

▲	A	B	C	D
1				
2	5	8	3	=A2*B2-C2

問2．次の表とグラフは，ある会社の営業成績を集計したものである。次の(1),(2)に答えなさい。

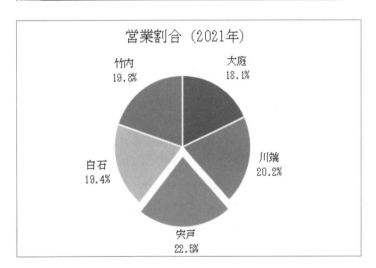

▲	A	B	C	D	E
1					
2	営業成績表				
3	社員名	2018年	2019年	2020年	2021年
4	大庭	1,125	957	1,029	1,125
5	川端	895	1,025	1,158	1,256
6	宍戸	988	999	1,199	1,400
7	白石	1,022	901	1,068	1,209
8	竹内	1,039	892	1,134	1,230
9	合計	5,069	4,774	5,588	6,220

営業割合（2021年）

竹内 19.8%　　大庭 18.1%
白石 19.4%
川端 20.2%
宍戸 22.5%

(1)　作成されたグラフのデータ範囲として適切なものを選び，記号で答えなさい。

ア．A3：E8
イ．A4：A8, C4：C8
ウ．A4：A8, E4：E8

(2)　表とグラフから読み取った内容として正しいものを選び，記号で答えなさい。

ア．2021 年は川端の割合が最も高い。
イ．白石は毎年営業成績を上げている。
ウ．全体的に 2021 年は営業成績が上がった。

問1		問2	(1)		(2)	

【6】　流れ図にしたがって処理するとき，次の各問いに答えなさい。なお，入力する値は自然数とする。

<流れ図>

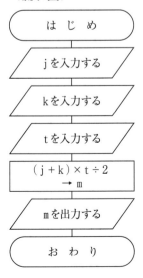

はじめ
jを入力する
kを入力する
tを入力する
(j＋k)×t÷2 → m
mを出力する
おわり

問1．j の値が 3，k の値が 4，t の値が 6 のとき，出力される m の値を答えなさい。

問2．j の値が 10，k の値が 20，t の値が 10 のとき，出力される m の値を答えなさい。

問1		問2	

【7】 次の表は，プロバイダごとの光回線の接続料金資料にもとづき，作成条件にしたがって作成されたものである。各問いに答えなさい。

資料

光回線の月額接続料金

プロバイダ	Co-net
回線速度	200
初期費用	4,515
月額	6,478
割引額	71,999

光回線の月額接続料金

プロバイダ	QCM
回線速度	200
初期費用	4,515
月額	6,373
割引額	64,964

光回線の月額接続料金

プロバイダ	QDM
回線速度	30
初期費用	735
月額	4,885
割引額	50,220

光回線の月額接続料金

プロバイダ	mifty
回線速度	200
初期費用	4,515
月額	6,268
割引額	78,362

光回線の月額接続料金

プロバイダ	DMC
回線速度	30
初期費用	735
月額	5,305
割引額	51,564

	A	B	C	D	E	F	G	H	I	J
1										
2		光回線接続料金一覧表								
3										
4	プロバイダ	回線業者	回線速度	月額	初期費用	割引額	初年度額	月額平均	差額	備考
5	Co-net	フレッシ	200	6,478	④	71,999	10,252	855	740	＊
6	QCM	フレッシ	②	6,373	4,515	64,964	16,027	1,336	1,221	＊
7	QDM	コミュニャ	30	③	735	50,220	9,135	762	647	
8	mifty	フレッシ	200	6,268	4,515	⑤	1,369	115	0	＊
9	①	コミュニャ	30	5,305	735	51,564	12,831	1,070	955	
10			最安金額	4,885	735	50,220	1,369	115		

作成条件

1. 資料を参考にして，D5 ～ F9 に料金を入力する。
2. 「初年度額」は，次の式で求める。
   「初期費用 ＋ 月額 × 12 － 割引額」
3. 「月額平均」は，次の式で求める。ただし，小数点以下を切り上げて整数部のみ表示する。
   「初年度額 ÷ 12」
4. 「最安金額」は，各列の最小値を求める。
5. 「差額」は，月額平均の最安金額との差額であり，次の式で求める。
   「月額平均 － 月額平均の最安金額」
6. 「備考」は，次の式で求める値が 5000 以上の場合，＊ を表示し，それ以外の場合，何も表示しない。
   「月額 － 月額平均」

問1．表の①～⑤に表示されるデータを答えなさい。

問2．H5 に設定する式として適切なものを選び，記号で答えなさい。

　　　ア．=ROUNDUP(G5/12,0)
　　　イ．=ROUND(G5/12,0)
　　　ウ．=ROUNDDOWN(G5/12,0)

問3．H10 に設定する式として適切なものを選び，記号で答えなさい。

　　　ア．=SUM(H5:H9)
　　　イ．=MAX(H5:H9)
　　　ウ．=MIN(H5:H9)

問4．I5 に設定する式として適切なものを選び，記号で答えなさい。ただし，この式を I9 までコピーするものとする。

　　　ア．=H5-H10
　　　イ．=H5-$H$10
　　　ウ．=$H$5-H10

問5．J5 に設定する式として適切なものを選び，記号で答えなさい。

　　　ア．=IF(D5-H5>=5000,"*","")
　　　イ．=IF(D5-H5>5000,"","*")
　　　ウ．=IF(D5-H5<5000,"*","")

問1	①		②		③		④		⑤	
問2		問3		問4		問5				

主催　公益財団法人　全国商業高等学校協会

情報処理検定模擬試験問題　第3級

第1回　実技　**DATA**　第1回模擬_提供データ　　　　　　　　　　　　　　　制限時間 20 分

　次の資料は，コーヒー豆の生産量と日本人のコーヒーの飲用状況である。資料と作成条件にしたがってシート名「シート1」を作成しなさい。

資料

コーヒー豆の生産量

単位：千袋（1袋60キロ）

国	2010 年	2014 年	2018 年
エチオピア	4,825	5,125	7,837
インドネシア	9,150	8,900	12,041
コロンビア	8,200	12,000	12,011
ブラジル	44,800	49,000	59,278
ベトナム	17,500	29,250	26,938
ホンジュラス	4,400	3,900	8,018
その他	36,781	40,496	45,941

日本人のコーヒー飲用状況
（一人一週あたり）

単位：杯

飲用場所	2010 年	2014 年	2018 年
家庭	6.74	7.04	6.54
喫茶店等	0.23	0.19	0.33
レストラン等	0.09	0.12	0.21
職場・学校	2.86	2.71	2.56
その他	0.94	1.01	0.92

作成条件

ワークシートは，提供されたものを使用する。

1．表およびグラフの体裁は，右ページを参考にして設定する。

　　　設定する書式　　：　罫線

　　　設定する数値の表示形式　：　3桁ごとのコンマ，小数の表示桁数

2．表の※印の部分は，式や関数を利用して求める。また，※※印の部分は，資料より必要な値を入力する。

3．グラフの※印の部分は，表に入力された値をもとに表示する。

4．「1．コーヒー豆の生産量」は，次のように作成する。

　⑴　「合計」は，各列の合計を求める。

　⑵　「最大」は，各列の最大値を求める。

　⑶　「割合（%）」は，次の式で求める。ただし，小数第1位未満を切り捨て，小数第1位まで表示する。

　　　　　「2018 年　÷　2018 年の合計　×　100」

　⑷　「増加率（%）」は，次の式で求める。ただし，小数第1位未満を切り上げ，小数第1位まで表示する。

　　　　　「（2018 年　÷　2010 年　−　1）　×　100」

　⑸　「備考」は，「増加率（%）」が 50.0 以上の場合，○ を表示し，それ以外の場合，何も表示しない。

　⑹　表の作成後，7 〜 12 行目のデータを「2018 年」を基準として，降順に並べ替える。

5．集合縦棒グラフは，「1．コーヒー豆の生産量」から作成する。

　⑴　数値軸の目盛は，最小値(0)，最大値(60,000)，および間隔(20,000)を設定する。

　⑵　軸ラベルの方向を設定する。

　⑶　データラベルを設定する。

6．「2．日本人のコーヒー飲用状況（一人一週あたり）」は，次のように作成する。

　⑴　「計」は，各列の合計を求める。

7．積み上げ横棒グラフは，「2．日本人のコーヒー飲用状況（一人一週あたり）」から作成する。

　⑴　数値軸の目盛は，最小値(0.00)，最大値(12.00)，および間隔(3.00)を設定する。

　⑵　軸ラベルの方向を設定する。

　⑶　凡例の位置を設定する。

コーヒーの生産量と日本人の飲用状況

1．コーヒー豆の生産量

単位：千袋（1袋60キロ）

国	2010年	2014年	2018年	割合（％）	増加率（％）	備考
エチオピア	4,825	5,125	7,837	4.5	62.5	○
インドネシア	9,150	8,900	12,041	※	※	※
コロンビア	8,200	※※	※※	※	※	※
ブラジル	44,800	※※	※※	※	※	※
ベトナム	17,500	29,250	26,938	※	※	※
ホンジュラス	4,400	3,900	8,018	※	※	※
その他	36,781	40,496	45,941	26.6	※	
合計	125,656	※	※	100.0	※	
最大	44,800	※	※			

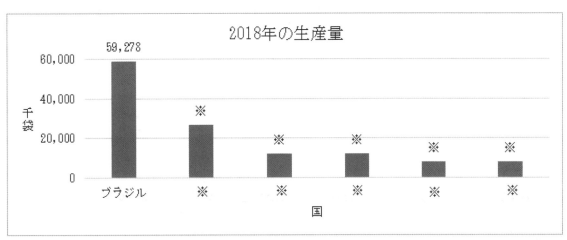

2．日本人のコーヒー飲用状況（一人一週あたり）

単位：杯

飲用場所	2010年	2014年	2018年
家庭	6.74	7.04	6.54
喫茶店等	0.23	0.19	0.33
※※	※※	※※	※※
※※	※※	※※	※※
※※	※※	※※	※※
計	10.86	※	※

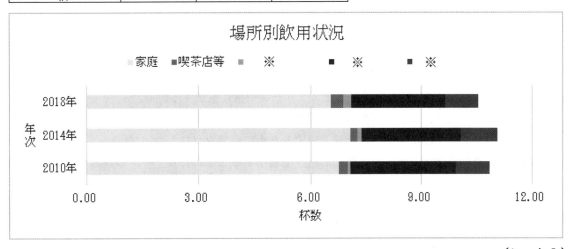

（シート1）

主催　公益財団法人　全国商業高等学校協会
情報処理検定模擬試験問題　第3級

第2回　筆記　　　　　　　　　　　　　　　　　　　　　　　　　　　制限時間 20 分

【1】 次の説明文に最も適した答えを解答群から選び，記号で答えなさい。

1．細かな液状のインクを用紙に吹き付けて印字する出力装置。

2．指紋や虹彩などの人間の身体的特徴から個人を識別するしくみ。

3．インターネットにおいて，Web ページ上の特定の文字や画像をクリックすると，関連付けられた他の Web ページへ移動して参照できる機能。

4．写真やイラスト，印刷物などを光学的に読み取り，デジタルデータとして入力する装置。

5．Web サイトの画像や文字をクリックしただけで，不当な料金を請求する犯罪。

解答群
ア．ユーザ ID	イ．生体認証	ウ．イメージスキャナ
エ．レーザプリンタ	オ．インクジェットプリンタ	カ．フィッシング詐欺
キ．ハイパーリンク	ク．バーコードリーダ	ケ．ワンクリック詐欺
コ．ブラウザ		

1		2		3		4		5	

【2】 次のА群の語句に最も関係の深い説明文をВ群から選び，記号で答えなさい。

＜А群＞ 　1．プロジェクタ　　　2．非接触型 IC カード　　　3．メーラ
　　　　　　4．二次元バーコード　　5．ROM

＜В群＞

ア．電波などを用いて，IC タグのデータを非接触で読み書きするシステム。

イ．小さな正方形の点を縦横に並べ，どの方向からも正確に読み取れるバーコード。数値データだけでなく，英字や漢字などの文字データも記録できる。

ウ．データの読み出しと書き込みができるメモリで，電源を切ると記憶内容は消えてしまう。

エ．データの読み出し専用のメモリで，電源を切っても記憶内容は消えない。

オ．JIS により規格化されたバーコードで，日本の共通商品コードになっている。標準タイプは 13 桁の数字で構成され，事業者や商品アイテムが記録されている。

カ．テレビなどのデジタル家電で使われる映像や音声の入出力用のインタフェース規格。

キ．パソコンの画面や DVD の映像などをスクリーンや壁に投影する装置。

ク．ネットワーク上で，電子メールの送受信などを行う専用のコンピュータ。

ケ．ネットワーク上で，電子メールを送受信するために必要なソフトウェア。

コ．内部に集積回路とアンテナを内蔵し，電波で通信することによりデータの読み書きができるカード。

1		2		3		4		5	

【3】 次の説明文に最も適した答えをア，イ，ウの中から選び，記号で答えなさい。

1．2進数の 10110 を 10 進数で表したもの。

  ア．21   **イ**．22   **ウ**．23

2．約 1,000,000,000 バイトを表すもの。

  ア．1GB   **イ**．1TB   **ウ**．1PB

3．ワープロ文書や表計算のワークシートなどを保存し，複数の利用者が共有して利用するコンピュータ。

  ア．ファイルサーバ   **イ**．Web サーバ   **ウ**．プリントサーバ

4．利用者の職位などによる権限によって，ネットワーク上にあるコンピュータやファイル，情報機器の利用を制限すること。

  ア．フィルタリング   **イ**．不正アクセス   **ウ**．アクセス制限

5．ハードディスクなどの記憶媒体を OS 上で利用できるようにするための作業。初期化とも呼ばれる。

  ア．バッチ処理   **イ**．フォーマット   **ウ**．アップロード

1		2		3		4		5	

【4】 次の各問いに答えなさい。

問1. 次の表のように，A1 のセル内で「東」と「高校」の間で改行を行いたい。セル内で改行を行う場合，改行したい場所にカーソルをあわせた後，押すキーの組み合わせとして正しいものを記号で答えなさい。

	A
1	東 高校

ア．⃞Ctrl－ ＋ ⃞Enterキー

イ．⃞Altキー ＋ ⃞Enterキー

ウ．⃞Shiftキー ＋ ⃞Enterキー

問2. 次の表の A3〜B3，A6〜B6 のように，セルを結合させるボタンとして適切なものを選び，記号で答えなさい。

	A	B	C
1	売上日計表		
2			販売数量
3	ペン		110
4	101	ボールペン	40
5	102	シャープペン	70
6	紙		20
7	201	ルーズリーフA4	10
8	202	ルーズリーフB5	10

ア．≡

イ．≣

ウ．⬚

問3. 次の表の B2 に入力された曜日をドラッグして，C2〜F2 のように入力したい。マウスポインタをあわせる部分が，点線で囲まれているものとして適切なものを選び，記号で答えなさい。

	A	B	C	D	E	F
1			短縮日課 特別時間割			
2		月	火	水	木	金
3	1時間目	LHR	公共	情報処理	数学Ⅰ	保健
4	2時間目	数学Ⅰ	簿記	英語コミュⅠ	公共	生物基礎
5	3時間目	現代の国語	ビジネス基礎	簿記	体育	芸術選択

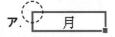 ア．⌐ 月 ¬   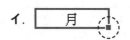 イ．┌ 月 ┐    ウ．┌ 月 ¬

問4. 次の表は，POP 制作の追加料金を求める表である。「追加料金」は次の計算式で求めている。B3 に設定する式として適切なものを選び，記号で答えなさい。

	A	B
1	追加料金計算表	
2	印刷文字	追加料金
3	大安売り	4,000
4	特売	2,000
5	新鮮	2,000

「追加料金」 ＝ 「印刷文字」の文字数 × 1000

ア．=LEN(A3)*1000

イ．=COUNT(A3)*1000

ウ．=COUNTA(A3)*1000

問5. 次の表の「年月日」の A2 は，左から4文字が「年」，左から5桁目より2文字が「月」，右から2文字が「日」を表している。C2 に設定する式として適切なものを選び，記号で答えなさい。

	A	B	C	D
1	年月日	年	月	日
2	20230101	2023	01	01

ア．=MID(A2,2,5)   イ．=LEFT(A2,5)   ウ．=MID(A2,5,2)

問1		問2		問3		問4		問5	

【5】　次の各問いに答えなさい。

問1．次の表のC2には，次の式が設定されている。C2に表示される値を答えなさい。

	A	B	C
1			
2	22	4	※

=A2+B2*10

（注）　※印は，値の表記を省略している。

問2．次の表とグラフは，野菜の価格の推移を表したものである。次の(1)，(2)に答えなさい。

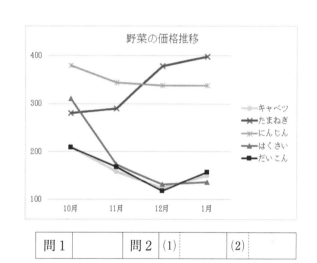

	A	B	C	D	E	F
1						
2			野菜の価格推移			
3					単位：円/kg	
4	月	キャベツ	たまねぎ	にんじん	はくさい	だいこん
5	9月	220	273	390	-	-
6	10月	209	280	379	310	208
7	11月	158	290	344	173	168
8	12月	123	378	338	131	117
9	1月	149	398	338	135	157
10	最高	220	398	390	310	208
11	最低	123	273	338	131	117

(1)　作成されたグラフのデータ範囲として適切なものを選び，記号で答えなさい。

　　ア．A4：F9

　　イ．B4：F4，A6：F9

　　ウ．A4：F4，A6：F9

(2)　表とグラフから読み取った内容として正しいものを選び，記号で答えなさい。

　　ア．11月にはすべての品目が値下がりしている。

　　イ．毎月値下がりしている品目は「はくさい」だけである。

　　ウ．毎月値上がりしている品目は「たまねぎ」だけである。

野菜の価格推移

問1		問2 (1)		(2)	

【6】　流れ図にしたがって処理するとき，次の各問いに答えなさい。

＜流れ図＞

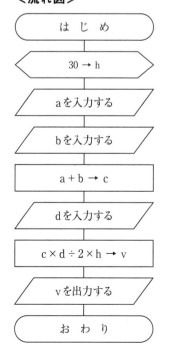

問1．aの値が3，bの値が5，dの値が6のとき，出力されるvの値を答えなさい。

問2．aの値が7，bの値が9，dの値が8のとき，出力されるvの値を答えなさい。

問1		問2	

第2回模擬

【7】 次の表は，4月1日から5日の観測地点の最高気温をまとめた資料にもとづき，作成条件にしたがって作成されたものである。各問いに答えなさい。

資料

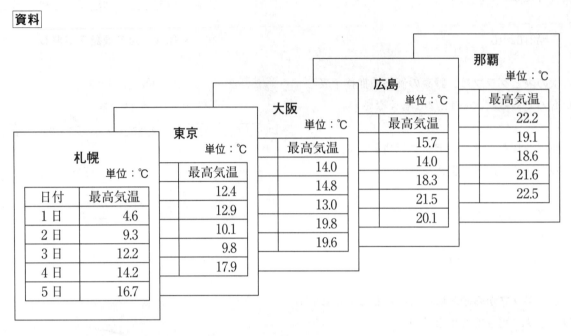

(注) 日付の並び順は，各観測地点で同じである。

	A	B	C	D	E	F	G	H	I
1									
2		4月の最高気温の推移							
3								単位：℃	
4	観測地点	1日	2日	3日	4日	5日	地点最高	地点平均	備考
5	札幌	4.6	9.3	12.2	14.2	⑤	16.7	11.4	
6	東京	12.4	12.9	③	9.8	17.9	17.9	12.6	
7	大阪	①	14.8	13.0	19.8	19.6	19.8	16.2	○
8	広島	15.7	②	18.3	21.5	20.1	21.5	17.9	○
9	那覇	22.2	19.1	18.6	④	22.5	22.5	20.8	○
10	平均	13.8	14.1	14.5	17.4	19.4			
11	気温差	17.6	9.8	8.5	11.8	5.8			
12									
13	地点数	5							

作成条件

1．資料を参考にして，B5〜F9 に最高気温を入力する。

2．10行目の「平均」は，各列の平均を求める。ただし，小数第1位未満を切り上げて表示する。

3．「気温差」は，次の式で求める。

　　「各日付の最高値　−　各日付の最低値」

4．「地点最高」は，各観測地点の最高気温の最高値を求める。

5．「地点平均」は，各観測地点の平均を求める。ただし，小数第1位未満を切り捨てて表示する。

6．「備考」は，各観測地点の5日の最高気温が，5日の平均以上の場合，○ を表示し，それ以外の場合，何も表示しない。

7．「地点数」は，入力された観測地点の数を表示する。

問1．表の①〜⑤に表示される数値を答えなさい。

問2．B10 に設定する式として適切なものを選び，記号で答えなさい。

　　　　ア．=ROUNDUP(AVERAGE(B5:B9),2)

　　　　イ．=ROUNDUP(AVERAGE(B5:B9),1)

　　　　ウ．=ROUNDDOWN(AVERAGE(B5:B9),1)

問3．B11 に設定する式として適切なものを選び，記号で答えなさい。

　　　　ア．=MAX(B5:B9)-MIN(B5:B9)

　　　　イ．=MIN(B5:B9)-MAX(B5:B9)

　　　　ウ．=MAX(B5:B10)-MIN(B5:B10)

問4．I5 に設定する式として適切なものを選び，記号で答えなさい。ただし，この式を I9 までコピーするものとする。

　　　　ア．=IF(F5>=AVERAGE(F5:F9),"○","")

　　　　イ．=IF(F5>=F10,"○","")

　　　　ウ．=IF(F5>=$F$10,"○","")

問5．B13 に設定する式として適切なものを選び，記号で答えなさい。

　　　　ア．=COUNT(A5:A9)

　　　　イ．=COUNTA(A5:A9)

　　　　ウ．=COUNTA(A5:A10)

問1	①		②		③		④		⑤	
問2		問3			問4			問5		

主催　公益財団法人　全国商業高等学校協会
情報処理検定模擬試験問題　第3級

| 第2回　実技 | **DATA** 第2回模擬_提供データ | 制限時間 20 分 |

次の資料は，日本の1世帯あたりの消費支出金額を示したものである。資料と作成条件にしたがって「シート1」を作成しなさい。

資料

10大費目の消費支出金額　　　　　　　　単位：円

費目	2000 年	2005 年	2010 年	2015 年	2020 年
食料	865,711	799,817	772,546	812,646	800,137
住居	262,339	245,590	228,180	224,351	223,441
光熱・水道	220,755	219,492	223,631	234,702	219,678
家具・家事用品	117,903	105,543	105,408	105,244	121,911
被服及び履物	182,266	148,858	127,610	125,506	92,291
保健医療	116,212	133,993	128,931	132,034	141,605
交通・通信	395,656	418,412	403,205	403,306	389,186
教育	122,676	108,966	100,303	90,269	80,530
教養娯楽	379,219	354,994	358,923	315,478	261,711
その他の消費支出	711,756	662,428	579,201	521,981	472,321

穀類の消費支出金額　　　　　　　　単位：円

品目	2000 年	2005 年	2010 年	2015 年	2020 年
米	32,769	27,191	23,315	18,249	18,503
パン	23,438	22,243	23,773	25,378	25,551
麺類	15,607	13,877	15,124	14,639	16,510
他の穀類	3,621	3,919	3,936	4,452	4,749

作成条件

ワークシートは，提供されたものを使用する。
1．表およびグラフの体裁は，右ページを参考にして設定する。
　〔　設　定　す　る　書　式　：　　罫線
　　設定する数値の表示形式　：　　3桁ごとのコンマ，%，小数の表示桁数　〕
2．表の※印の部分は，式や関数を利用して求める。また，※※の部分は，資料より必要な値を入力する。
3．グラフの※印の部分は，表に入力された値をもとに表示する。
4．「1．10大費目の消費支出金額」は，次のように作成する。
　(1)　「消費支出合計」は，各列の合計を求める。
　(2)　「順位」は，「2020 年」を基準として，降順に順位を求める。
　(3)　「増加率」は，次の式で求める。ただし，小数第3位未満を切り捨て，%で小数第1位まで表示する。
　　　　「2020 年　÷　2000 年」
　(4)　「備考」は，「増加率」が100%を超える場合，○ を表示し，それ以外の場合，何も表示しない。
5．100%積み上げ横棒グラフは，「1．10大費目の消費支出金額」から作成する。
　(1)　数値軸の目盛は，最小値(0.0)，最大値(1.0)，および間隔(0.2)を設定する。
　(2)　凡例の位置を設定する。
6．「2．穀類の消費支出金額」は，次のように作成する。
　(1)　「合計」は，各列の合計を求める。
　(2)　「米の割合」は，次の式で求める。ただし，%で小数第1位まで表示する。
　　　　「米　÷　合計」
　(3)　「割合」は，次の式で求める。ただし，%で小数第1位まで表示する。
　　　　「2020 年　÷　2020 年の合計」
7．折れ線グラフは，「2．穀類の消費支出金額」から作成する。
　(1)　数値軸の目盛は，最小値(10,000)，最大値(35,000)，および間隔(5,000)を設定する。
　(2)　軸ラベルの方向を設定する。
　(3)　データラベルを「米」に設定する。
　(4)　凡例の位置を設定する。

１世帯あたりの消費支出金額

１．１０大費目の消費支出金額　　　　　　　　　　　　　単位：円

費目	2000年	2010年	2020年	順位	増加率	備考
食料	865,711	※※	※※	1	92.4%	
住居	262,339	※※	※※	※	※	※
光熱・水道	220,755	223,631	219,678	※	※	※
家具・家事用品	117,903	105,408	121,911	※	※	※
被服及び履物	182,266	127,610	92,291	※	※	※
保健医療	116,212	128,931	141,605	※	※	※
交通・通信	395,656	403,205	389,186	※	※	※
教育	122,676	100,303	80,530	※	※	※
教養娯楽	379,219	358,923	261,711	※	※	※
その他の消費支出	711,756	579,201	472,321	※	※	※
消費支出合計	3,374,493	※	※			

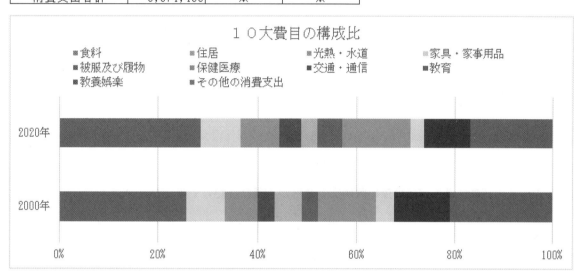

２．穀類の消費支出金額　　　　　　　　　　　　　　　　　単位：円

品目	2000年	2005年	2010年	2015年	2020年	割合
米	※※	※※	23,315	18,249	18,503	28.3%
パン	※※	※※	23,773	25,378	25,551	※
麺類	15,607	13,877	15,124	14,639	16,510	※
他の穀類	3,621	3,919	3,936	4,452	4,749	※
合計	75,435	※	※	※	※	
米の割合	43.4%	※	※	※	※	

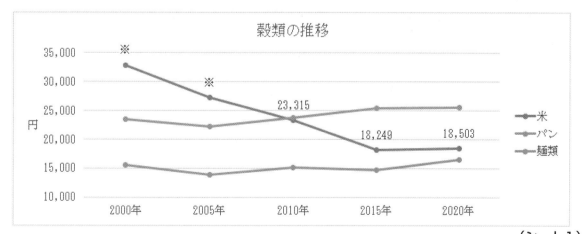

主催　公益財団法人　全国商業高等学校協会
情報処理検定模擬試験問題　第3級

第
3
回
模
擬

【1】　次の説明文に最も適した答えを解答群から選び，記号で答えなさい。

1．メーラで，電子メールを送信したい相手のメールアドレスを入力する場所。

2．発生したデータを即座に処理する方式。

3．Web ページを作成するための言語。タグと呼ばれる＜＞の記号で区切られたコマンドを用いる。

4．光ディスクに，赤色のレーザ光線を用いて約 4.7GB まで読み書きできる記憶媒体。

5．数値を「0」と「1」の2種類の数字のみで表現する方法。

```
─ 解答群 ──────────────────────────────────────
 ア．ネット詐欺        イ．2進数          ウ．ブルーレイディスク
 エ．バッチ処理        オ．DVD           カ．10進数
 キ．To              ク．ブラウザ         ケ．リアルタイム処理
 コ．HTML
────────────────────────────────────────────
```

1		2		3		4		5	

【2】　次のA群の語句に最も関係の深い説明文をB群から選び，記号で答えなさい。

＜A群＞　1．スクロール　　　2．Web メール　　　3．Bcc
　　　　　4．フラッシュメモリ　5．Bluetooth

＜B群＞
　ア．電波を利用して，情報を記録したタグを直接接触することなく読み書きするしくみ。

　イ．電波を利用して，数 m から数十 m 程度の近距離間でのデータ交換に利用されるインタフェース規格。機器間に障害物があっても利用することができる。

　ウ．データの書き込みと読み出しが自由にでき，電源を切ると記憶内容が失われるメモリ。

　エ．電源を切ってもデータが消えない不揮発性の半導体を用いて読み書きする補助記憶装置。

　オ．画面上でデータを入力位置や操作する位置を示すしるし。

　カ．電子メールを複数の相手に同時に送信する際のメーラの機能の一つで，指定されたメールアドレスは，他の受信者にも通知される。

　キ．電子メールを複数の相手に同時に送信する際のメーラの機能の一つで，指定されたメールアドレスは，他の受信者には通知されない。

　ク．画面に表示された内容を上下左右に移動して，画面外の内容を表示させること。

　ケ．相手の同意なしに一方的に送り付けて，受け取る側が不愉快な思いをするような電子メールの総称。

　コ．メーラを使わずに，ブラウザ上で電子メールの送受信を行うしくみ。

1		2		3		4		5	

【3】　次の説明文に最も適した答えをア，イ，ウの中から選び，記号で答えなさい。

1．10進数の26を2進数で表したもの。

　　　ア．11001　　　　　　　　　イ．11010　　　　　　　　　ウ．11011

2．十億分の1秒を表す時間の単位。

　　　ア．μs　　　　　　　　　　イ．ns　　　　　　　　　　ウ．ps

3．複数の電子回路をまとめ，一つの部品として構成したもの。

　　　ア．主記憶装置　　　　　　イ．中央処理装置　　　　　ウ．集積回路

4．ソフトウェアを最新の状態に更新すること。

　　　ア．アップデート　　　　　イ．インストール　　　　　ウ．フォーマット

5．受信者に，他の人への転送を促す内容を含んだ迷惑メール。

　　　ア．スパムメール　　　　　イ．メーラ　　　　　　　　ウ．チェーンメール

1		2		3		4		5	

【4】　次の各問いに答えなさい。

問1．ワークシート上で，離れた範囲を同時に指定する際に使用するキーとして適切なものを選び，記号で答えなさい。

　　　　ア．⌈Alt⌋キー　　　　　　　**イ**．⌈Ctrl⌋キー　　　　　　**ウ**．⌈Shift⌋キー

問2．C列とD列の間に2列分の空白を挿入したい。これを実行するための指定方法として適切なものを選び，記号で答えなさい。

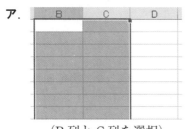　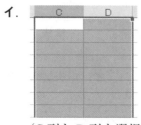　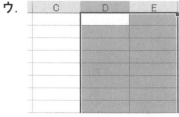

（B列とC列を選択）　　　　　　（C列とD列を選択）　　　　　　（D列とE列を選択）

問3．次の表は，ある会社の商品売上一覧表である。E列には，あらかじめ式が設定されており，C商品の「数量」を20に変更したとき，E7が3,400，E9が15,020に自動的に変更された。この機能の名称として適切なものを選び，記号で答えなさい。

	A	B	C	D	E
1					
2		商品売上一覧表			
3					
4	商品コード	商品名	数量	単価	金額
5	101	A商品	10	250	2,500
6	102	B商品	12	340	4,080
7	103	C商品	18	170	3,060
8	104	D商品	21	240	5,040
9				売上合計	14,680

　　　　ア．再計算
　　　　イ．複写
　　　　ウ．引数

問4．次のグラフの名称として適切なものを選び，記号で答えなさい。

　　　　ア．100％積み上げ横棒グラフ
　　　　イ．積み上げ横棒グラフ
　　　　ウ．円グラフ

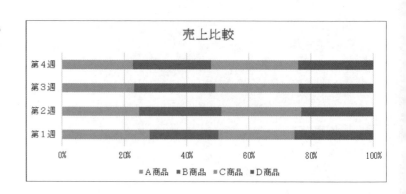

問5．次の表は，ある会社の営業成績表である。表のように外枠を太線で引く。A3～D7を選択し，指定する罫線のボタンとして適切なものを選び，記号で答えなさい。

	A	B	C	D
1				
2		営業成績表		
3	社員名	第1週	第2週	第3週
4	さとう	1,125	957	1,029
5	すずき	895	1,025	1,158
6	さいとう	988	999	1,199
7	きむら	1,022	901	1,068

　　　ア．⊞　　　**イ**．▢　　　**ウ**．▦

問1		問2		問3		問4		問5	

【5】　次の各問いに答えなさい。

問1．次の表のD2には，次の式が設定されている。D2に表示される値を答えなさい。

=A2+B2*C2

	A	B	C	D
1				
2	4	3	8	※

(注)　※印は，値の表記を省略している。

問2．次の表とグラフは，新車販売を集計したものである。次の(1)，(2)に答えなさい。

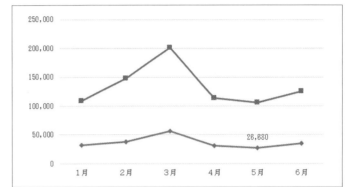

新車販売台数一覧表

（単位：台数）

メーカー名	1月	2月	3月	4月	5月	6月	合計
富士	5,691	8,853	14,476	4,268	5,160	7,149	45,597
ボンタ	31,670	37,953	56,461	30,897	26,680	35,209	218,870
国産	42,772	61,292	87,807	34,407	33,560	48,925	308,763
トオヤ	108,339	147,248	201,026	113,312	105,581	125,037	800,543

(1)　グラフのデータの組み合わせとして適切なものを選び，記号で答えなさい。

　　ア．ボンタとトオヤ
　　イ．国産とトオヤ
　　ウ．ボンタと国産

(2)　表とグラフから読み取った内容として誤っているものを選び，記号で答えなさい。

　　ア．トオヤは新車販売台数が一番多い。
　　イ．3月は販売が好調で，月ごとの変化は各社ともほぼ同じである。
　　ウ．国産はボンタのほぼ2倍売り上げている。

問1		問2	(1)		(2)	

【6】　流れ図にしたがって処理するとき，次の各問いに答えなさい。なお，入力する値は自然数とする。

＜流れ図＞

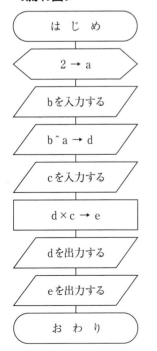

問1．bの値が6，cの値が8のとき，出力されるdの値を答えなさい。

問2．bの値が9，cの値が10のとき，出力されるeの値を答えなさい。

問1		問2	

【7】 次の表は，ある売店の８月における主要商品の売上を集計した資料にもとづき，作成条件にしたがって作成されたものである。各問いに答えなさい。

資料

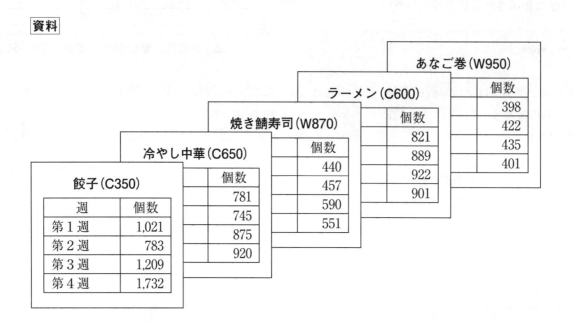

(注) 商品名の横にある(　　)内は商品コードである。なお，週の並び順は，各商品で同じである。

商品名	商品コード	種類	第1週	第2週	第3週	第4週	合計	売上金額	売上比率	順位
			８月の主要商品売上一覧表							
商品名	商品コード	種類	第1週	第2週	第3週	第4週	合計	売上金額	売上比率	順位
餃子	①	中華	1,021	783	1,209	1,732	4,745	¥1,660,750	17.9%	※
冷やし中華	C650	中華	781	③	875	920	3,321	¥2,158,650	23.2%	※
焼き鯖寿司	W870	和食	②	457	590	551	2,038	¥1,773,060	19.1%	※
ラーメン	C600	中華	821	889	922	⑤	3,533	¥2,119,800	22.8%	※
あなご巻	W950	和食	398	422	④	401	1,656	¥1,573,200	16.9%	※
							売上合計	¥9,285,460		

(注) ※印は，値の表記を省略している。

作成条件

1．資料を参考にして，D5 ～ G9 に売上個数を入力する。
2．「種類」は，「商品コード」の左端から1文字を抽出して，Cの場合，中華 を表示し，それ以外の場合，和食 を表示する。
3．「合計」は，「第1週」から「第4週」の合計を求める。
4．「売上金額」は，「商品コード」の右端から3文字を抽出し，数値に変換したあと，「合計」を掛けて求める。ただし，¥表示する。
5．「売上合計」は，「売上金額」の合計を求める。
6．「売上比率」は，次の式で求める。ただし，%で小数第1位まで表示する。

　　　　「売上金額　÷　売上合計」

7．「順位」は，「売上金額」を基準として，降順に順位を求める。

問1．表の①～⑤に表示されるデータを答えなさい。

問2．C5 に設定する式として適切なものを選び，記号で答えなさい。

　　　ア．=IF(LEFT(B5,1)="C","和食","中華")
　　　イ．=IF(LEFT(B5,1)="C","中華","和食")
　　　ウ．=IF(B5=C,"中華","和食")

問3．I5 に設定する式として適切なものを選び，記号で答えなさい。

　　　ア．=VALUE(RIGHT(B5,3))*H5
　　　イ．=VALUE(LEFT(B5,3))*H5
　　　ウ．=VALUE(LEN(B5))*H5

問4．J5 に設定する式として適切なものを選び，記号で答えなさい。ただし，この式を J9 までコピーするものとする。

　　　ア．=I5/I10
　　　イ．=$I$5/I10
　　　ウ．=I5/$I$10

問5．K5 に表示される順位として適切なものを選び，記号で答えなさい。

　　　ア．3
　　　イ．4
　　　ウ．5

問1	①		②		③		④		⑤	
問2			問3			問4			問5		

主催　公益財団法人　全国商業高等学校協会
情報処理検定模擬試験問題　第3級

第3回　実技　**DATA**　第3回模擬_提供データ　　　　　　　制限時間 20 分

　次の資料は，あるベーグル店の店舗別の売上状況である。資料と作成条件にしたがってシート名「シート1」を作成しなさい。

資料

ベーグル売上数　　　　　注：「なし」は販売していない

店舗	プレーン	チーズ	セサミ	レーズン
駅ビル店	185	155	153	174
本町店	106	なし	58	89
二丁目店	174	102	132	なし
錦町店	165	138	なし	なし
大手町店	115	なし	124	138
桜町店	93	72	62	なし

ベーグル価格表

種類	プレーン	チーズ	セサミ	レーズン
価格	120 円	150 円	150 円	150 円

作成条件

ワークシートは，提供されたものを使用する。
1. 表およびグラフの体裁は，右ページを参考にして設定する。

　　　設 定 す る 書 式　　：　　罫線の種類
　　　設定する数値の表示形式　：　　3桁ごとのコンマ，％，小数の表示桁数

2. 表の※印の部分は，式や関数を利用して求める。また，※※印の部分は，資料より必要な値を入力する。
3. グラフの※印の部分は，表に入力された値をもとに表示する。
4. 「1. 店舗別売上一覧表」は，次のように作成する。
　(1) 「種類数」は，C列～F列の「なし」以外の数値データの件数を求める。
　(2) 「売上高」は，次の式で求める。
　　　　「プレーン × 120 ＋ チーズからレーズンまでの合計 × 150」
　(3) 「合計売上高」は，H列の合計を求める。
　(4) 「平均売上高」は，H列の平均を求める。ただし，整数部のみ表示する。
　(5) 「最大売上数」は，C列～F列の最大値を求める。
　(6) 「最小売上数」は，C列～F列の最小値を求める。
　(7) 「備考」は，「売上高」が「平均売上高」を超えている場合，○ を表示し，それ以外の場合，× を表示する。
　(8) 表の作成後，6～11行目のデータを「売上高」を基準として，降順に並べ替える。
5. 集合横棒グラフは，「1. 店舗別売上一覧表」から作成する。
　(1) 数値軸の目盛は，最小値(0)，最大値(100,000)，および間隔(25,000)を設定する。
　(2) 軸ラベルの方向を設定する。
　(3) データラベルを設定する。
6. 「2. 種類別売上一覧表」は，次のように作成する。
　(1) 「売上数」は，「1. 店舗別売上一覧表」の各列の6～11行目の合計を求める。
　(2) 「売上高」は，次の式で求める。
　　　　「価格 × 売上数」
7. 円グラフは，「2. 種類別売上一覧表」から作成する。
　(1) データラベルを設定し，割合を％で小数第1位まで表示する。
　(2) 「プレーン」を切り離す。

ベーグル店売上一覧表

1．店舗別売上一覧表

店舗	プレーン	チーズ	セサミ	レーズン	種類数	売上高	備考
駅ビル店	185	155	153	174	4	94,500	○
本町店	106	なし	58	89	※	※	※
二丁目店	174	102	132	なし	※	※	※
錦町店	165	138	なし	なし	※	※	※
大手町店	115	なし	124	138	※	※	※
桜町店	93	72	62	なし	※	※	※

					合計売上高	※
					平均売上高	※
					最大売上数	※
					最小売上数	※

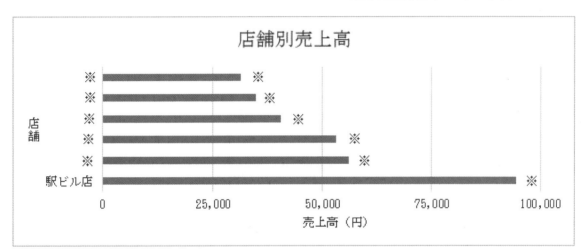

店舗別売上高

2．種類別売上一覧表

種類	プレーン	チーズ	セサミ	レーズン
価格	120	150	※※	※※
売上数	838	※	※	※
売上高	100,560	※	※	※

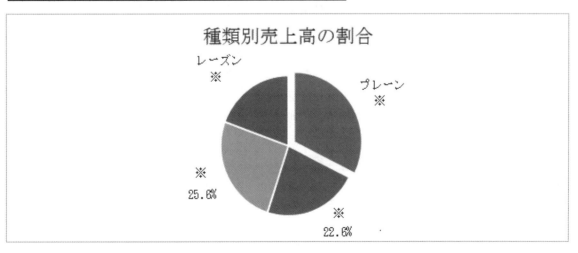

種類別売上高の割合

（シート1）

主催　公益財団法人　全国商業高等学校協会
情報処理検定模擬試験問題　第３級

　　　　　　　　　　　　　　　　　　　　　　制限時間 20 分

【1】 次の説明文に最も適した答えを解答群から選び，記号で答えなさい。

1．ディスプレイ上のマークやボタンを指やペンで触れることによりデータを入力する装置。
2．インターネット上に用意されたデータの保存場所。1 つのファイルを複数の利用者が共有することができる。
3．プログラムやデータを記憶する装置のうち，CPU から直接読み書きできない装置。
4．適切なキーワードを入力することで，インターネット上の目的の Web サイトを効率よく見つけ出すことができるシステム。
5．家庭や企業などにインターネットへの接続サービスを提供する業者。

　解答群
ア．メーラ	**イ**．オンラインストレージ	**ウ**．ブラウザ
エ．検索エンジン	**オ**．主記憶装置	**カ**．プロバイダ
キ．イメージスキャナ	**ク**．タッチパネル	**ケ**．ハイパーリンク
コ．補助記憶装置		

1		2		3		4		5	

【2】 次の A 群の語句に最も関係の深い説明文を B 群から選び，記号で答えなさい。

＜A群＞　　1．RFID　　　　　　2．EC　　　　　　　3．IoT
　　　　　　　4．バッチ処理　　　5．インクジェットプリンタ

＜B群＞
ア．家電などの電子機器や自動車などの機械類をインターネットに接続して，情報をやり取りするしくみ。
イ．細かな液状のインクを用紙に吹き付けて印字するプリンタ。
ウ．データを一定期間または一定量になるまでためてから，一括して処理する形式。
エ．商品の受発注業務をオンラインで結ばれたコンピュータを用いて効率的に行うシステム。
オ．感光ドラムにレーザ光線をあててトナーを定着させ，用紙に転写させ印字するプリンタ。
カ．ネットワークに接続する際に，利用者を識別するために入力する固有の番号や文字列。
キ．情報を記録したタグを使い，電磁波による無線通信により，情報を読み書きするしくみ。
ク．データが発生すると，ただちに処理をする方式。
ケ．インターネットを利用して，商品やサービスの売買取引を行うしくみ。
コ．人間の知能をコンピュータで実現するための技術で，画像認識や音声認識，自然言語処理の分野で広く活用されている。

1		2		3		4		5	

【3】　次の説明文に最も適した答えをア，イ，ウの中から選び，記号で答えなさい。

1．10進数の30を2進数で表したもの。

　　　ア．11100　　　　　　　　　**イ**．11101　　　　　　　　　**ウ**．11110

2．1,000分の1秒を表す時間の単位。

　　　ア．ms　　　　　　　　　　**イ**．ns　　　　　　　　　　**ウ**．ps

3．一つの受け口に，最大127台までの情報機器を接続することができるインタフェース規格。

　　　ア．Bluetooth　　　　　　　**イ**．HDMI　　　　　　　　**ウ**．USB

4．販売店のレジで商品のバーコードを読み取ることで，売上情報を収集し，売上管理や在庫管理に利用するシステム。

　　　ア．POS システム　　　　　**イ**．EOS　　　　　　　　　**ウ**．RFID

5．画面上のアイコンなどにより，視覚的，直感的にコンピュータを利用できるようにした操作環境。

　　　ア．OS　　　　　　　　　　**イ**．GUI　　　　　　　　　**ウ**．AI

1		2		3		4		5	

【4】 次の各問いに答えなさい。

問1. 次の表のように文字列が長くなり，文字が表示し
きれない場合，B列の列幅を最適な長さに調節する
方法として適切なものを選び，記号で答えなさい。

	A	B	C	D
1				
2		バレーボ・バスケットボール		
3				

ア．列番号Bの右側の境界線をポイントしてからダブルクリックする。
イ．列番号Bの左側の境界線をポイントしてからダブルクリックする。
ウ．列番号Cの右側の境界線をポイントしてからダブルクリックする。

問2. 表1から表2のように，A1に入力されている内容をB2に移動したい。その際に行う操作として適
切なものを選び，記号で答えなさい。

	A	B
1	売上一覧表	
2		

（表1）

	A	B
1		
2		売上一覧表

（表2）

ア．スクロール　　　　　イ．コピー＆ペースト　　　　　ウ．カット＆ペースト

問3. 4行目と5行目の間に2行分の空白行を挿入したい。これを実行するための指定方法として適切なも
のを選び，記号で答えなさい。

ア．（4行目と5行目を選択）　　　イ．（5行目と6行目を選択）　　　ウ．（3行目と4行目を選択）

問4. 次の表のA2には，現在の日時が表示されている。設定する式として適
切なものを選び，記号で答えなさい。

	A
1	ただいまの時刻
2	2022/4/8 8:48

ア．=NOW()　　　　　イ．=TODAY()　　　　　ウ．=LEN(A2)

問5. 次の表1は，ある洋品店の
売上表である。表2は表1の
A4～E9の範囲を指定して，
「合計」をキーとして並べ替
えたときの「商品名」を表示
している。「合計」の並び順
として適切なものを選び，記
号で答えなさい。

	A	B	C	D	E
1					
2	売上集計表				
3	商品名	1月	2月	3月	合計
4	Tシャツ	120	187	201	508
5	ブラウス	420	458	485	1,363
6	セーター	354	301	560	1,215
7	カーディガン	254	310	368	932
8	パーカー	397	410	420	1,227
9	トレーナー	140	250	280	670

（表1）

商品名
Tシャツ
トレーナー
カーディガン
セーター
パーカー
ブラウス

（表2）

ア．昇順　　　　　イ．降順　　　　　ウ．逆順

問1		問2		問3		問4		問5	

【5】　次の各問いに答えなさい。

問1．次の表の C5 は入力ミスが判明し，正しい数値は「1,500」であることがわかった。C6 に表示される正しい数値として適切なものを選び，記号で答えなさい。ただし，C6 には「=AVERAGE(C3:C5)」が設定されている。

　　　ア．1,640　　　　**イ**．1,650　　　　**ウ**．1,740

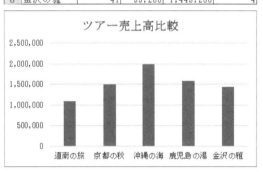

	A	B	C
1			
2	商品番号	商品名	売上金額
3	101	A商品	1,220
4	102	B商品	2,200
5	103	C商品	1,200
6		平均	1,540

問2．次の表とグラフは，旅行売上を集計したものである。次の(1)，(2)に答えなさい。

(1)　作成されたグラフのデータ範囲として適切なものを選び，記号で答えなさい。

　　　ア．A3：A8，D3：D8

　　　イ．A4：A8，D3：D8

　　　ウ．A3：A8，D4：D8

(2)　表とグラフから読み取った内容として正しいものを選び，記号で答えなさい。

　　　ア．売上高が一番高いツアーは，人数が最も少ない。

　　　イ．売上高が最も低いツアーは，売上高が100万円以下である。

　　　ウ．売上高が一番高いツアーは，単価が最も高い。

	A	B	C	D	E
1					
2	旅行売上一覧表				
3	ツアー名	人数	単価	売上高	順位
4	道南の旅	25	43,500	1,087,500	5
5	京都の秋	51	29,300	1,494,300	3
6	沖縄の海	36	55,400	1,994,400	1
7	鹿児島の湯	32	49,500	1,584,000	2
8	金沢の雅	41	35,200	1,443,200	4

ツアー売上高比較

問1		問2	(1)		(2)	

【6】　流れ図にしたがって処理するとき，次の各問いに答えなさい。

＜流れ図＞

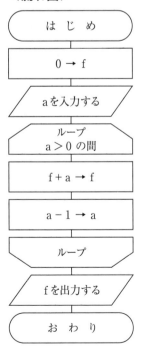

問1．aの値が3のとき，出力されるfの値を答えなさい。

問2．aの値が5のとき，出力されるfの値を答えなさい。

問1		問2	

【7】　次の表は，ある5か国の面積と人口を集計した資料にもとづき，作成条件にしたがって作成されたものである。各問いに答えなさい。

資料

A国	
主要言語	スペイン語
面積(km²)	2,780,400
人口(万人)	3,823

B国	
主要言語	スペイン語
面積(km²)	1,088,581
人口(万人)	923

R国	
主要言語	ポルトガル語
面積(km²)	8,514,877
人口(万人)	18,159

C国	
主要言語	スペイン語
面積(km²)	1,138,814
人口(万人)	4,530

P国	
主要言語	スペイン語
面積(km²)	1,285,216
人口(万人)	2,755

	A	B	C	D	E	F	G
1							
2		国の面積と人口					
3							
4	国名	主要言語	面積（km²）	人口（万人）	人口密度（人/km²）	人口密度順位	備考
5	A国	①	2,780,400	3,823	13.7	4	※
6	B国	スペイン語	③	923	8.4	5	※
7	R国	②	8,514,877	18,159	21.3	3	※
8	C国	スペイン語	④	4,530	39.7	1	※
9	P国	スペイン語	1,285,216	⑤	21.4	2	※
10		全体	14,807,888	30,190	20.3		

(注)　※印は，値の表記を省略している。

作成条件

1．資料を参考にして，B5 ～ D9 にデータを入力する。

2．C10 および D10 の「全体」は，各列の合計を求める。

3．「人口密度（人 /km²）」は，次の式で求める。ただし，小数第1位未満を切り捨て，小数第1位まで表示する。

「人口（万人）　×　10000　÷　面積（km²）」

4．E10 は，表の地域全体の人口密度（人 /km²）を求める。ただし，小数第1位未満を切り捨て，小数第1位まで表示する。

5．「人口密度順位」は，「人口密度（人 /km²）」を基準として，降順に順位を求める。

6．「備考」は，「人口密度（人 /km²）」が平均以上の場合，○ を表示し，それ以外の場合，何も表示しない。

問1．表の①～⑤に表示されるデータを答えなさい。

問2．E5 に設定する式として適切なものを選び，記号で答えなさい。ただし，E10 までコピーするものとする。

　　　ア．=ROUNDDOWN(D5*10000/C5,1)

　　　イ．=ROUND(D5*10000/C5,1)

　　　ウ．=ROUNDUP(D5*10000/C5,1)

問3．F5 に設定する式として適切なものを選び，記号で答えなさい。ただし，この式を F9 までコピーするものとする。

　　　ア．=RANK(E5,$E$5:$E$10,0)

　　　イ．=RANK(E5,$E$5:$E$9,1)

　　　ウ．=RANK(E5,$E$5:$E$9,0)

問4．C10 に設定する式として適切なものを選び，記号で答えなさい。

　　　ア．=SUM(C5:C9)

　　　イ．=COUNT(C5:C9)

　　　ウ．=MAX(C5:C9)

問5．G 列に表示される ○ の数として適切なものを選び，記号で答えなさい。

　　　ア．4

　　　イ．3

　　　ウ．5

問1	①	②	③	④	⑤
問2		問3		問4		問5	

主催　公益財団法人　全国商業高等学校協会
情報処理検定模擬試験問題　第３級

| 第４回　実技 | **DATA** 第４回模擬_提供データ | 制限時間 20 分 |

　次の資料は，米の収穫量について全国農業地域別と東海地域県別に示したものである。資料と作成条件にしたがってシート名「シート１」を作成しなさい。

資料

全国農業地域別データ				単位：トン
地域名	2017 年	2018 年	2019 年	2020 年
北海道	581,800	514,800	588,100	594,400
東北	2,114,700	2,137,200	2,238,600	2,236,400
北陸	1,079,000	1,096,300	1,115,300	1,134,500
関東・東山	1,431,100	1,457,300	1,413,800	1,444,300
東海	460,100	462,400	457,100	444,000
近畿	526,600	517,500	516,400	496,000
中国	552,400	537,800	513,200	489,700
四国	242,400	233,400	220,700	222,800
九州・沖縄	834,100	823,500	698,400	700,600

東海地域県別データ				単位：トン
県名	2017 年	2018 年	2019 年	2020 年
岐阜県	106,900	107,600	108,500	105,800
静岡県	80,900	79,900	81,200	74,100
愛知県	140,800	137,700	137,200	134,300
三重県	131,500	137,200	130,200	129,800
東海合計	460,100	462,400	457,100	444,000

作成条件

ワークシートは，提供されたものを使用する。

1．表およびグラフの体裁は，右ページを参考にして設定する。

> 設 定 す る 書 式 ：　罫線
> 設定する数値の表示形式 ：　３桁ごとのコンマ，％，小数の表示桁数

2．表の※印の部分は，式や関数を利用して求める。また，※※印の部分は，資料より必要な値を入力する。

3．グラフの※印の部分は，表に入力された値をもとに表示する。

4．「１．全国農業地域別データ」は，次のように作成する。

（1）「合計」は，各列の合計を求める。

（2）「前年比」は，次の式で求める。ただし，小数第２位未満を切り捨て，小数第２位まで表示する。

> 「2020 年　÷　2019 年」

（3）「備考」は，「前年比」が 1.00 以上の場合，○ を表示し，それ以外の場合，何も表示しない。

5．円グラフは，「１．全国農業地域別データ」から作成する。

（1）データラベルを設定し，割合を％で小数第１位まで表示する。

（2）「東海」を切り離す。

6．「２．東海地域県別データ」は，次のように作成する。

（1）「平均」は，各列の平均を求める。ただし，整数部のみ表示する。

（2）「構成比」は，次の式で求める。ただし，％で小数第１位まで表示する。

> 「2020 年　÷　2020 年の合計」

（3）「順位」は，「構成比」を基準として，降順に順位を求める。

7．折れ線グラフは，「２．東海地域県別データ」から作成する。

（1）数値軸の目盛は，最小値(70,000)，最大値(150,000)，および間隔(10,000)を設定する。

（2）軸ラベルの方向を設定する。

（3）データラベルを静岡県と愛知県に設定する。

（4）凡例の位置を設定する。

米の収穫量

1．全国農業地域別データ　　　　　　　　　　　　　単位：トン

地域名	2017年	2018年	2019年	2020年	前年比	備考
北海道	581,800	514,800	※※	594,400	1.01	○
東北	2,114,700	2,137,200	※※	2,236,400	※	※
北陸	1,079,000	1,096,300	1,115,300	1,134,500	※	※
関東・東山	1,431,100	1,457,300	1,413,800	1,444,300	※	※
東海	※※	※※	※※	※※	※	※
近畿	526,600	517,500	516,400	496,000	※	※
中国	552,400	537,800	513,200	489,700	※	※
四国	※※	233,400	220,700	222,800	※	※
九州・沖縄	※※	823,500	698,400	700,600	※	※
合計	7,822,200	※	※	※		

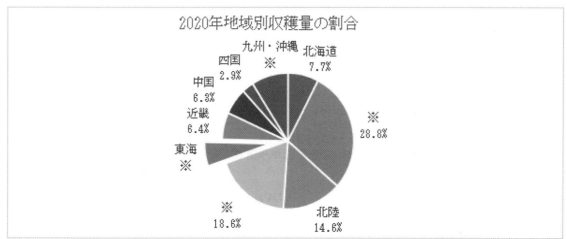

2．東海地域県別データ　　　　　　　　　　　　　単位：トン

県名	2017年	2018年	2019年	2020年	構成比	順位
岐阜県	106,900	107,600	108,500	105,800	23.8%	3
静岡県	※※	※※	81,200	74,100	※	※
愛知県	140,800	137,700	※※	※※	※	※
三重県	131,500	137,200	130,200	129,800	※	※
平均	115,025	※	※	※		

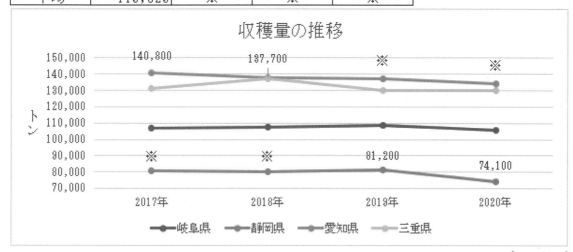

（シート1）

主催　公益財団法人　全国商業高等学校協会

情報処理検定模擬試験問題　第3級

第5回　筆記

制限時間20分

【1】　次の説明文に最も適した答えを解答群から選び，記号で答えなさい。

1．コンピュータシステムなどに接続する際，利用者を識別するために入力する固有の番号や文字列。

2．青少年の健全な成長を阻害する情報などを掲載し，閲覧することが好ましくないWebサイト。

3．コンピュータ本体にあり，データの四則計算や比較判断などを行う装置。

4．テレビなどのデジタル家電やAV機器で使われる映像や音声の入出力用のインタフェース規格。

5．記憶装置内にファイルを分類・整理するために作られた保管場所。

解答群
ア．有害サイト　　　　　　イ．オンラインストレージ　　　　ウ．ユーザID
エ．制御装置　　　　　　　オ．ファイル名　　　　　　　　　カ．HDMI
キ．RFID　　　　　　　　　ク．演算装置　　　　　　　　　　ケ．Bluetooth
コ．フォルダ

1		2		3		4		5	

【2】　次のA群の語句に最も関係の深い説明文をB群から選び，記号で答えなさい。

<A群>　1．インストール　　　　2．DVD　　　　3．EOS
　　　　4．SSD　　　　　　　　5．ROM

<B群>

ア．電源を切っても記憶された内容が消えない，データの読み込み専用のメモリ。

イ．コンピュータにソフトウェアを保存して使用可能な状態にすること。

ウ．光ディスクに，青紫色のレーザ光線を用いて，片面一層の場合データを約25GBまで読み書きできる記憶媒体。

エ．企業における受発注業務を，コンピュータによってシステム化，自動化した電子発注システム。

オ．光ディスクに，赤色のレーザ光線を用いて約4.7GBまで読み書きできる記憶媒体。

カ．電源を切ると記憶された内容が消える，データの読み出しと書き込みができるメモリ。

キ．インターネット上に用意されたデータの保存場所。ユーザIDとパスワードを入力することで，データを読み書きすることができる。

ク．大容量の半導体メモリを用いた補助記憶装置。機械的に動作する部分が無いため，小型，軽量で起動が速く，高速でデータの読み書きができる。

ケ．コンピュータからソフトウェアを削除して，使用不可能な状態にすること。

コ．販売店のレジで商品のバーコードを読み取ることで，売上情報を収集し記録するしくみ。

1		2		3		4		5	

【3】 次の説明文に最も適した答えをア，イ，ウの中から選び，記号で答えなさい。

1．2進数の10111を10進数で表したもの。

  ア．21   **イ**．23   **ウ**．25

2．約1,000,000,000,000 バイトの記憶容量を表したもの。

  ア．1 MB   **イ**．1 GB   **ウ**．1 TB

3．ハードウェアやデータを管理し，制御するソフトウェア。

  ア．OS   **イ**．ウイルス定義ファイル   **ウ**．アプリケーションソフトウェア

4．インターネットにおいて，HTML 文書や画像などのファイルの保存場所を示すアドレス。

  ア．ドメイン名   **イ**．URL   **ウ**．Web サーバ

5．侵入したコンピュータに自分の複製を大量に作成して，さまざまな不具合を起こすマルウェア。

  ア．スパイウェア   **イ**．ワーム   **ウ**．トロイの木馬

1		2		3		4		5	

【4】 次の各問いに答えなさい。

問1. 次の表は，ある野球チームの投手成績表である。「防御率」を小数第2位まで表示したい。指定するボタンとして適切なものを選び，記号で答えなさい。

ア. （ボタン） 　　 イ. （ボタン） 　　 ウ. （ボタン）

	A	B	C	D
1				
2	投手成績表			
3	選手名	防御率	勝ち	負け
4	菅野	2.33544	12	5
5	岩田	2.55405	9	8
6	前田	2.59893	11	9

問2. 次の表は，ある弁当屋の支店別売上個数を集計したものである。C3は，文字の一部が表示されていない。この内容をすべて表示するために行う操作として適切なものを選び，記号で答えなさい。

	A	B	C	D	E
1					
2	弁当屋売上個数一覧表				
3	種類／支店	緑支店	丘遊園支	登戸支店	平均
4	のり弁	24	53	41	39.33
5	シャケ弁	32	49	29	36.67
6	からあげ丼	43	29	32	34.67
7	幕の内弁	21	52	39	37.33
8	合計	120	183	141	

ア. B列とC列の境界線をポイントしてから右方向へドラッグする。
イ. B列とC列の境界線をポイントしてから左方向へドラッグする。
ウ. C列とD列の境界線をポイントしてから右方向へドラッグする。

問3. 次の表は，世界の人口を集計したものである。「増加率」を％で表示したい。指定するボタンとして適切なものを選び，記号で答えなさい。

ア. （ボタン） 　　 イ. ％ 　　 ウ. ，

	A	B	C	D
1				
2	世界の人口		単位：百万人	
3	地域	2010年	2050年	増加率
4	アジア	4,164	5,142	0.235
5	北アメリカ	542	710	0.310
6	南アメリカ	393	488	0.242
7	ヨーロッパ	738	719	-0.026
8	アフリカ	1,022	2,192	1.145

問4. 次の表は，ある文具店の12月の文具売上表である。「単価」は「商品コード」の右端から3桁を抽出し，数値に変換して求める。C4に設定する式として適切なものを選び，記号で答えなさい。

	A	B	C	D
1				
2	12月の文具売上表			
3	商品コード	売上数量	単価	売上金額
4	A300	50	300	¥15,000
5	C450	25	450	¥11,250
6	D250	36	250	¥9,000
7	E290	61	290	¥17,690

ア. =VALUE(MID(A4,3,3))
イ. =RIGHT(A4,3)
ウ. =VALUE(RIGHT(A4,3))

問5. 次の表はケーキ一覧表である。表のように罫線を引く。A3〜B9を選択し，指定する罫線のボタンの順番として適切なものを選び，記号で答えなさい。

	A	B
1		
2	ケーキ一覧表	
3	商品名	人気度
4	チーズケーキ	5
5	ショートケーキ	4
6	エクレア	4.5
7	モンブラン	5
8	ババロア	4
9	チョコレートケーキ	3

ア. （ボタン） → （ボタン）
イ. （ボタン） → （ボタン）
ウ. （ボタン） → （ボタン）

問1		問2		問3		問4		問5	

【5】　次の各問いに答えなさい。

　問1．次の表の C2 には，次の式が設定されている。C2 に表示される値を答えなさい。

（注）　※印は，値の表記を省略している。

$$=A2*B2-4$$

　問2．次の表とグラフは，東京における一般道路の曜日別渋滞距離を集計したものである。次の(1)，(2)に答えなさい。

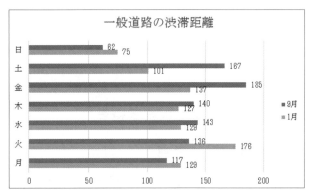

　　(1)　表の「備考」は，「増減数」が最大値の場合は ○，それ以外の場合は何も表示しない。B7 に設定する式として適切なものを選び，記号で答えなさい。

　　　　ア．=IF(B6=MAX($B$6:$H$6),"","○")

　　　　イ．=IF(B6=MAX($B$6:$H$6),"○","")

　　　　ウ．=IF(B6=RANK($B$6:$H$6),"○","")

　　(2)　表とグラフから読み取った内容として正しいものを選び，記号で答えなさい。

　　　　ア．1週間の中で一番渋滞距離が長いのは，日曜日である。

　　　　イ．9月の土曜日の渋滞距離は，月曜日から金曜日の各渋滞距離より短い。

　　　　ウ．9月の月曜日は1週間の中で2番目に渋滞距離が短い。

問1		問2	(1)		(2)	

【6】　流れ図にしたがって処理するとき，次の各問いに答えなさい。

　＜流れ図＞

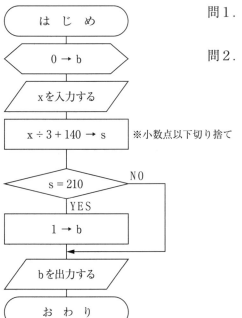

問1．x の値が 378 のとき，出力される b の値を答えなさい。

問2．x の値が 211 のとき，出力される b の値を答えなさい。

問1		問2	

【7】　次の表は，ある区間を走る列車の座席販売実績表にもとづき，作成条件にしたがって作成されたものである。各問いに答えなさい。

資料

座席販売実績表

列車番号	L001	E001	L003	L005	E003
販売座席数	455	392	531	411	521

特急券	¥1,000
急行券	¥600
乗車券	¥1,500

	A	B	C	D	E	F	G
1							
2		座席販売実績表					
3							
4	列車番号	種別	料金	運賃	販売座席数	販売総額	販売比率
5	L001	①	¥1,000	④	455	¥1,137,500	21.0%
6	E001	急行	②	¥2,100	392	¥823,200	15.2%
7	L003	特急	¥1,000	¥2,500	531	¥1,327,500	24.5%
8	L005	特急	¥1,000	¥2,500	411	¥1,027,500	19.0%
9	E003	急行	¥600	¥2,100	⑤	¥1,094,100	20.2%
10					合計	¥5,409,800	
11		特急券	¥1,000				
12		急行券	¥600				
13		乗車券	③				

作成条件

1. 資料を参考にして，C11 〜 C13 と E5 〜 E9 にデータを入力する。ただし，金額は通貨表示とする。
2. 「種別」は，「列車番号」の左端から1文字を抽出して，L の場合，特急 を表示し，それ以外の場合，急行 と表示する。
3. 「料金」は，「種別」が 特急 の場合，特急券(C11)の料金を表示し，それ以外の場合，急行券(C12)の料金を表示する。
4. 「運賃」は，次の式で求める。
　　　　「料金 ＋ 乗車券(C13)」
5. 「販売総額」は，次の式で求める。
　　　　「運賃 × 販売座席数」
6. 「合計」は，「販売総額」の合計を求める。
7. 「販売比率」は，次の式で求める。ただし，小数第3位未満を四捨五入し，%で小数第1位まで表示する。
　　　　「販売総額 ÷ 販売総額の合計」

問1．表の①〜⑤に表示されるデータを答えなさい。

問2．B5 に設定する式として適切なものを選び，記号で答えなさい。

　　　ア．=IF(LEFT(A5,1)="L","特急","急行")
　　　イ．=IF(RIGHT(A5,1)="L","特急","急行")
　　　ウ．=IF(LEFT(A5,1)="L","急行","特急")

問3．C5 に設定する式として適切なものを選び，記号で答えなさい。ただし，この式を C9 までコピーするものとする。

　　　ア．=IF(B5="特急",$C$11,$C$13)
　　　イ．=IF(B5="特急",$C$12,$C$11)
　　　ウ．=IF(B5="特急",$C$11,$C$12)

問4．F10 に設定する式として適切なものを選び，記号で答えなさい。

　　　ア．=AVERAGE(F5:F9)
　　　イ．=SUM(F5:F9)
　　　ウ．=SUM(E5:F9)

問5．G5 に設定する式として適切なものを選び，記号で答えなさい。ただし，この式を G9 までコピーするものとする。

　　　ア．=ROUND(F5/$F$10,0)
　　　イ．=ROUND(F5/$F$10,3)
　　　ウ．=ROUND(F5/$F$10,1)

問1	①		②		③		④		⑤	
問2		問3		問4		問5				

主催　公益財団法人　全国商業高等学校協会
情報処理検定模擬試験問題　第3級

第5回　実技　**DATA**　第5回模擬_提供データ　　　制限時間20分

次の資料は，日本の雇用者数（役員を除く）を示したものである。資料と作成条件にしたがってシート名「シート1」を作成しなさい。

資料

雇用形態別雇用者数　　　　　　　　　　　　　　単位：万人

形態	2017年	2018年	2019年	2020年
正規雇用者	3,432	3,485	3,503	3,539
パート	997	1,035	1,047	1,024
アルバイト	417	455	472	449
契約社員・嘱託	411	414	419	395
派遣社員	134	136	141	138
その他	77	80	86	85

産業別非正規雇用者数　　　　　　　　　　　　　単位：万人

産業	2017年	2018年	2019年	2020年
製造業	254	254	259	241
卸売業・小売業	445	461	460	451
宿泊業・飲食サービス業	237	260	265	244
生活関連サービス・娯楽業	95	101	105	96
教育・学習支援業	109	115	123	122
医療・福祉	295	304	307	312
その他	601	625	646	596

作成条件

ワークシートは，提供されたものを使用する。
1. 表およびグラフの体裁は，右ページを参考にして設定する。
　〔 設 定 す る 書 式 ： 　　罫線 〕
　〔 設定する数値の表示形式 ： 　　3桁ごとのコンマ，％，小数の表示桁数 〕
2. 表の※印の部分は，式や関数を利用して求める。また，※※の部分は，資料より必要な値を入力する。
3. グラフの※印の部分は，表に入力された値をもとに表示する。
4. 「1．雇用形態別雇用者数」は，次のように作成する。
　(1) 「雇用者計」は，各列の合計を求める。
　(2) 「非正規雇用者計」は，正規雇用者を除く，「パート」から「その他」の合計を求める。
　(3) 「非正規雇用者の割合」は，次の式で求める。ただし，小数第3位未満を切り捨て，％で小数第1位まで表示する。
　　　「非正規雇用者計　÷　雇用者計」
　(4) 「前年比」は，「2020年」を「2019年」で割って求める。ただし，小数第3位未満を切り捨て，％で小数第1位まで表示する。
　(5) 「割合」は，次の式で求める。ただし，％で小数第1位まで表示する。
　　　「2020年　÷　2020年の雇用者計」
5. 積み上げ横棒グラフは，「1．雇用形態別雇用者数」から作成する。
　(1) 数値軸の目盛は，最小値(0)，最大値(6,000)，および間隔(2,000)を設定する。
　(2) 軸ラベルを設定する。
　(3) 凡例の位置を設定する。
　(4) データラベルを「正規雇用者」と「パート」に設定する。
6. 「2．産業別非正規雇用者数」は，次のように作成する。
　(1) 「合計」は，各列の合計を求める。
　(2) 「順位」は，「2020年」を基準として，降順に順位を求める。
　(3) 「備考」は，「2020年」が「2017年」の105％以上の場合，○ を表示し，それ以外の場合，何も表示しない。
7. 円グラフは，「2．産業別非正規雇用者数」から作成する。
　(1) グラフ化する範囲は，「2020年」を指定する。
　(2) データラベルを設定し，割合を％で小数第1位まで表示する。
　(3) 「卸売業・小売業」を切り離す。

日本の雇用者数一覧表

1．雇用形態別雇用者数　　　　　　　　　　　　　　　単位：万人

形態	2017年	2018年	2019年	2020年	前年比	割合
正規雇用者	3,432	3,485	3,503	3,539	101.0%	62.9%
パート	997	1,035	1,047	1,024	※	※
アルバイト	417	455	472	449	※	※
契約社員・嘱託	411	414	419	395	※	※
派遣社員	※※	※※	141	138	※	※
その他	※※	※※	86	85	※	※
雇用者計	※	※	※	5,630		
非正規雇用者計	※	※	※	2,091		
非正規雇用者の割合	※	※	※	37.1%		

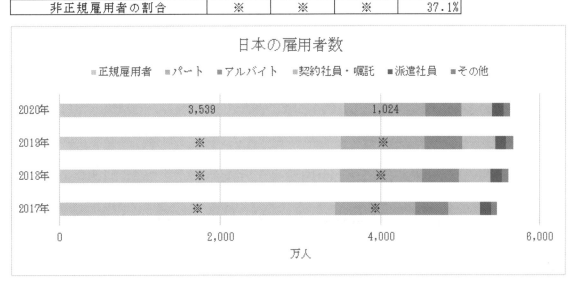

2．産業別非正規雇用者数　　　　　　　　　　　　　　単位：万人

産業	2017年	2018年	2019年	2020年	順位	備考
製造業	254	254	259	241	4	
卸売業・小売業	445	461	460	451	※	※
宿泊業・飲食サービス業	237	260	265	244	※	※
生活関連サービス・娯楽業	95	101	※※	※※	※	※
教育・学習支援業	109	115	※※	※※	※	※
医療・福祉	295	304	307	312	※	※
その他	601	625	646	596		
合計	2,036	※	※	※		

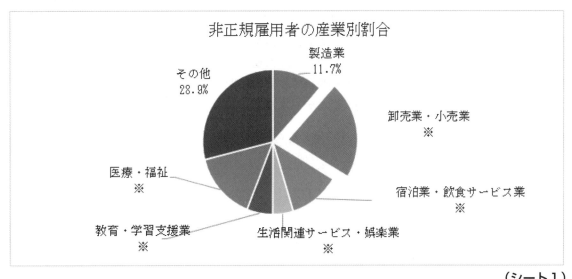

（シート1）

主催　公益財団法人　全国商業高等学校協会
情報処理検定模擬試験問題　第3級

第6回　筆記　　　　　　　　　　　　　　　　　　　　　　　　　　　制限時間20分

【1】 次の説明文に最も適した答えを解答群から選び，記号で答えなさい。

1．ハードディスクなどの記憶媒体にデータを保存する際に付ける名前。
2．Webページを作成するときに使用する言語。
3．コンピュータウイルスの特徴を記録したウイルス検知用のファイル。
4．パソコンの画面やDVDの映像などをスクリーンや壁などに投影する装置。
5．ネットワークに接続された複数の利用者がプリンタを共有するために設置するコンピュータ。

解答群
ア．プリントサーバ	**イ**．ファイルサーバ	**ウ**．プロジェクタ
エ．フォルダ	**オ**．ブラウザ	**カ**．イメージスキャナ
キ．HTML	**ク**．ウイルス定義ファイル	**ケ**．ファイル名
コ．URL		

1		2		3		4		5	

【2】 次のA群の語句に最も関係の深い説明文をB群から選び，記号で答えなさい。

<A群>　1．RAM　　　　2．ハードディスク　　　3．フィルタリング
　　　　4．マルウェア　　5．入力装置

<B群>
ア．光ディスクに青紫色のレーザ光線を用いて，高画質の映像データなどを読み書きできる記憶媒体。
イ．他人のコンピュータシステムに被害を与える目的で，悪意を持って作られたソフトウェアの総称。
ウ．データの読み書きができるメモリで，電源を切ると記憶内容が消える。
エ．データの読み出し専用のメモリで，電源を切っても記憶内容が消えない。
オ．ユーザIDを入力した人物が，本当にその人物かどうか確認するために入力する暗証番号。
カ．インターネットを利用する際に，Webページの閲覧やデータの受発信を制限する機能。
キ．記憶装置の命令を取り出して解読し，各装置に指示を与える装置。
ク．磁性体が塗られた金属製の円盤を回転させて，大量のデータを読み書きできる記憶媒体。
ケ．ネットワーク上にあるコンピュータやファイル，情報機器を利用する権限のこと。
コ．キーボードやマウスなど，主記憶装置にデータなどを読み込む装置。

1		2		3		4		5	

【3】 次の説明文に最も適した答えをア，イ，ウの中から選び，記号で答えなさい。

1．2進数の11011を10進数で表したもの。

　　　ア．27　　　　　　　　　　**イ**．29　　　　　　　　　　**ウ**．31

2．約1,000,000バイトの記憶容量を表したもの。

　　　ア．1 MB　　　　　　　　　**イ**．1 GB　　　　　　　　　**ウ**．1 TB

3．2進数の1桁で表される情報の最小単位。

　　　ア．バイト　　　　　　　　　**イ**．ビット　　　　　　　　　**ウ**．ディレクトリ

4．ハードディスクなどの記憶媒体を，OSの記録方式に合わせて読み書きできる状態にすること。

　　　ア．カーソル　　　　　　　　**イ**．スクロール　　　　　　　**ウ**．フォーマット

5．公共機関や企業を装ったメールで偽のWebサイトに誘導し，クレジットカードの番号や金融機関の口座番号などの個人情報を取得する詐欺行為。

　　　ア．有害サイト　　　　　　　**イ**．フィッシング詐欺　　　　**ウ**．ワンクリック詐欺

1		2		3		4		5	

【4】 次の各問いに答えなさい。

問1. 次の表は，ある高校のスポーツ部の部員数表である。A3 〜 A7，D3 〜 D7 を範囲選択してグラフを作成した。離れた範囲を同時に指定する際に使用するキーとして適切なものを選び，記号で答えなさい。

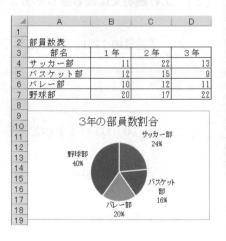

ア．Alt キー

イ．Ctrl キー

ウ．Shift キー

問2. C列とD列の間に2列分の空白列を挿入したい。これを実行するための指定方法として適切なものを選び，記号で答えなさい。

ア．　イ．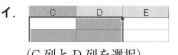　ウ．

（C列を選択）　　　　　　（C列とD列を選択）　　　　　　（D列とE列を選択）

問3. 次の表は，あるスポーツ大会の順位表である。A4 に表示されているようにセル内で改行するためには，「女子」と「バレーボール」の間にカーソルを合わせて，どのキーを押しながら Enter キーを押せばよいか。適切なものを選び，記号で答えなさい。

	A	B
1		
2	順位表	
3	競技名	順位
4	女子 バレーボール	1

ア．Alt キー　　　　イ．Ctrl キー　　　　ウ．Shift キー

問4. 次の表は，ある菓子メーカーの商品表である。「商品コード」の左端から2桁目からの3文字は単価を表している。「単価」を表示するために，C4 に設定する式として適切なものを選び，記号で答えなさい。

ア．=VALUE(RIGHT(A4,2))

イ．=VALUE(MID(A4,2,3))

ウ．=VALUE(LEFT(A4,2))

	A	B	C
1			
2	商品表		
3	商品コード	商品名	単価
4	15600	メープルエクレア	560
5	26200	モンブラン	620
6	34900	ガトーショコラ	490
7	45800	クレームビュリュレ	580
8	46100	タルトポンム	610

問5. 次の表は，ある会社の売上を集計したものである。E5 と E6 には「#」が表示され，数値が表示されていない。式が正しく入力されている場合に正しく表示させる方法として適切なものを選び，記号を答えなさい。

	A	B	C	D	E	F
1						
2	売上報告書					
3		1月	2月	3月	合計	
4	京都支店	20,100,000	19,100,000	32,900,000	72,100,000	
5	大阪支店	90,110,000	100,910,000	99,370,000	##########	
6	神戸支店	39,010,000	40,220,000	38,990,000	##########	

ア．E列とF列の境界をダブルクリックする。

イ．E列とF列の境界をポイントする。

ウ．E列とF列の境界を2回クリックする。

問1		問2		問3		問4		問5	

【5】　次の各問いに答えなさい。

問1．次の表の C2 には，次の式が設定されている。計算した結果，C2 に表示される値を答えなさい。

=A2+B2*4

▲	A	B	C
1			
2	2	5	※

(注)　※印は，値の表記を省略している。

問2．次の表とグラフは，総合読解力のレベルの割合を集計したものである。次の(1)，(2)に答えなさい。

	A	B	C	D	E	F	G
1							
2	総合読解力						単位：%
3		レベル1未満	レベル1	レベル2	レベル3	レベル4	レベル5
4	日本	2.7	7.3	18	33.3	28.8	9.9
5	オーストラリア	3.3	9.1	19	25.7	25.3	17.6
6	カナダ	2.4	7.2	18	28	27.7	16.8
7	フィンランド	1.7	5.2	14.3	28.7	31.6	18.5
8	フランス	4.2	11	22	30.6	23.7	8.5
9	ドイツ	9.9	12.7	22.3	26.8	19.4	8.8
10	アイルランド	3.1	7.9	17.9	29.7	27.1	14.2
11	イタリア	5.4	13.5	25.6	30.6	19.5	5.3
12	韓国	0.9	4.8	18.6	38.8	31.1	5.7
13	ニュージーランド	4.8	8.9	17.2	24.6	25.8	18.7
14	イギリス	3.6	9.2	19.6	27.5	24.4	15.6
15	アメリカ	6.4	11.5	21	27.4	21.5	12.2

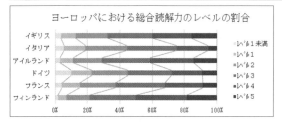

ヨーロッパにおける総合読解力のレベルの割合

(1)　作成されたグラフのデータ範囲として適切なものを選び，記号で答えなさい。

　　ア．A3：G3，A7：G11，A14：G14

　　イ．A4：G3，A7：G11，A14：G14

　　ウ．A4：G3，A7：G11，A14：G15

(2)　表とグラフから読み取った内容として正しいものを選び，記号で答えなさい。

　　ア．イギリスは，レベル4の割合とレベル5の割合を合わせると50%を超えている。

　　イ．フィンランドのレベル4の割合はレベル1の割合の約6倍である。

　　ウ．ヨーロッパでは，レベル5の割合はドイツが最も低い。

問1		問2	(1)		(2)	

【6】　流れ図にしたがって処理するとき，次の各問いに答えなさい。

＜流れ図＞

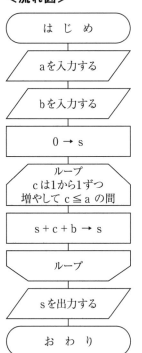

問1．aの値が2，bの値が10のとき，出力されるsの値を答えなさい。

問2．aの値が3，bの値が8のとき，出力されるsの値を答えなさい。

問1		問2	

【7】　次の表は，ある漁港における魚介類の水揚げ量を集計した資料にもとづき，作成条件にしたがって作成されたものである。各問いに答えなさい。

資料

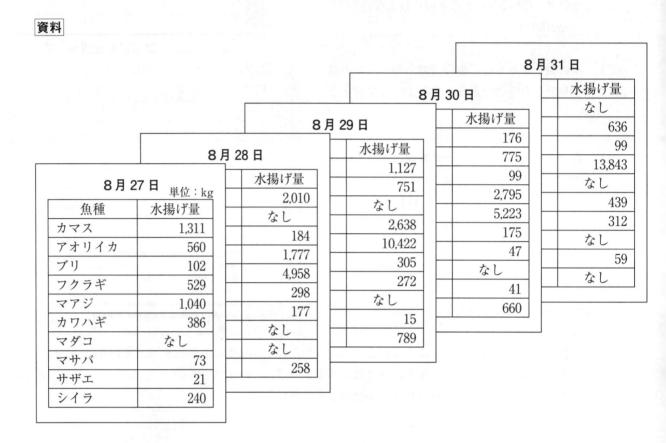

(注)　魚種の並び順は，毎日同じである。

	A	B	C	D	E	F	G	H	I	J
1										
2		N港水揚げ量								
3								単位：kg		
4		8月27日	8月28日	8月29日	8月30日	8月31日	魚種別合計	平均	割合	備考
5	カマス	1,311	2,010	1,127	176	なし	4,624	1,156	8.31%	◎
6	アオリイカ	560	なし	751	775	636	2,722	681	4.89%	○
7	ブリ	102	184	なし	99	99	484	121	0.87%	
8	フクラギ	529	②	2,638	2,795	13,843	21,582	4,316	38.80%	◎
9	マアジ	①	4,958	③	5,223	⑤	21,643	5,411	38.91%	◎
10	カワハギ	386	298	305	175	439	1,603	321	2.88%	
11	マダコ	なし	177	272	47	312	808	202	1.45%	
12	マサバ	73	なし	なし	なし	なし	73	73	0.13%	
13	サザエ	21	なし	15	41	59	136	34	0.24%	
14	シイラ	240	258	789	④	なし	1,947	487	3.50%	
15	合計	4,262	9,662	16,319	9,991	15,388	55,622			
16	順位	5	4	1	3	2				

作成条件

1. 資料を参考にして，B5 ～ F14 に水揚げ量を入力する。ただし，水揚げがなかった場合，なし を入力する。
2. 「合計」は，各列の合計を求める。
3. 「魚種別合計」は，「8月27日」から「8月31日」までの合計を求める。
4. 「平均」は，各行の平均を求める。ただし，水揚げ量「なし」の日を含めずに計算し，整数部のみ表示する。
5. 「割合」は，次の式で求める。ただし，小数第4位未満を四捨五入し，%で小数第2位まで表示する。

   　　　　「魚種別合計　÷　魚種別合計の合計」

6. 「備考」は，「平均」が1000以上の場合，◎ を，500以上1000未満の場合，○ を表示し，それ以外の場合，何も表示しない。
7. 「順位」は，「合計」を基準として，降順に順位を求める。

　問1. 表の①～⑤に表示されるデータを答えなさい。

　問2. H5 に設定する式として適切なものを選び，記号で答えなさい。ただし，この式を H14 までコピーするものとする。

　　　　　ア. =AVERAGE(B5:F5)

　　　　　イ. =G5/4

　　　　　ウ. =G5/COUNTA(B5:F5)

　問3. I5 に設定する式として適切なものを選び，記号で答えなさい。

　　　　　ア. =ROUND(G5/$G$15,3)

　　　　　イ. =ROUND(G5/$G$15,4)

　　　　　ウ. =ROUND(G5/$G$15,2)

　問4. J5 に設定する式として適切なものを選び，記号で答えなさい。ただし，この式を J14 までコピーするものとする。

　　　　　ア. =IF(H5>=1000,"◎",IF(H5>=500,"","○"))
　　　　　イ. =IF(H5>=1000,"○",IF(H5>=500,"◎",""))
　　　　　ウ. =IF(H5>=1000,"◎",IF(H5>=500,"○",""))

　問5. B16 に設定する式として適切なものを選び，記号で答えなさい。

　　　　　ア. =RANK(B15,$B$15:$F$15,0)
　　　　　イ. =RANK(B15,$B$15:$F$15,1)
　　　　　ウ. =RANK(B15,$F$15:$G$15,0)

問1	①		②		③		④		⑤	
問2		問3			問4			問5		

主催　公益財団法人　全国商業高等学校協会
情報処理検定模擬試験問題　第３級

第6回　実技　　**DATA**　第6回模擬_提供データ　　　　　　　　　　制限時間 20 分

次の資料は，ある和菓子店の生菓子の分類別売上数と焼き菓子の種類別売上数を示したものである。資料と作成条件にしたがってシート名「シート１」を作成しなさい。

資料

生菓子の分類別売上数　　　　　　　　　　　　　　　　単位：個

分類	9月	10月	11月	12月
もち菓子	4,360	7,280	8,060	6,000
蒸し菓子	2,340	1,880	2,560	2,330
焼き菓子	4,930	6,530	7,710	8,330
流し菓子	3,680	1,880	2,430	1,770
練り菓子	3,760	3,010	2,970	2,840
揚げ菓子	1,450	1,910	1,810	2,040

焼き菓子の種類別売上数　　　　　　　　　　　　　　　　単位：個

種類	9月	10月	11月	12月
どら焼き	1,130	1,570	2,020	2,250
栗まんじゅう	680	810	1,400	990
金つば	840	1,050	1,030	1,220
月餅	1,280	1,850	1,760	2,020
カステラ	1,000	1,250	1,500	1,850

作成条件

ワークシートは，提供されたものを使用する。
1．表およびグラフの体裁は，右ページを参考にして設定する。
　〔　設　定　す　る　書　式　：　　罫線　　　　　　　　　　　　　　　　　　　　　　　　　〕
　　設定する数値の表示形式　：　　3桁ごとのコンマ，％，小数の表示桁数
2．表の※印の部分は，式や関数を利用して求める。また，※※の部分は，資料より必要な値を入力する。
3．グラフの※印の部分は，表に入力された値をもとに表示する。
4．「1．生菓子の分類別売上数」は，次のように作成する。
　(1)　「合計」は，「9月」から「12月」の合計を求める。
　(2)　「順位」は，「合計」を基準として，降順に順位を求める。
　(3)　「備考」は，「12月」が「9月」より大きい場合，○ を表示し，それ以外の場合，何も表示しない。
　(4)　「最大」は，各列の最大値を求める。
　(5)　「最小」は，各列の最小値を求める。
5．積み上げ縦棒グラフは，「1．生菓子の分類別売上数」から作成する。
　(1)　数値軸の目盛は，最小値(0)，最大値(30,000)，および間隔(5,000)を設定する。
　(2)　軸ラベルの方向を設定する。
　(3)　凡例の位置を設定する。
6．「2．焼き菓子の種類別売上数」は，次のように作成する。
　(1)　「合計」は，「9月」から「12月」の合計を求める。
　(2)　「平均」は，「9月」から「12月」の平均を求める。ただし，整数部のみを表示する。
　(3)　「前月比」は，「12月」を「11月」で割って求める。ただし，小数第3位未満を切り捨て，％で小数第1位まで表示する。
　(4)　「月計」は，各列の合計を求める。
7．折れ線グラフは，「2．焼き菓子の種類別売上数」から作成する。
　(1)　数値軸の目盛は，最小値(500)，最大値(2,500)，および間隔(500)を設定する。
　(2)　軸ラベルの方向を設定する。
　(3)　凡例の位置を設定する。
　(4)　データラベルを設定する。

和菓子販売一覧表

1．生菓子の分類別売上数　　　　　　　　　　　　単位：個

分類	9月	10月	11月	12月	合計	順位	備考
もち菓子	4,360	7,280	8,060	6,000	25,700	2	○
蒸し菓子	2,340	1,880	2,560	2,330	※	※	※
焼き菓子	4,930	6,530	7,710	8,330	※	※	※
流し菓子	3,680	1,880	2,430	1,770	※	※	※
練り菓子	※※	※※	2,970	2,840	※	※	※
揚げ菓子	※※	※※	1,810	2,040	※	※	※
最大	4,930	※	※	※	※		
最小	1,450	※	※	※	※		

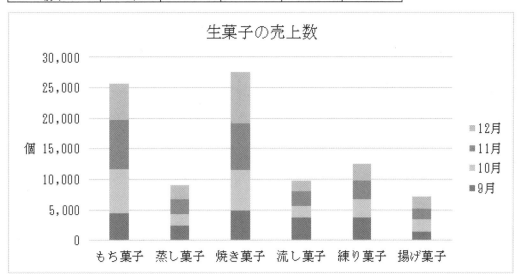

生菓子の売上数

2．焼き菓子の種類別売上数　　　　　　　　　　　単位：個

種類	9月	10月	11月	12月	合計	平均	前月比
どら焼き	1,130	1,570	2,020	2,250	6,970	1,743	111.3%
栗まんじゅう	680	810	1,400	990	※	※	※
金つば	840	1,050	1,030	1,220	※	※	※
月餅	1,280	1,850	※※	※※	※	※	※
カステラ	1,000	1,250	※※	※※	※	※	※
月計	4,930	※	※	※	※		

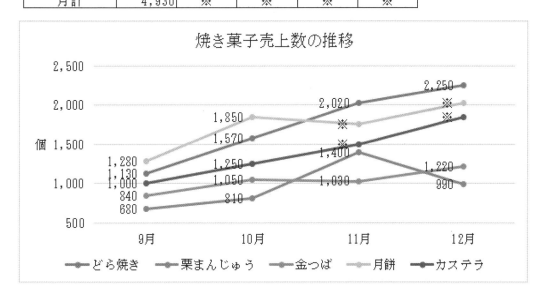

焼き菓子売上数の推移

主催　公益財団法人　全国商業高等学校協会
情報処理検定模擬試験問題　第3級

第7回　筆記　　　　　　　　　　　　　　　　　　　　　　　　　制限時間20分

【1】　次の説明文に最も適した答えを解答群から選び，記号で答えなさい。

1．データの処理方式の一つで，データをためることなく直ちに処理を行う方式。

2．システムの脆弱性をつき，利用権限のないコンピュータへ侵入すること。

3．ネットワークを識別するためにつけられた，組織や団体などの所属を表す部分。

4．コンピュータに導入したソフトウェアを削除すること。

5．コンピュータと周辺機器の接続部分や接続に関して，コネクタ形状やデータのやり取りの方法を定めた規格のこと。

解答群
ア．インストール	**イ**．不正アクセス	**ウ**．インタフェース
エ．ドメイン名	**オ**．リアルタイム処理	**カ**．プロバイダ
キ．バッチ処理	**ク**．アンインストール	**ケ**．ネット詐欺
コ．GUI		

1		2		3		4		5	

【2】　次のA群の語句に最も関係の深い説明文をB群から選び，記号で答えなさい。

＜A群＞　1．プライバシーの侵害　　2．AI　　3．トロイの木馬
　　　　　4．メーラ　　5．アプリケーションソフトウェア

＜B群＞

ア．電子メールの送信，受信，管理の機能を持つネットワーク上にあるサーバ。

イ．家電や自動車などをインターネットに接続して，スマートフォンなどの情報端末でリアルタイムに情報を交換するしくみ。

ウ．住所や電話番号などの個人を特定できる情報を，本人の許可を得ずに公開し，精神的な苦痛を与えること。

エ．利用者に気づかれないように無害なソフトウェアを装ってコンピュータ内に侵入し，外部からの命令によって不正な処理を行うマルウェア。

オ．利用者が使いやすい操作環境にするため，ハードウェアやデータを管理し，制御するソフトウェア。

カ．電子メールの作成や閲覧を行い，電子メールを送受信するために使用するソフトウェア。

キ．学習したデータをもとに自律して判断することができる，人間の知能をコンピュータ上で実現するための技術。

ク．他人のユーザIDでログインを行い，インターネット上でその人が活動しているように振る舞うこと。

ケ．単独で活動ができ，自己増殖することから，ネットワークやUSBメモリを介して他の機器へ感染を広げるマルウェア。

コ．文書の作成やスライドの作成など，特定の用途のために必要な機能を提供するソフトウェア。

1		2		3		4		5	

【3】　次の説明文に最も適した答えをア，イ，ウの中から選び，記号で答えなさい。

1．10 進数の 22 を 2 進数で表したもの。

　　　ア．10110　　　　　　　　　**イ**．10010　　　　　　　　　**ウ**．10100

2．1,000,000,000,000 分の 1 秒を表す時間の単位。

　　　ア．ns　　　　　　　　　　　**イ**．μs　　　　　　　　　　**ウ**．ps

3．インターネット上で商品の売買やサービスの取引を行うシステム。

　　　ア．EOS　　　　　　　　　　**イ**．EC　　　　　　　　　　　**ウ**．POS システム

4．画面上に表示される入力位置や操作対象の位置を示すしるし。

　　　ア．アイコン　　　　　　　　**イ**．カーソル　　　　　　　　**ウ**．スクロール

5．次の図のような，日本の共通商品コードとなっている日本産業規格によって規格化されたバーコード。

4 971650 165431

　　　ア．JAN コード　　　　　　　**イ**．二次元バーコード　　　　**ウ**．バーコードリーダ

1		2		3		4		5	

【4】　次の各問いに答えなさい。

問１．次の表は，猫の種類別飼育頭数一覧表である。「飼育頭数」を
　　　3桁ごとに桁区切りをしたい。指定するボタンとして適切なもの
　　　を選び，記号で答えなさい。

	A	B
1	猫の種類別飼育頭数一覧表	
2	種類	飼育頭数
3	アメリカンショートヘアー	394000
4	スコティッシュフォールド	234000
5	マンチカン	148000
6	ロシアンブルー	105000
7	ジャパニーズボブテイル	86000

ア．％　　　　イ．，　　　　ウ．

問２．次の表は，乗用車の年間販売台数一覧表である。「構成比率」の
　　　表示桁数を現在の小数第2位の表示から小数第1位の表示に変更し
　　　たい。指定するボタンとして適切なものを選び，記号で答えなさい。

	A	B	C
1	乗用車年間販売台数一覧表		
2			
3	区分	台数	構成比率
4	ガソリン	938,750	42.22%
5	HV	1,089,077	48.98%
6	PHV	37,772	1.70%
7	ディーゼル	125,200	5.63%
8	EV	31,592	1.42%
9	その他	912	0.04%
10	合計	2,223,303	100.00%

ア．.00→.0　　　　イ．←.0.00　　　　ウ．

問３．次の表は，ある会社の貸出備品管理表である。ディスプレイNo.1が返却され倉庫に保管されたので，
　　　表1のC6に表示されている「○」をB6に移動したい。C6を選択後，外枠をポイントし，左方向へド
　　　ラッグして，表2のように変更した。この操作の名称として適切なものを選び，記号で答えなさい。

	A	B	C	D
1				
2	貸出備品管理表			
3				
4		倉庫	貸出中	備考
5	ホワイトボード	○		
6	ディスプレイNo.1		○	
7	ディスプレイNo.2		○	
8	プロジェクター		○	
9	スクリーン		○	

（表1）

	A	B	C	D
1				
2	貸出備品管理表			
3				
4		倉庫	貸出中	備考
5	ホワイトボード	○		
6	ディスプレイNo.1	○		
7	ディスプレイNo.2		○	
8	プロジェクター		○	
9	スクリーン		○	

（表2）

ア．カット＆ペースト　　　　イ．コピー＆ペースト　　　　ウ．ドラッグ＆ドロップ

問４．次の表は，1からA2に入力した値までの和をB2に求める表であ
　　　る。B2には次の数式が入力されている。数式で使用されている「＋」
　　　「＊」「／」などの記号の名称として適切なものを選び，記号で答えな
　　　さい。

	A	B
1	設定値	1から設定値までの和
2	100	5,050

　　　B2に設定した式：=A2*(A2+1)/2

ア．比較演算子　　　　イ．算術演算子　　　　ウ．再計算

問５．次の表は，ある会社のLANケーブル型番別購入表である。B3
　　　に入力した値をもとに，C列に型番ごとの購入数を表示する。型
　　　番の左から5文字目より2文字がメートルで長さを表している。
　　　B6に設定する式として正しいものを選び，記号で答えなさい。

	A	B	C
1	LANケーブル型番別購入表		
2			
3	必要な長さ	15	m
4			
5	型番	長さ（m）	購入数
6	T6OL01BL	1	15
7	T6AL03LB	3	5
8	T6AL05BL	5	3
9	T8OL10BL	10	2

　　　ア．=VALUE(MID(A6,5,2))

　　　イ．=VALUE(MID(A6,2,5))

　　　ウ．=VALUE(LEFT(A6,5))

問1		問2		問3		問4		問5	

【5】　次の各問いに答えなさい。

問1．次の表のE2には，次の式が設定されている。E2に表示される値を答えなさい。

	A	B	C	D	E
1					
2	10	3	2	4	※

注）　※印は，値の表記を表略している。

=D2+(A2-C2^B2)

問2．次の表は，ある学校の入学者に対するアンケート結果を示したものである。次の(1)〜(2)に答えなさい。

	A	B	C
1	本校に受験を決めた理由		
2			単位：人
3	理由	今年度	昨年度
4	資格が取得できる	168	146
5	施設が良い	153	150
6	部活動で頑張れる	92	96
7	制服が良い	91	101
8	自分に合う科がある	86	82
9	その他	35	40
10	入学者数合計	625	615

今年度入学者の受験動機

その他 5.6%
自分に合う科がある 13.8%
資格が取得できる 26.9%
制服が良い 14.6%
部活動で頑張れる 14.7%
施設が良い 24.5%

(1)　作成されたグラフのように，「資格が取得できる」の扇形部分を切り離すために必要な操作として適切なものを選び，記号で答えなさい。

　　　ア．円グラフの「資格が取得できる」の扇形部分を1回クリックしてからドラッグする。

　　　イ．円グラフの「資格が取得できる」の扇形部分をダブルクリックする。

　　　ウ．円グラフの「資格が取得できる」の扇形部分を2回クリックしてからドラッグする。

(2)　表とグラフから読み取った内容として**誤っているもの**を選び，記号で答えなさい。

　　　ア．今年度の「部活動で頑張れる」と答えた割合は15%以下である。

　　　イ．昨年度より今年度の方が「制服が良い」と答えた人数が少ない。

　　　ウ．昨年度の入学者は「資格が取得できる」と答えた人が最も多い。

問1		問2	(1)		(2)	

【6】　流れ図にしたがって処理するとき，次の各問いに答えなさい。なお，入力するpの値は1以上の整数とする。

＜流れ図＞

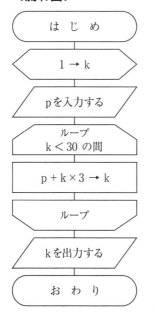

はじめ
1 → k
pを入力する
ループ　k＜30の間
p＋k×3 → k
ループ
kを出力する
おわり

問1．入力されるpの値が6のとき，出力されるkの値を答えなさい。

問2．入力されるpの値が3のとき，出力されるkの値を答えなさい。

問1		問2	

【7】 次の表は，ある年のごみ処理について，施設処理とその他の処理の資料にもとづき，作成条件にしたがって作成したものである。各問いに答えなさい。

資料

施設処理の状況
単位：トン

都道府県	施設処理量	施設資源化量
東京都	3,532,002	349,164
神奈川県	2,427,265	352,955
大阪府	2,720,374	180,149
愛知県	2,204,229	342,671
埼玉県	2,042,342	323,683
千葉県	1,815,619	248,455
兵庫県	1,627,447	126,544
北海道	1,521,473	277,715

その他の処理の状況
単位：トン

都道府県	その他処理量	直接資源化量	集団回収量
東京都	680,952	464,202	214,287
神奈川県	330,523	97,494	229,753
大阪府	210,094	51,627	157,132
愛知県	212,016	97,165	98,886
埼玉県	225,842	145,562	78,976
千葉県	215,506	132,932	80,405
兵庫県	166,448	54,077	96,054
北海道	261,663	32,719	108,636

⊿	A	B	C	D	E	F	G	H	I	J
1										
2		都道府県別リサイクル率調査表								
3								単位：トン		
4	都道府県	ごみ処理量			資源化量				リサイクル率	備考
5		施設処理量	その他処理量	処理量合計	直接資源化量	施設資源化量	集団回収量	資源化量合計		
6	東京都	3,532,002	680,952	4,212,954	③	349,164	214,287	1,027,653	24.39%	※
7	神奈川県	2,427,265	330,523	2,757,788	97,494	352,955	229,753	680,202	24.66%	※
8	大阪府	①	210,094	2,930,468	51,627	180,149	157,132	388,908	13.27%	※
9	愛知県	2,204,229	212,016	2,416,245	97,165	④	98,886	538,722	22.30%	※
10	埼玉県	2,042,342	225,842	2,268,184	145,562	323,683	78,976	548,221	24.17%	※
11	千葉県	1,815,619	②	2,031,125	132,932	248,455	80,405	461,792	22.74%	※
12	兵庫県	1,627,447	166,448	1,793,895	54,077	126,544	96,054	276,675	15.42%	※
13	北海道	1,521,473	261,663	1,783,136	32,719	277,715	108,636	419,070	23.50%	※
14	合計	17,890,751	2,303,044	20,193,795	1,075,778	2,201,336	1,064,129	4,341,243		
15	最高	3,532,002	680,952	4,212,954	464,202	352,955	⑤	1,027,653		

(注) ※印は，値の表記を省略している。

第7回模擬

作成条件

1．資料を参考にして，B6～C13，E6～G13にデータを入力する。
2．「処理量合計」は，「施設処理量」と「その他処理量」の合計を求める。
3．「資源化量合計」は，「直接資源化量」，「施設資源化量」，「集団回収量」の合計を求める。
4．「リサイクル率」は次の計算式で求める。ただし，小数第4位未満を四捨五入し，パーセント表示で小数第2位まで表示する。

   「資源化量合計」 ÷ 「処理量合計」

5．「備考」は，「リサイクル率」が24%以上の場合 ◎ を，20%以上24%未満の場合 ○ を表示し，それ以外の場合は，何も表示しない。
6．「合計」は各列の合計を求める。
7．「最高」は各列の最大値を求める。

問1．表の①～⑤に表示される数値を答えなさい。

問2．I6に設定する式として適切なものを選び，記号で答えなさい。

　　　ア．=ROUND(D6/H6,4)
　　　イ．=ROUND(H6/D6,4)
　　　ウ．=ROUND(H6/D6,2)

問3．J6に設定する式として適切なものを選び，記号で答えなさい。

　　　ア．=IF(I6>=24,"◎",IF(I6>=20,"○",""))
　　　イ．=IF(I6>0.24,"◎",IF(I6>0.2,"○",""))
　　　ウ．=IF(I6>=0.24,"◎",IF(I6>=0.2,"○",""))

第7回模擬

問4．B15に設定する式として適切なものを選び，記号で答えなさい。

　　　ア．=MAX(B6:B13)
　　　イ．=SUM(B6:B13)
　　　ウ．=MIN(B6:B13)

問5．J列に表示される ○ の数として適切なものを選び，記号で答えなさい。ただし，J6の式をJ13までコピーしてある。

　　　ア．3
　　　イ．4
　　　ウ．5

問1	①		②		③		④		⑤	
問2		問3		問4		問5				

主催　公益財団法人　全国商業高等学校協会
情報処理検定模擬試験問題　第3級

第7回　実技　　**DATA**　第7回模擬_提供データ　　　　制限時間 20 分

　次の資料は，日本の自動車保有台数と運転免許保有者数の推移である。資料と作成条件にしたがってシート名「シート1」を作成しなさい。

資料

日本の自動車保有台数　　　　　　　　　単位：千台

年次	乗用車	貨物車	乗合車	特殊車	二輪車
1990 年	32,938	20,944	242	1,155	2,715
2000 年	51,222	18,425	236	1,707	2,993
2010 年	57,903	15,533	228	1,512	3,517
2020 年	61,809	14,367	231	1,766	3,677

運転免許保有者数　　単位：千人

年次	男	女
1990 年	38,029	22,880
2000 年	43,866	30,821
2010 年	45,487	35,523
2020 年	44,597	37,393

作成条件

ワークシートは，提供されたものを使用する。
1．表およびグラフの体裁は，右ページを参考にして設定する。

　　　設　定　す　る　書　式　：　罫線の種類
　　　設定する数値の表示形式　：　3桁ごとのコンマ，％，小数の表示桁数

2．表の※印の部分は，式や関数を利用して求める。また，※※印の部分は，資料より必要な値を入力する。
3．グラフの※印の部分は，表に入力された値をもとに表示する。
4．「1．自動車保有台数」は，次のように作成する。
　(1)　「合計」は，各列の合計を求める。
　(2)　「乗用車の割合」は，次の式で求める。ただし，％で小数第1位まで表示する。
　　　　「乗用車　÷　合計」
　(3)　「伸び率」は，次の式で求める。ただし，小数第3位未満を切り捨て，％で小数第1位まで表示する。
　　　　「2020 年　÷　1990 年　－　1」
　(4)　「順位」は，「2020 年」を基準として，降順に順位を求める。
　(5)　「備考」は，「伸び率」が最大の場合，○ を表示し，それ以外の場合，何も表示しない。
5．折れ線グラフは，「1．自動車保有台数」から作成する。
　(1)　数値軸の目盛は，最小値(10,000)，最大値(70,000)，および間隔(20,000)を設定する。
　(2)　軸ラベルの方向を設定する。
　(3)　凡例の位置を設定する。
　(4)　データラベルを設定する。
6．「2．運転免許保有者数」は，次のように作成する。
　(1)　「計」は，各列の合計を求める。
　(2)　「割合」は，次の式で求める。ただし，％で小数第1位まで表示する。
　　　　「2020 年　÷　2020 年の計」
7．積み上げ縦棒グラフは，「2．運転免許保有者数」から作成する。
　(1)　数値軸の目盛は，最小値(0)，最大値(100,000)，および間隔(20,000)を設定する。
　(2)　軸ラベルの方向を設定する。
　(3)　凡例の位置を設定する。
　(4)　データラベルを設定する。

日本の自動車と運転免許の保有者数

1．自動車保有台数

単位：千台

車種	1990年	2000年	2010年	2020年	伸び率	順位	備考
乗用車	32,938	51,222	57,903	61,809	87.6%	1	○
貨物車	20,944	18,425	15,533	14,367	※	※	※
乗合車	242	236	228	231	※	※	※
特殊車	1,155	1,707	1,512	1,766	※	※	※
二輪車	※※	※※	※※	※※	※	※	※
合計	57,994	※	※	※	※		
乗用車の割合	56.8%	※	※	※			

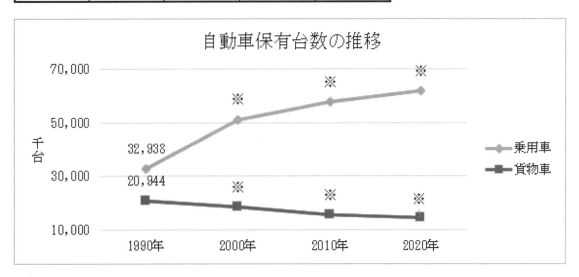

2．運転免許保有者数

単位：千人

性別	1990年	2000年	2010年	2020年	割合
男	38,029	※※	※※	※※	※
女	22,880	※※	※※	※※	45.6%
計	60,909	※	※	※	※

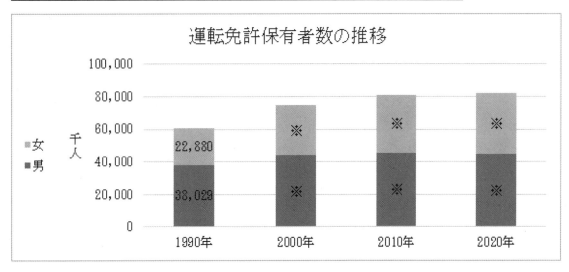

主催　公益財団法人　全国商業高等学校協会
情報処理検定模擬試験問題　第3級

第8回　筆記　　　　　　　　　　　　　　　　　　　　　　　　　　　　　制限時間20分

【1】　次の説明文に最も適した答えを解答群から選び，記号で答えなさい。

1．メーラを使わずに，ブラウザ上で電子メールの送受信を行うしくみ。

2．受信者に，受信内容を他の人へ送信するように促す電子メール。

3．コンピュータシステムに何らかの影響を与える目的で，悪意をもって作られたプログラムの総称。

4．記憶装置の命令を取り出して解読し，各装置が効率よく動作するように指示を送る装置。

5．実在する金融機関や企業などを装った偽の電子メールや Web サイトで，クレジットカードの番号や暗証番号などの個人情報を不正に入手する犯罪行為。

解答群

ア．制御装置　　　　　　　　**イ**．スパムメール　　　　　　　**ウ**．フィッシング詐欺

エ．Web メール　　　　　　　**オ**．チェーンメール　　　　　　**カ**．ワクチンプログラム

キ．ワンクリック詐欺　　　　**ク**．Web サーバ　　　　　　　　**ケ**．演算装置

コ．マルウェア

1		2		3		4		5	

【2】　次のA群の語句に最も関係の深い説明文をB群から選び，記号で答えなさい。

＜A群＞　1．主記憶装置　　　　　2．パスワード　　　　　3．添付ファイル
　　　　　4．ブラウザ　　　　　　5．レーザプリンタ

＜B群＞

ア．Web ページを作成するために用いる言語。

イ．ユーザ ID が正当な利用者以外に不正使用されないように，英字や数字などを組み合わせて設定する暗証番号。

ウ．Web ページを閲覧するためのソフトウェア。

エ．電子メールの送信者が，本文と一緒に送信するファイル。ワープロソフトウェアや表計算ソフトウェアで作成したデータなどがある。

オ．CPU からデータを直接読み書きできない記憶装置で，電源を切っても記憶された内容は消えない。

カ．コンピュータウイルスの特徴を記録したウイルス検知用のファイル。

キ．細かな液状のインクを用紙に吹き付けて印字する出力装置。

ク．印字データをレーザ光線により感光ドラムにあて，トナーを付着させてから用紙に転写する出力装置。

ケ．URL や電子メールアドレスの，組織・団体など所属を表す部分。

コ．コンピュータ本体にあって，CPU からデータを直接読み書きできる記憶装置。

1		2		3		4		5	

【3】　次の説明文に最も適した答えをア，イ，ウの中から選び，記号で答えなさい。

1．2進数の10100を10進数で表したもの。

　　　ア．18　　　　　　　　　　　　イ．19　　　　　　　　　　　　ウ．20

2．1,000,000,000,000,000分の1秒を表す時間の単位。

　　　ア．ns　　　　　　　　　　　　イ．fs　　　　　　　　　　　　ウ．ps

3．コンピュータシステムやネットワークに接続する人が，本人であることを確認する作業。

　　　ア．認証　　　　　　　　　　　イ．アクセス権　　　　　　　　ウ．フィルタリング

4．電子メールを複数の人へ一度に送信する方法で，指定したメールアドレスは他の受信者に通知されない。

　　　ア．To　　　　　　　　　　　　イ．Cc　　　　　　　　　　　　ウ．Bcc

5．利用者のコンピュータにあるプログラムやデータを，ネットワーク上のコンピュータに転送して保存すること。

　　　ア．アップロード　　　　　　　イ．ダウンロード　　　　　　　ウ．アップデート

1		2		3		4		5	

【4】　次の各問いに答えなさい。

問1．「＜」や「＞」など，大小を比較するときに使用する演算子として適切なものを選び，記号で答えなさい。

　　ア．再計算

　　イ．比較演算子

　　ウ．算術演算子

問2．次の表は海産物の名前の文字数を数えた表である。B3に設定されている式として適切なものを選び，記号で答えなさい。

	A	B
1		
2	名前	文字数
3	エゾバフンウニ	7
4	キタムラサキウニ	8
5	クロガシラカレイ	8
6	ベニズワイガニ	7
7	ホッコクアカエビ	8
8	ミツイシコンブ	7

　　ア．=COUNTA(A3)

　　イ．=COUNT(A3)

　　ウ．=LEN(A3)

問3．次の表のA1～H10のような範囲を，A1をクリックした後ドラッグせずにH10を1回のクリック操作で範囲指定する場合に使用するキーとして適切なものを選び，記号で答えなさい。

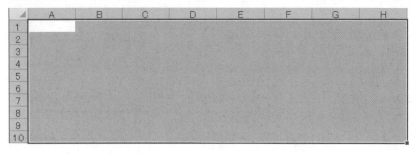

　　ア．Altキー　　　　　　　　　　**イ**．Ctrlキー　　　　　　　　　　**ウ**．Shiftキー

問4．6行目と7行目の間に1行分の空白行を挿入したい。これを実行するための指定方法として適切なものを選び，記号で答えなさい。

ア.　　　　　**イ**.　　　　　**ウ**.

　　（7行目を選択）　　　　　　（6行目と7行目を選択）　　　　　（6行目を選択）

問5．セルの内容を変更するときの作業として**適切でないもの**を答えなさい。

　　ア．セルをダブルクリックする。

　　イ．セルをクリックし，F2キーを押す。

　　ウ．セルをポイントする。

問1		問2		問3		問4		問5	

【5】　次の各問いに答えなさい。

問1．次の表のC2には，次の式が設定されている。C2に表示される値を答えなさい。

=ROUNDDOWN(A2/B2,1)

	A	B	C
1			
2	2	3	※

(注)　※印は，値の表記を省略している。

問2．次の表とグラフは，東北6県の自動車保有台数を示したものである。次の(1)，(2)に答えなさい。

	A	B	C	D	E
1					
2		自動車保有台数(東北6県)			
3					
4	県名	普通乗用車	小型乗用車	軽四輪	合計
5	青森	7,680	319,691	31,817	359,188
6	岩手	6,498	329,491	34,160	370,149
7	宮城	19,820	583,920	45,118	648,858
8	秋田	5,641	292,643	25,411	323,695
9	山形	6,026	315,481	36,297	357,804
10	福島	16,807	561,303	45,187	623,297
11	合計	62,472	2,402,529	217,990	

(1)　右のレーダーチャートは普通乗用車と軽四輪のデータをグラフ化したものである。このグラフを作成する際に設定する範囲として適切なものを選び，記号で答えなさい。

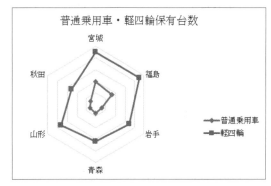

普通乗用車・軽四輪保有台数

　ア．A4：B10，D4：D10

　イ．A4：B11，D4：D11

　ウ．B4：B10，E4：E10

(2)　グラフを作成する前に表のデータを並べ替えた。順序として適切なものを選び，記号で答えなさい。

　ア．合計を降順　　　　　　　イ．合計を昇順　　　　　　　ウ．軽四輪を降順

問1		問2	(1)		(2)	

【6】　流れ図にしたがって処理するとき，次の各問いに答えなさい。

＜流れ図＞

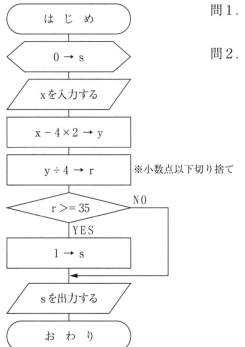

問1．xの値が161のとき，出力されるsの値を答えなさい。

問2．xの値が144のとき，出力されるsの値を答えなさい。

問1		問2	

【7】　次の表は，各県の総面積，林野面積，湖沼面積の資料にもとづき，作成条件にしたがって作成されたものである。各問いに答えなさい。

資料

総面積

単位：km²

県名	面積
A県	6,859.9
B県	6,093.3
C県	6,408.2
D県	6,056.1
E県	6,626.2
F県	6,108.8
G県	6,904.7
H県	6,683.2

林野面積

単位：km²

県名	面積
A県	4,181.9
B県	1,958.5
C県	3,510.2
D県	4,103.5
E県	5,252.8
F県	4,406.4
G県	4,736.5
H県	5,905.5

湖沼面積

単位：km²

県名	面積
A県	17.2
B県	221.3
C県	11.7
D県	2.2
E県	80.3
F県	0.0
G県	0.0
H県	0.0

	A	B	C	D	E	F	G
1							
2		可住地面積比較表					
3					単位：km²		
4	県名	総面積	林野面積	湖沼面積	可住地面積	可住地率	判定
5	A県	6,859.9	4,181.9	17.2	2,660.8	38.8%	○
6	B県	6,093.3	1,958.5	⑤	3,913.5	64.2%	◎
7	C県	6,408.2	3,510.2	11.7	2,886.3	45.0%	◎
8	D県	6,056.1	4,103.5	2.2	1,950.4	32.2%	○
9	E県	①	5,252.8	80.3	1,293.1	19.5%	
10	F県	6,108.8	4,406.4	0.0	1,702.4	27.9%	
11	G県	6,904.7	③	0.0	2,168.2	31.4%	○
12	H県	6,683.2	5,905.5	0.0	777.7	11.6%	
13	最大	②	5,905.5	221.3	3,913.5		
14	最小	6,056.1	④	0.0	777.7		
15	合計	51,740.4	34,055.3	332.7	17,352.4		
16	平均	6,467.6	4,256.9	41.6	2,169.1		

作成条件

1．資料を参考にして，B5 ～ D12 に面積を入力する。

2．「可住地面積」は，次の式で求める。ただし，小数第1位まで表示する。

　　　「総面積　－　（林野面積　＋　湖沼面積）」

3．「可住地率」は，次の式で求める。ただし，小数第3位未満を四捨五入し，％で小数第1位まで表示する。

　　　「可住地面積　÷　総面積」

4．「判定」は，「可住地率」が40％（0.4）を超える場合，◎ を，40％（0.4）以下で30％（0.3）を超える場合，○ を表示し，それ以外の場合，何も表示しない。

5．「最大」は，各列の最大値を求める。

6．「最小」は，各列の最小値を求める。

7．「合計」は，各列の合計を求める。

8．「平均」は，各列の平均を求める。ただし，小数第1位まで表示する。

問1．表の①～⑤に表示されるデータを答えなさい。

問2．E5 に設定する式として適切なものを選び，記号で答えなさい。

　　　ア．=B5-(C5+D5)

　　　イ．=B5-(C5-D5)

　　　ウ．=B5+(C5-D5)

問3．F5 に設定する式として適切なものを選び，記号で答えなさい。ただし，この式を F12 までコピーするものとする。

　　　ア．=ROUND(E5/B5,1)

　　　イ．=ROUND(E5/B5,3)

　　　ウ．=ROUNDUP(E5/B5,3)

問4．G5 に設定する式として適切なものを選び，記号で答えなさい。

　　　ア．=IF(F5>0.3,IF(F5>0.4,"○","◎"),"")

　　　イ．=IF(F5>0.4,IF(F5>0.3,"◎","○"),"")

　　　ウ．=IF(F5>0.4,"◎",IF(F5>0.3,"○",""))

問5．B16 に設定する式として適切なものを選び，記号で答えなさい。

　　　ア．=AVERAGE(B5:B15)

　　　イ．=AVERAGE(B5:B12)

　　　ウ．=SUM(B5:B14)

問1	①	②	③	④	⑤
問2		問3		問4		問5	

主催　公益財団法人　全国商業高等学校協会
情報処理検定模擬試験問題　第３級

次の資料は，あるオフィスビルで営業している中華食堂のご飯類の曜日別売上数と価格および原価率を示したものである。資料と作成条件にしたがって「シート１」を作成しなさい。

資料

曜日別売上数

メニュー	月	火	水	木	金
チャーハン	89	75	83	80	98
天津飯	53	44	48	48	67
麻婆豆腐定食	71	68	56	64	78
エビチリ定食	81	72	85	88	90
酢豚定食	40	34	26	31	41

価格・原価率

メニュー	価格(円)	原価率
チャーハン	650	45％
天津飯	750	50％
麻婆豆腐定食	950	55％
エビチリ定食	1,100	55％
酢豚定食	1,250	60％

作成条件

ワークシートは，提供されたものを使用する。

1．表およびグラフの体裁は，右ページを参考にして設定する。

> 設　定　す　る　書　式　：　罫線
> 設定する数値の表示形式　：　　3桁ごとのコンマ，日付，％，小数の表示桁数

2．表の※印の部分は，式や関数を利用して求める。また，※※の部分は，資料より必要な値を入力する。

3．グラフの※印の部分は，表に入力された値をもとに表示する。

4．H1 は，本日の日付を表示する。

5．「1．売上数一覧表」は，次のように作成する。

(1)　「日計」は，各列の合計を求める。

(2)　「最大」は，各列の最大値を求める。

(3)　「最小」は，各列の最小値を求める。

(4)　「備考」は，「日計」が 300 未満の場合，△ を表示し，それ以外の場合，何も表示しない。

(5)　「週計」は，「月」から「金」の合計を求める。

6．積み上げ横棒グラフは，「1．売上数一覧表」から作成する。

(1)　数値軸の目盛は，最小値(0)，最大値(400)，および間隔(100)を設定する。

(2)　軸ラベルの方向を設定する。

(3)　凡例の位置を設定する。

(4)　データラベルを設定する。

7．「2．売上利益計算表」は，次のように作成する。

(1)　「売上金額」は，「価格」に「1．売上数一覧表」の「週計」を掛けて求める。

(2)　「売上原価」は，次の式で求める。ただし，小数点未満を切り捨て，整数部のみ表示する。

「売上金額　×　原価率」

(3)　「売上利益」は，「売上金額」から「売上原価」を引いて求める。

(4)　「順位」は，「売上利益」を基準として，降順に順位を求める。

(5)　「合計」は，各列の合計を求める。

8．円グラフは，「2．売上利益計算表」から作成する。

(1)　データラベルを設定し，割合を％で小数第1位まで表示する。

(2)　「順位」が1のグラフを切り離す。

作成日　202X/XX/XX

中華ご飯類週間売上報告書

1．売上数一覧表

メニュー	月	火	水	木	金	週計
チャーハン	89	75	83	80	98	425
天津飯	53	44	48	48	67	※
麻婆豆腐定食	71	68	56	64	78	※
エビチリ定食	81	※※	※※	※※	※※	※
酢豚定食	40	※※	※※	※※	※※	※
日計	334	※	※	※	※	※
最大	89	※	※	※	※	
最小	40	※	※	※	※	
備考	※	※	※	※	※	

曜日別売上数

凡例：■チャーハン　■天津飯　■麻婆豆腐定食　■エビチリ定食　■酢豚定食

金：※　67　78　※　※
木：80　※　64　※　※
水：※　48　56　※　※
火：75　※　68　※　※
月：89　53　※　81　40

（横軸：売上数　0〜400、縦軸：曜日）

2．売上利益計算表　　　　　　　　　　　単位：円

メニュー	価格	原価率	売上金額	売上原価	売上利益	順位
チャーハン	650	45%	276,250	124,312	151,938	2
天津飯	750	50%	※	※	※	※
麻婆豆腐定食	※※	※※	※	※	※	※
エビチリ定食	※※	※※	※	※	※	※
酢豚定食	※※	※※	※	※	※	※
	合計		1,464,000	※	※	

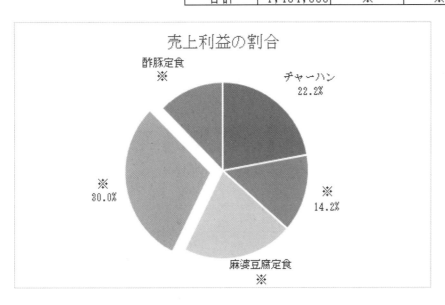

売上利益の割合

酢豚定食　※
チャーハン　22.2%
※　14.2%
※　30.0%
麻婆豆腐定食　※

主催　公益財団法人　全国商業高等学校協会
情報処理検定模擬試験問題　第3級

　　　　　　　　　　　　　　　　　　　　　　　制限時間 20 分

【1】　次の説明文に最も適した答えを解答群から選び，記号で答えなさい。

1．プログラムを解読してデータの演算処理を行うとともに，各装置を制御するコンピュータの中心部分。

2．写真や絵，印刷物などを光学的に読み取り，デジタルデータとして入力する装置。

3．キーボードやマウスなどの周辺装置や携帯情報端末などの接続に広く利用されている無線通信技術。電波を使い，機器間に障害物があっても通信できる。

4．ブラウザの要求に応じて，他のコンピュータに Web ページの情報を送信するコンピュータ。

5．ハードウェアとアプリケーションソフトウェアの間で動作し，それぞれを管理し制御するソフトウェア。

解答群
ア．集積回路	イ．Web サーバ	ウ．POS システム
エ．JAN コード	オ．イメージスキャナ	カ．ファイルサーバ
キ．HDMI	ク．CPU	ケ．Bluetooth
コ．オペレーティングシステム		

1		2		3		4		5	

【2】　次のA群の語句に最も関係の深い説明文をB群から選び，記号で答えなさい。

＜A群＞
1．ビット　　　　2．ハードディスク　　　　3．ブルーレイディスク
4．ネット詐欺　　5．スパムメール

＜B群＞

ア．2進数の8桁で表される情報の基本単位。

イ．一方的に不特定多数の人へ大量に送られる，商品の広告や勧誘などを内容とした電子メール。

ウ．赤色のレーザ光線で光ディスクにデータを読み書きする記憶媒体。片面一層式で約 4.7GB まで記録することができる。

エ．電源を切ってもデータが消えない不揮発性の半導体を用いて読み書きする補助記憶装置。

オ．青紫色のレーザ光線で光ディスクにデータを読み書きする記憶媒体。高画質の映像を記録できる。

カ．コンピュータで情報を扱うときの最小単位。2進数の1桁で表される。

キ．他人のユーザ ID やパスワードを不正に用いてコンピュータシステムに侵入し，本人であるかのように振る舞うこと。

ク．受信者に受信内容を他の人へ送信するように促す電子メール。

ケ．複数の金属の円盤によって構成され，磁気を利用してデータを読み書きする記憶媒体。

コ．インターネット上で，人をだまして金銭などを得ようとする犯罪行為。

1		2		3		4		5	

【3】　次の説明文に最も適した答えをア，イ，ウの中から選び，記号で答えなさい。

1．10進数の28を2進数で表したもの。

　　　ア．10110　　　　　　　　イ．11100　　　　　　　　ウ．11110

2．記憶容量の単位で，約千兆バイトを表したもの。

　　　ア．1 TB　　　　　　　　イ．1 GB　　　　　　　　ウ．1 PB

3．インターネット上に用意されたデータの保存場所。データを複数の利用者で共有することができる。

　　　ア．SSD　　　　　　　　イ．オンラインストレージ　　　ウ．フラッシュメモリ

4．コンピュータにソフトウェアを保存して使用可能な状態にすること。セットアップともいわれる。

　　　ア．アップデート　　　　イ．アンインストール　　　ウ．インストール

5．利用者に気づかれないようにコンピュータに侵入し，利用者に関する情報を収集して外部へ送信するマルウェア。

　　　ア．ワーム　　　　　　　イ．スパイウェア　　　　　ウ．トロイの木馬

1		2		3		4		5	

【4】 次の各問いに答えなさい。

問1．次の表の A2 には「商品名」と入力されている。これをセル内で中央揃えにしたい。指定するボタンとして適切なものを選び，記号で答えなさい。

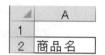

ア．≡   イ．≡   ウ．≡

問2．下図のように，表計算ソフトで入力した文字列をマウスでクリックすると，関連づけられたリンク先へジャンプできる。この機能の名称として適切なものを選び，記号で答えなさい。

温泉のページへ

ア．ハイパーリンク
イ．アイコン
ウ．スクロール

問3．絶対参照を指定するときに使用するキーとして適切なものを選び，記号で答えなさい。

ア．F2 キー   イ．F3 キー   ウ．F4 キー

問4．次の表は，ある企業の経費集計表である。D4 に「=C4-B4」と入力した式を，D8 までコピーした。D8 に設定されている式として適切なものを選び，記号で答えなさい。

	A	B	C	D
1				
2	経費集計表			
3	費目	6月	7月	前月との差
4	通信費	25,903	19,341	-6,562
5	光熱費	32,893	36,512	3,619
6	交通費	18,473	19,320	847
7	福利厚生費	10,000	10,000	0
8	雑費	893	958	65

ア．=C8-B4
イ．=B8-B4
ウ．=C8-B8

問5．次の表の「備考」には「平均点」が 95 点以上ならば ○ を表示，そうでなくても C 列の「情報処理」が 100 点ならば ○ を表示，それ以外の場合は何も表示しない。E4 に設定する式として適切なものを選び，記号で答えなさい。

	A	B	C	D	E
1					
2		商業科目成績表			
3	生徒番号	簿記	情報処理	平均点	備考
4	1a01	89	90	89.5	
5	1a02	46	52	49	
6	1a03	75	100	87.5	○
7	1a04	100	90	95	○
8	1a05	95	96	95.5	○

ア．=IF(D4>95,"○",IF(C4=100,"○",""))
イ．=IF(D4>=95,"○",IF(C4=100,"○",""))
ウ．=IF(D4<=95,"○",IF(C4=100,"○",""))

問1		問2		問3		問4		問5	

第9回模擬

【5】　次の各問いに答えなさい。

問1．次の表のD2には，次の式が設定されている。D2
　　　に表示される値を答えなさい。

　　　　　=A2+B2*C2

◢	A	B	C	D
1				
2	8	7	2	※

（注）　※印は，値の表記を省略している。

問2．次の表とグラフはB級グルメ店の販
　　　売数を示したものである。次の(1), (2)に
　　　答えなさい。

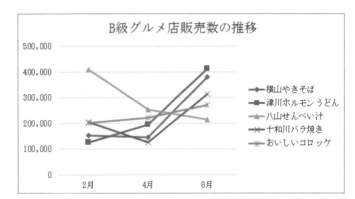

	A	B	C	D	E	F	G
1							
2		B級グルメ店販売数の推移					
3							
4	商品名	1月	2月	3月	4月	5月	6月
5	横山やきそば	232,500	153,600	162,350	144,540	258,300	379,260
6	津川ホルモンうどん	202,340	125,602	215,360	194,511	236,580	412,030
7	八山せんべい汁	420,021	410,250	384,580	254,541	223,912	215,423
8	十和川バラ焼き	214,200	205,690	245,420	124,941	292,150	312,500
9	おいしいコロッケ	115,520	201,225	241,225	221,914	212,560	272,515

（1）　作成されたグラフのデータ範囲として
　　　適切なものを選び，記号で答えなさい。

　　　ア．A4：G8

　　　イ．A4：A9，C4：C9，G4：G9

　　　ウ．A4：A9，C4：C9，E4：E9，
　　　　　　G4：G9

（2）　表とグラフから読み取れる内容として
　　　正しいものを選び，記号で答えなさい。

　　　ア．津川ホルモンうどんは毎月販売数が一番多い。

　　　イ．八山せんべい汁は寒い1・2月が多く売れ，暖かくなる3月以降は販売数が減少する。

　　　ウ．6月はすべての商品で4月より販売数が上回った。

問1		問2	(1)		(2)	

【6】　流れ図にしたがって処理するとき，次の各問いに答えなさい。

＜流れ図＞

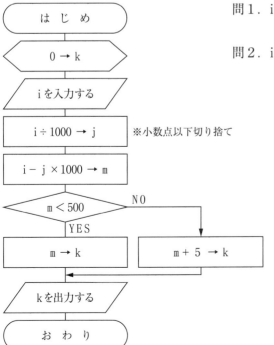

問1．iの値が15559のとき，出力されるkの値を答えなさい。

問2．iの値が12476のとき，出力されるkの値を答えなさい。

問1		問2	

【7】　次の表は，あるアウトレットショップにおける１月の営業利益を集計した資料にもとづき，作成条件にしたがって作成されたものである。各問いに答えなさい。

資料

売り場面積	
	単位：㎡
店名	面積
ＬＬバーン	120
ビーグル	155
エデバウワー	106
タンバーランド	320
アディドス	190

売上高	
	単位：千円
店名	売上高
ＬＬバーン	42,200
ビーグル	37,450
エデバウワー	31,000
タンバーランド	78,200
アディドス	36,800

総費用	
	単位：千円
店名	総費用
ＬＬバーン	2,315
ビーグル	2,472
エデバウワー	2,269
タンバーランド	4,249
アディドス	2,831

	A	B	C	D	E	F	G
1							
2		アウトレットショップ営業報告書					
3						単位：千円	
4	店名	面積（㎡）	売上高	総費用	営業利益	１㎡あたりの売上高	備考
5	ＬＬバーン	120	②	2,315	39,885	351.6	○
6	ビーグル	①	37,450	2,472	34,978	241.6	○
7	エデバウワー	106	31,000	2,269	⑤	292.4	
8	タンバーランド	320	78,200	④	73,951	244.3	○
9	アディドス	190	36,800	2,831	33,969	193.6	
10		合計	225,650	14,136	211,514		
11		平均	45,130.0	2,827.2	42,302.8		
12		最大	78,200	4,249	73,951		
13		最小	③	2,269	28,731		
14		店舗数	5				

作成条件
1．資料を参考にして，B5 〜 D9 にデータを入力する。
2．「営業利益」は，次の式で求める。
　　　「売上高　−　総費用」
3．「1 m² あたりの売上高」は，次の式で求める。ただし，小数第1位未満を切り捨て，小数第1位まで表示する。
　　　「売上高　÷　面積(m²)」
4．「備考」は，「1 m² あたりの売上高」が 200 以上で，「営業利益」が 30000 を超える場合，○ を表示し，それ以外の場合，何も表示しない。
5．「合計」は，各列の合計を求める。
6．「平均」は，各列の平均を求める。ただし，小数第1位未満を四捨五入し，小数第1位まで表示する。
7．「最大」は，各列の最大値を求める。
8．「最小」は，各列の最小値を求める。
9．「店舗数」は，A5 〜 A9 の店名が入力されているセルの数を求める。

問1．表の①〜⑤に表示される数値を答えなさい。

問2．G5 に設定する式として適切なものを選び，記号で答えなさい。

　　　ア．=IF(F5>200,IF(E5>=30000,"○",""),"")
　　　イ．=IF(F5>=200,IF(E5>30000,"○",""),"")
　　　ウ．=IF(F5>=200,IF(E5>30000,"○",""),"○")

問3．C11 に設定する式として適切なものを選び，記号で答えなさい。ただし，この式を E11 までコピーするものとする。

　　　ア．=ROUNDDOWN(AVERAGE(C5:C9),0)
　　　イ．=ROUND(AVERAGE(C5:C9),1)
　　　ウ．=ROUND(AVERAGE(C5:C10),1)

問4．C13 に設定する式として適切なものを選び，記号で答えなさい。

　　　ア．=MAX(C5:C9)
　　　イ．=MIN(C5:E9)
　　　ウ．=MIN(C5:C9)

問5．C14 に設定する式として適切なものを選び，記号で答えなさい。

　　　ア．=COUNT(A5:A9)
　　　イ．=COUNTA(A4:A9)
　　　ウ．=COUNTA(A5:A9)

問1	①		②		③		④		⑤	
問2		問3		問4		問5				

主催　公益財団法人　全国商業高等学校協会
情報処理検定模擬試験問題　第3級

第9回　実技　　**DATA**　第9回模擬_提供データ　　　　　　　　　　制限時間20分

次の資料は，世界と日本の人口の調査結果である。資料と作成条件にしたがってシート名「シート1」を作成しなさい。

資料

世界の人口　　　　　　　　　　単位：100万人

	2010年	2030年	2050年
アジア	4,164	4,868	5,142
北アメリカ	542	642	710
南アメリカ	393	461	488
ヨーロッパ	738	741	719
アフリカ	1,022	1,562	2,192
オセアニア	37	47	55

日本の人口　　　　　　　　　　単位：千人

	2010年	2030年	2050年
0〜14歳	16,803	12,039	9,387
15〜59歳	70,995	59,498	43,924
60〜64歳	10,037	8,231	6,089
65〜74歳	15,173	14,066	13,829
75歳以上	14,072	22,784	23,846

作成条件

ワークシートは，提供されたものを使用する。
1. 表およびグラフの体裁は，右ページを参考にして設定する。

　　[設　定　す　る　書　式　：　　罫線の種類]
　　[設定する数値の表示形式　：　　3桁ごとのコンマ，％，小数の表示桁数]

2. 表の※印の部分は，式や関数を利用して求める。また，※※印の部分は，資料より必要な値を入力する。
3. グラフの※印の部分は，表に入力された値をもとに表示する。
4. 「1．世界の人口」は，次のように作成する。
　(1) 「合計」は，各列の合計を求める。
　(2) 「増加数」は，次の式で求める。
　　　「合計　－　2010年の合計」
　(3) 「増加率」は，次の式で求める。ただし，小数第3位未満を切り捨て，％で小数第1位まで表示する。
　　　「2050年　÷　2010年　－　1」
　(4) 「備考」は，「増加率」が0％未満の場合，▲　を，100％以下の場合，○　を表示し，それ以外の場合，◎　を表示する。
　(5) 「順位」は，「増加率」を基準として，降順に順位を求める。
5. 円グラフは，「1．世界の人口」から作成する。
　(1) データラベルを設定し，割合を％で小数第1位まで表示する。
　(2) 「アジア」を切り離す。
6. 「2．日本の人口」は，次のように作成する。
　(1) 「生産年齢人口」は，次の式で求める。
　　　「15〜59歳　＋　60〜64歳」
　(2) 「老年人口」は，次の式で求める。
　　　「65〜74歳　＋　75歳以上」
　(3) 「合計」は，次の式で求める。
　　　「0〜14歳　＋　生産年齢人口　＋　老年人口」
　(4) 「増加数」は，次の式で求める。
　　　「合計　－　2010年の合計」
　(5) 「割合」は，次の式で求める。ただし，％で小数第1位まで表示する。
　　　「2050年　÷　2050年の合計」
7. 100％積み上げ縦棒グラフは，「2．日本の人口」から作成する。
　(1) 数値軸の目盛は，最小値（0％），最大値（100％），および間隔（25％）を設定する。
　(2) 軸ラベルの方向を設定する。
　(3) 凡例の位置を設定する。
　(4) データラベルを設定する。

世界と日本の人口の推移

1．世界の人口

単位：100万人

	地域	2010年	2030年	2050年	増加率	備考	順位
世界	アジア	4,164	4,868	5,142	23.4%	○	5
	北アメリカ	542	642	710	※	※	※
	南アメリカ	393	461	488	※	※	※
	ヨーロッパ	※※	※※	※※	※	※	※
	アフリカ	※※	※※	※※	※	※	※
	オセアニア	※※	※※	※※	※	※	※
	合計	※	※	※	※		
	増加数	－	※	※			

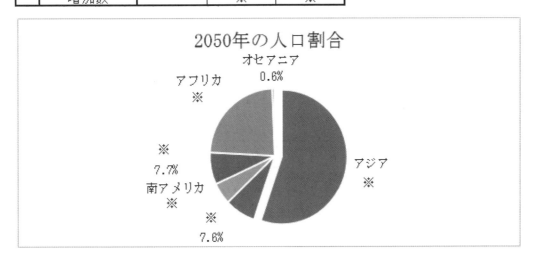

2050年の人口割合

2．日本の人口

単位：千人

	年齢	2010年	2030年	2050年	割合
日本	0〜14歳	16,803	12,039	※※	※
	15〜59歳	70,995	59,498	※※	※
	60〜64歳	10,037	8,231	※※	※
	生産年齢人口	81,032	67,729	※	※
	65〜74歳	15,173	14,066	※※	14.2%
	75歳以上	14,072	22,784	※※	※
	老年人口	※	※	※	※
	合計	※	※	※	※
	増加数	－	※	※	

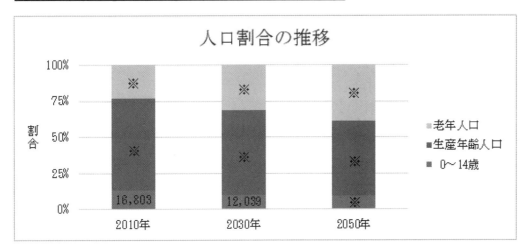

人口割合の推移

（シート1）

主催　公益財団法人　全国商業高等学校協会
情報処理検定模擬試験問題　第3級

第10回　筆記　　　　　　　　　　　　　　　　　　　　　　　　　　　　制限時間 20 分

【1】　次の説明文に最も適した答えを解答群から選び，記号で答えなさい。

1．情報を記録した IC タグと読み取り機を利用して，電波などの無線通信により，離れた場所のデータを読み取ることができる技術。

2．ネットワーク上にあるコンピュータやファイル，情報機器を利用するための権限のこと。

3．情報端末以外の電子機器や機械類をインターネットに接続して，データのやり取りができるしくみ。

4．インターネットにおいて，HTML 文書や画像などのファイルの保存場所を示すアドレス。

5．データの処理結果を表示したり，印字したりする装置。

解答群

ア．フォルダ	**イ**．出力装置	**ウ**．Bluetooth
エ．ドメイン名	**オ**．アクセス権	**カ**．入力装置
キ．RFID	**ク**．URL	**ケ**．ユーザ ID
コ．IoT		

1		2		3		4		5	

【2】　次のA群の語句に最も関係の深い説明文をB群から選び，記号で答えなさい。

＜A群＞　1．RAM　　　　2．ワクチンプログラム　　　3．アップデート
　　　　　4．Cc　　　　　5．アイコン

＜B群＞
ア．コンピュータにソフトウェアを保存して使用可能な状態にすること。

イ．コンピュータを直感的に操作するための画面上の小さな絵文字。

ウ．データやプログラムなどの読み出しのみが可能な不揮発性のメモリ。

エ．データやプログラムなどの読み出し，書き込みが可能な揮発性のメモリ。

オ．電子メールを複数の相手に同時に送信する際のメーラの機能の一つで，指定したメールアドレスは他の受信者にも通知される。

カ．プログラムに組み込まれてコンピュータシステムに侵入して不正な処理を行い，自分の複製を作って増殖するマルウェア。

キ．電子メールを複数の相手に同時に送信する際のメーラの機能の一つで，指定したメールアドレスは他の受信者に通知されない。

ク．画面上で入力位置や操作位置を示すしるし。

ケ．ソフトウェアを最新の状態に更新すること。

コ．コンピュータウイルスを検出し，除去したり，感染したファイルを削除したりするソフトウェア。

1		2		3		4		5	

【3】　次の説明文に最も適した答えをア，イ，ウの中から選び，記号で答えなさい。

1．2進数の10001を10進数で表したもの。

　　　　ア．15　　　　　　　　　　　イ．17　　　　　　　　　　ウ．19

2．1,000,000分の1秒を表す時間の単位。

　　　　ア．μs　　　　　　　　　　イ．ns　　　　　　　　　　ウ．ps

3．インターネットに常時接続され，電子メールの送信や受信などの管理を行うコンピュータ。

　　　　ア．ファイルサーバ　　　　　イ．メールサーバ　　　　ウ．Web サーバ

4．販売店のレジで商品のバーコードを読み取ることで，売上情報を収集し記録するしくみ。

　　　　ア．オペレーティングシステム　　イ．EOS　　　　　　　ウ．POS システム

5．大容量の半導体メモリを用いた補助記憶装置。

　　　　ア．ハードディスク　　　　　イ．SSD　　　　　　　　ウ．ブルーレイディスク

1		2		3		4		5	

【4】　次の各問いに答えなさい。

問1．次の表の「支店別売上高」は，複数のセルを一つにして見やすくしてある。この機能の名称として適切なものを選び，記号で答えなさい。

	A	B	C
1			
2		支店別売上高	
3	A支店	B支店	C支店
4	¥23,540	¥35,690	¥29,630

　　ア．列幅の変更　　イ．行高の変更　　ウ．セル結合

問2．次の表は，外国為替レート表である。C4～D5に通貨記号¥を表示したい。指定するボタンとして適切なものを選び，記号で答えなさい。

	A	B	C	D
1				
2	外国為替レート表			単位：円
3	通貨	通貨単位	売り	買い
4	アメリカドル	USD	117.10	117.08
5	ユーロ	EUR	138.07	138.03

　　ア．🖼　　イ．’　　ウ．%

問3．次の表は，あるクラスの成績一覧表である。表のように太枠罫線を引く。A3～E8を選択し，指定する罫線のボタンとして適切なものを選び，記号で答えなさい。

	A	B	C	D	E
1					
2	成績一覧表				
3	生徒番号	国語	数学	英語	平均
4	1a01	89	90	90	89.7
5	1a02	46	52	51	49.7
6	1a03	75	100	36	70.3
7	1a04	100	90	58	82.7
8	1a05	95	96	50	80.3

　　ア．⊞　　イ．⊡　　ウ．▣

問4．次の表は，全国の温泉統計である。「平均」は，長野～和歌山までの平均を求める。B14に設定する式として適切なものを選び，記号で答えなさい。ただし，小数第2位未満を四捨五入して，小数第2位まで表示する。

	A	B	C
1			
2	全国温泉統計		
3	県名	自噴ゆう出量	動力ゆう出量
4	長野	55,134	78,653
5	大分	136,514	133,969
6	鹿児島	55,388	145,753
7	北海道	125,128	150,216
8	福島	28,050	57,974
9	群馬	30,154	58,369
10	愛媛	14,210	25,693
11	和歌山	10,639	32,654
12	その他	357,806	1,173,216
13	全国	813,023	1,856,497
14	平均	56,902.13	85,410.13

　　ア．=ROUND(AVERAGE(B4:B11),2)
　　イ．=ROUND(AVERAGE(B4:B11),1)
　　ウ．=ROUND(AVERAGE(B4:B12),2)

問5．次の表は，事務用家具の今月の売上を集計した表である。「備考」は「売上数」の降順で1位～3位の場合，○を表示し，それ以外の場合，何も表示しない。F4に設定する式として適切なものを選び，記号で答えなさい。

	A	B	C	D	E	F
1						
2	事務用家具売上月計表					
3	顧客名	商品名	単価	売上数	売上高	備考
4	渋谷製作所	応接セット	158,000	21	3,318,000	
5	上野不動産	応接セット	158,000	11	1,738,000	
6	大塚機械	応接セット	158,000	6	948,000	
7	秋葉原物産	書庫	54,800	15	822,000	
8	上野不動産	応接セット	158,000	5	790,000	
9	五反田商事	ロッカー	22,400	35	784,000	○
10	秋葉原物産	ロッカー	22,400	32	716,800	○
11	上野不動産	書庫	54,800	13	712,400	
12	五反田商事	ロッカー	22,400	31	694,400	○
13	上野不動産	書庫	54,800	11	602,800	
14	秋葉原物産	応接セット	158,000	3	474,000	
15	五反田商事	ロッカー	22,400	18	403,200	

　　ア．=IF(RANK(D4,$D$4:$D$15,0)>=3,"○","")
　　イ．=IF(RANK(D4,$D$4:$D$15,0)<=3,"○","")
　　ウ．=IF(RANK(D4,$D$4:$D$15,0)>3,"○","")

問1		問2		問3		問4		問5	

第10回模擬

【5】　次の各問いに答えなさい。

問1．次の表の F4 には，次の式が設定されている。F4 に表示される値を答えなさい。

=$F$7*E4/$E$7

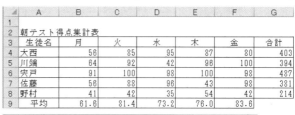

	A	B	C	D	E	F
1						
2	等級別総合原価計算表					
3	等級別製品	重量(kg)	等価係数	完成品数量(個)	積数	等級別製造原価
4	1級製品	6	3	40	120	※
5	2級製品	4	2	50	100	※
6	3級製品	2	1	80	80	※
7					300	30,000

(注)　※印は，値の表記を省略している。

問2．次の表とグラフは，ある学校の朝テストの得点を集計したものである。次の(1),(2)に答えなさい。

(1)　作成されたグラフのデータ範囲として適切なものを選び，記号で答えなさい。

　　ア．A3：G8　　**イ**．A3：F8　　**ウ**．A3：F9

(2)　表とグラフから読み取った内容として**誤っているもの**を選び，記号で答えなさい。

　　ア．合計得点の1位は，宍戸である。

　　イ．全員，1週間の中で月曜日の成績が一番悪い。

　　ウ．合計得点の3位は，川端である。

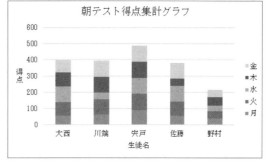

	A	B	C	D	E	F	G
1							
2	朝テスト得点集計表						
3	生徒名	月	火	水	木	金	合計
4	大西	56	85	95	87	80	403
5	川端	64	92	42	96	100	394
6	宍戸	91	100	98	100	98	487
7	佐藤	56	88	96	43	98	381
8	野村	41	42	35	54	42	214
9	平均	61.6	81.4	73.2	76.0	83.6	

朝テスト得点集計グラフ

問1		問2	(1)		(2)	

【6】　流れ図にしたがって処理するとき，次の各問いに答えなさい。

＜流れ図＞

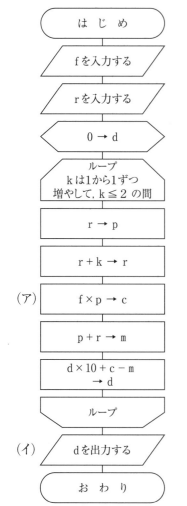

問1．fの値が5，rの値が3のとき，(ア)の処理を1回目に実行したあとのcの値を答えなさい。

問2．fの値が5，rの値が3のとき，(イ)で出力されるdの値を答えなさい。

問1		問2	

【7】 次の表は，夏季オリンピックにおける日本のメダル獲得状況資料にもとづき，作成条件にしたがって作成されたものである。各問いに答えなさい。

資料

オリンピックメダル獲得状況

開催地	メキシコシティー	ミュンヘン	モントリオール	ロサンゼルス	ソウル	バルセロナ
金	11	13	9	10	4	3
銀	7	8	6	8	3	8
銅	7	8	10	14	7	11

開催地	アトランタ	シドニー	アテネ	北京	ロンドン	リオデジャネイロ
金	3	5	16	9	7	12
銀	6	8	9	6	14	8
銅	5	5	12	10	17	21

	A	B	C	D	E	F	G	H
1								
2		オリンピックでの日本の成績						
3								
4			獲得メダル数					
5	年度	開催地	金	銀	銅	メダル計	対前回比（％）	備考
6	1968年	メキシコシティー	①	7	7	25		
7	1972年	ミュンヘン	13	8	8	29	16.00	◎
8	1976年	モントリオール	9	6	10	25	-13.79	
9	1980年	モスクワ	-	-	-	-	-	-
10	1984年	ロサンゼルス	10	8	14	32	-	◎
11	1988年	ソウル	4	3	④	14	-56.25	
12	1992年	バルセロナ	3	8	11	⑤	57.14	
13	1996年	アトランタ	3	6	5	14	-36.36	
14	2000年	シドニー	5	8	5	18	28.57	◎
15	2004年	アテネ	16	③	12	37	105.56	◎
16	2008年	北京	9	6	10	25	-32.43	
17	2012年	ロンドン	7	14	17	38	52.00	◎
18	2016年	リオデジャネイロ	12	8	21	41	7.89	◎
19		平均	8.5	7.6	10.6	26.7		
20		最大	16	14	21	41		
21		最小	②	3	5	14		

作成条件

1．資料を参考にして，C6 ～ E18 にメダル数を入力する。
2．「メダル計」は，「金」，「銀」，「銅」の合計を求める。
3．「対前回比（％）」は，次の式で求める。ただし，小数第2位未満を四捨五入する。
　　　例：G7 ＝「(1972年のメダル計　÷　1968年のメダル計　－　1)　×　100」
4．「備考」は，「金」が5以上で，かつ「銀」が8以上の場合，◎ を表示し，それ以外の場合，何も表示しない。
5．「平均」は，各列の平均を求める。ただし，小数第1位未満を切り上げて，小数第1位まで表示する。
6．「最大」は，各列の最大値を求める。
7．「最小」は，各列の最小値を求める。

問1．表の①～⑤に表示される数値を答えなさい。

問2．G7 に設定する式として適切なものを選び，記号で答えなさい。

　　　　ア．=ROUND((F7/F6-1)*100,-2)
　　　　イ．=ROUND((F7/F6-1)*100,2)
　　　　ウ．=ROUND((F6/F7-1)*100,2)

問3．H6 に設定する式として適切なものを選び，記号で答えなさい。ただし，この式を H8 まで，および H10 ～ H18 までコピーするものとする。

　　　　ア．=IF(C6>=5,IF(D6>=8,"◎",""),"")
　　　　イ．=IF(C6>=5,IF(D6>=8,"◎",""),"◎")
　　　　ウ．=IF(C6>=5,IF(D6>=8,"","◎"),"")

問4．C19 に設定する式として適切なものを選び，記号で答えなさい。ただし，この式を E19 までコピーするものとする。

　　　　ア．=ROUND(AVERAGE(C6:C18),1)
　　　　イ．=ROUNDUP(AVERAGE(C6:C18),0)
　　　　ウ．=ROUNDUP(AVERAGE(C6:C18),1)

問5．C21 に設定する式として適切なものを選び，記号で答えなさい。ただし，この式を E21 までコピーするものとする。

　　　　ア．=MIN(C6:C18)
　　　　イ．=MIN(C6:E18)
　　　　ウ．=MAX(C6:C18)

第10回模擬

問1	①		②		③		④		⑤	
問2		問3		問4		問5				

主催　公益財団法人　全国商業高等学校協会
情報処理検定模擬試験問題　第３級

第10回　実技　　DATA　第10回模擬_提供データ　　　　　　　制限時間 20 分

次の資料は，あるクレープ店の１日の売上状況である。資料と作成条件にしたがってシート名「シート１」を作成しなさい。

資料

クレープ商品表

コード	商品名
BA330	バナナ
CH300	チョコ
CI400	チョコアイス
CU320	カスタード
IC360	アイス
ST330	イチゴ

クレープ売上数

コード	午前	午後
BA330	47	47
CH300	38	31
CI400	52	65
CU320	26	19
IC360	36	43
ST330	21	36

作成条件

ワークシートは，提供されたものを使用する。

1．表およびグラフの体裁は，右ページを参考にして設定する。

　　[設 定 す る 書 式 ： 　罫線の種類
　　 設定する数値の表示形式 ： 　３桁ごとのコンマ，％，小数の表示桁数]

2．表の※印の部分は，式や関数を利用して求める。また，※※印の部分は，資料より必要な値を入力する。

3．グラフの※印の部分は，表に入力された値をもとに表示する。

4．「１．売上数」は，次のように作成する。

　(1)　「計」は，「午前」と「午後」の合計を求める。

　(2)　「備考」は，「午前」が，「午後」より大きい場合，○ を表示し，それ以外の場合，何も表示しない。

　(3)　「合計」は，各列の合計を求める。

　(4)　「平均」は，各列の平均を求める。ただし，整数部のみ表示する。

　(5)　「最大」は，各列の最大値を求める。

5．積み上げ横棒グラフは，「１．売上数」から作成する。

　(1)　数値軸の目盛は，最小値(0)，最大値(120)，および間隔(40)を設定する。

　(2)　軸ラベルの方向を設定する。

　(3)　凡例の位置を設定する。

　(4)　データラベルを設定する。

6．「２．売上高」は，次のように作成する。

　(1)　「価格」は，「コード」の右端から３文字を抽出し，数値データに変換する。

　(2)　「売上高」は，「１．売上数」の「計」に「価格」を掛けて求める。

　(3)　「順位」は，「売上高」を基準として，降順に順位を求める。

　(4)　「商品数」は，「商品名」のデータの数を求める。

　(5)　「合計」は，「売上高」の合計を求める。

7．円グラフは，「２．売上高」から作成する。

　(1)　データラベルを設定し，割合を％で小数第１位まで表示する。

　(2)　「チョコアイス」を切り離す。

クレープ売上一覧表

1．売上数

商品		売上数			備考
コード	商品名	午前	午後	計	
BA330	バナナ	47	47	94	
CH300	チョコ	38	31	※	※
CI400	チョコアイス	52	65	※	※
CU320	カスタード	※※	※※	※	※
IC360	アイス	※※	※※	※	※
ST330	イチゴ	※※	※※	※	※
合計		※	※	※	
平均		※	40	※	
最大		※	※	※	

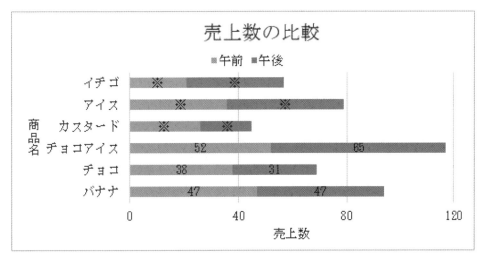

2．売上高

コード	商品名	価格	売上高	順位
BA330	バナナ	330	31,020	2
CH300	チョコ	※	※	※
CI400	チョコアイス	※	※	※
CU320	カスタード	※	※	※
IC360	アイス	※	※	※
ST330	イチゴ	※	※	※
商品数	※	合計	※	

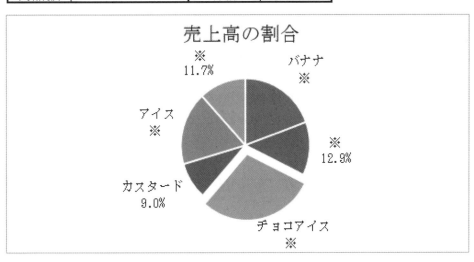

主催　公益財団法人　全国商業高等学校協会
情報処理検定模擬試験問題　第3級

第11回　筆記　　　　　　　　　　　　　　　　　　　　　　　　制限時間 20 分

【1】　次の説明文に最も適した答えを解答群から選び，記号で答えなさい。

1．複数の Web ページを関連付けて，特定の文字列や画像をクリックするとそのページに移動する機能。
2．データの書き込みや消去が自由にでき，電源を切っても記憶内容が消えない性質を持つ半導体を使った記録メディア。
3．コンピュータシステムを利用する際に，利用者本人の指紋や虹彩，静脈などの身体的特徴から本人確認を行うしくみ。
4．不特定多数の受信者に，一方的に送られてくる商品広告などの大量の電子メール。
5．画面上のボタンやアイコンを選択することで，利用者がコンピュータの操作を直感的に簡単に行えるようにしたしくみ。

解答群
ア．フラッシュメモリ　　　イ．スパムメール　　　ウ．EOS
エ．GUI　　　　　　　　　オ．ROM　　　　　　　カ．チェーンメール
キ．バイオメトリクス認証　ク．サーチエンジン　　ケ．ハイパーリンク
コ．アクセス権

1		2		3		4		5	

【2】　次のA群の語句に最も関係の深い説明文をB群から選び，記号で答えなさい。

＜A群＞　1．HDMI　　　2．OS　　　3．バッチ処理
　　　　　4．ワーム　　5．ドメイン名

＜B群＞
ア．Web ページを作成するための言語。
イ．URL や電子メールアドレスの組織・団体などの所属を表す部分。
ウ．無害なソフトウェアを装ってコンピュータに侵入し，特定の日時になると外部からの遠隔操作によって不正な処理を行うマルウェア。
エ．テレビなどのデジタル家電や AV 機器で使われる，映像や音声の入出力用のインタフェース規格。
オ．ハードウェアやアプリケーションソフトウェアを管理し，制御するソフトウェア。
カ．一つの受け口で，情報機器を最大 127 台まで接続可能なシリアルインタフェース規格。
キ．発生したデータをただちに処理する方式。
ク．侵入したコンピュータに自分の複製を大量に作成して，さまざまな不具合を起こすマルウェア。
ケ．インターネット上で，HTML 文書や画像などのファイルの保存場所を示すアドレス。
コ．発生したデータを一定期間ためておき，一括してまとめて処理する処理形態。

1		2		3		4		5	

【3】　次の説明文に最も適した答えをア，イ，ウの中から選び，記号で答えなさい。

1．10 進数の 24 を 2 進数で表したもの。

　　　　ア．10100　　　　　　　　**イ**．10110　　　　　　　　**ウ**．11000

2．記憶容量の単位で，約 1,000 バイトを表したもの。

　　　　ア．1 KB　　　　　　　　　**イ**．1 MB　　　　　　　　　**ウ**．1 TB

3．ネットワークやコンピュータシステムに他人のユーザ ID やパスワードを不正に用いて侵入し，その人の振りをして活動すること。

　　　　ア．スパイウェア　　　　　**イ**．なりすまし　　　　　　**ウ**．アクセス制限

4．ウイルス対策ソフトウェアが持っている，コンピュータウイルスの個々の特徴を記録したファイル。

　　　　ア．添付ファイル　　　　　**イ**．パターンファイル　　　**ウ**．フィルタリング

5．次の図のような，縦と横の二方向で情報を記録するコード。数字だけでなく，英字や漢字などの文字も記録することができる。

　　　　ア．バーコードリーダ　　　**イ**．JAN コード　　　　　　**ウ**．二次元バーコード

1		2		3		4		5	

【4】 次の各問いに答えなさい。

問1．次の表は，温泉の旅行代金の表である。「平日」と「休前日」の
旅行代金に3桁ごとのコンマを表示したい。指定するボタンとして
適切なものを選び，記号で答えなさい。

	A	B	C
1			
2	温泉の旅行代金		
3			
4		平日	休前日
5	酸ヶ湯温泉	33100	34100
6	乳頭温泉	35300	36800
7	玉川温泉	35100	36300
8	夏油温泉	26900	29300
9	蔵王温泉	29200	34900

ア. 　　イ. ，　　ウ. ％

問2．6行目と7行目の間に2行分の空白行を挿入したい。これを実行するための指定方法として適切なも
のを選び，記号で答えなさい。

ア. 　　イ. 　　ウ.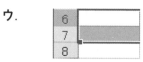

　（7行目と8行目を選択）　　　（6行目，7行目，8行目を選択）　　　（6行目と7行目を選択）

問3．次の表は，ある学校の体験学習のア
ンケートを集計したものである。E列
には，あらかじめ式が設定されており，
D4の値を変更すると自動的にE4の
値も変更された。この機能の名称とし
て適切なものを選び，記号で答えなさ
い。

	A	B	C	D	E
1					
2	体験学習アンケート結果				
3		ラフティング	パラグライダー	そば打ち	合計
4	おもしろかった	143	95	21	259
5	普通	42	92	98	232
6	つまらなかった	23	21	88	132

ア. 算術演算子　　　　イ. 比較演算子　　　　ウ. 再計算

問4．次の表は，現在の株価を表した表で
ある。B4には，次の式が設定されて
いる。B4に表示される値として適切
なものを選び，記号で答えなさい。

=LEFT(A4,2)

ア. 東マ　　イ. マ　　ウ. 06

	A	B	C	D
1				
2	現在の株価			
3	コード	市場	銘柄	株価
4	東マ8306	※	五菱UFJフィナンシャルグループ	638.6
5	東E8316	※	五井住友フィナンシャルグループ	4,524.5
6	Jス3519	※	ラコールホールディングス	1,193.0
7	東マ4911	※	資現堂	1,693.5
8	Jグ4927	※	ポール・オルビスホールディングス	4,150.0
9	東R4921	※	ファンケラ	1,464.0

（注） ※印は，値の表記を省略している。

問5．次の表は，焼きそばフェスティバルの売上
一覧表である。E4には，次の式が設定され
ている。「備考」に表示される ○ の数を答
えなさい。

=IF(C4>=4000,"◎",IF(C4>=3500,"○",""))

	A	B	C	D	E
1					
2	焼きそばフェスティバル売上一覧表				
3	品名	単価	売上数	売上金額	備考
4	横手焼きそば	510	3,487	1,778,370	※
5	カレー焼きそば	710	3,642	2,585,820	※
6	浪江焼きそば	580	4,843	2,808,940	※
7	つゆ焼きそば	700	3,960	2,772,000	※
8	石巻焼きそば	690	4,925	3,398,250	※
9	タン塩焼きそば	950	3,631	3,449,450	※

（注） ※印は，値の表記を省略している。

問1		問2		問3		問4		問5	

【5】 次の各問いに答えなさい。

問1．次の表の D4 には，次の式が設定されている。
D4 に表示される値を答えなさい。

=A4^2*B4*C4

▲	A	B	C	D
1				
2	円柱の体積			
3	半径	円周率	高さ	体積（cm³）
4	3	3	6	※

(注)　※印は，値の表記を省略している。

問2．次の表とグラフは，土地利用の割合を集計した
ものである。次の(1)，(2)に答えなさい。

(1) 作成されたグラフのデータ範囲として適切なも
のを選び，記号で答えなさい。

　　ア．A3：E13
　　イ．A3：E12
　　ウ．B3：E13

(2) グラフから読み取った内容として正しいものを
選び，記号で答えなさい。

　　ア．すべての都道府県で宅地が 20％を超えて
　　　いる。
　　イ．東京都と大阪府は山林の割合が 20％を超
　　　えている。
　　ウ．北海道と鹿児島県は山林の割合が 40％を
　　　超えている。

▲	A	B	C	D	E
1					
2	土地利用の割合				
3	都道府県	宅地	田	畑	山林
4	北海道	1,027	2,384	8,581	11,013
5	秋田県	249	1,314	234	1,948
6	群馬県	410	269	600	914
7	東京都	569	4	98	304
8	富山県	235	602	60	376
9	大阪府	508	115	41	150
10	福岡県	619	712	287	908
11	鹿児島県	358	472	1,092	2,380
12	沖縄県	135	16	467	81
13	合計	4,110	5,888	11,460	18,074

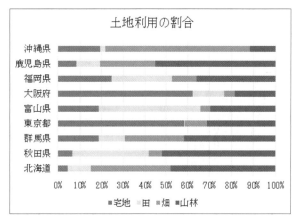

問1		問2	(1)		(2)	

【6】 流れ図にしたがって処理するとき，次の各問いに答えなさい。

＜流れ図＞

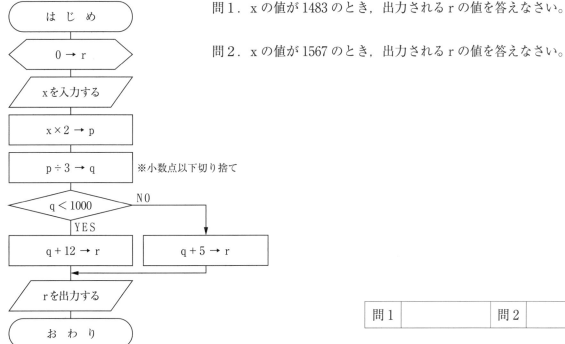

問1．x の値が 1483 のとき，出力される r の値を答えなさい。

問2．x の値が 1567 のとき，出力される r の値を答えなさい。

問1		問2	

【7】 次の表は，あるスーパーマーケットのポイント1.5倍期間の購入金額資料にもとづき，作成条件にしたがって作成されたものである。各問いに答えなさい。

資料

会員別購入金額

単位：円

会員番号	購入金額
MG0010	5,261
MS0520	2,762
FS0145	4,539
MS0325	6,846
FG0843	5,841
FG0491	3,584
FS0049	5,543

	A	B	C	D	E	F	G
1							
2			カードポイント一覧表				
3				単位：円			
4	会員番号	性別	区分	購入金額	ポイント数	1.5倍	備考
5	MG0010	M	ゴールド	5,261	52	78	
6	MS0520	M	シルバー	2,762	⑤	41	※
7	FS0145	①	シルバー	4,539	45	68	※
8	MS0325	M	シルバー	③	68	102	※
9	FG0843	F	②	5,841	58	87	※
10	FG0491	F	ゴールド	④	35	53	※
11	FS0049	F	シルバー	5,543	55	83	※

(注) ※印は，値の表記を省略している。

作成条件

1．資料を参考にして，D5 ～ D11 に購入金額を入力する。
2．「性別」は，「会員番号」の左端から1文字を抽出し表示する。
3．「区分」は，「会員番号」の左端から2文字目より1文字を抽出し，Gの場合は ゴールド を表示し，それ以外の場合は シルバー を表示する。
4．「ポイント数」は，次の式で求める。ただし，小数第1位を切り捨て，整数部のみ表示する。
　　　「購入金額　÷　100」
5．「1.5 倍」は，次の式で求める。ただし，小数第1位を切り上げ，整数部のみ表示する。
　　　「ポイント数　×　1.5」
6．「備考」の G5 には，次の式を設定する。
　　　=IF(D5>=5000,IF(B5="F","○",""),"")

問1．表の①～⑤に表示されるデータを答えなさい。

問2．B5 に設定する式として適切なものを選び，記号で答えなさい。

　　　ア．=RIGHT(A5,1)
　　　イ．=LEFT(A5,1)
　　　ウ．=LEFT(C5,1)

問3．C5 に設定する式として適切なものを選び，記号で答えなさい。

　　　ア．=IF(MID(A5,2,1)="G","シルバー","ゴールド")
　　　イ．=IF(MID(A5,1,2)="G","ゴールド","シルバー")
　　　ウ．=IF(MID(A5,2,1)="G","ゴールド","シルバー")

問4．F5 に設定する式として適切なものを選び，記号で答えなさい。

　　　ア．=ROUNDUP(E5*1.5,0)
　　　イ．=ROUNDDOWN(E5*1.5,0)
　　　ウ．=ROUND(E5*1.5,0)

問5．G列に表示される ○ の数として適切なものを選び，記号で答えなさい。ただし，G5 の式を G11 までコピーしてある。

　　　ア．2
　　　イ．3
　　　ウ．4

問1	①		②		③		④		⑤	
問2		問3		問4		問5				

主催 公益財団法人 全国商業高等学校協会
情報処理検定模擬試験問題 第3級

| 第11回 実技 | DATA 第11回模擬_提供データ | 制限時間 20分 |

次の資料は，ある洋菓子販売会社の駅ナカ店の売上状況である。資料と作成条件にしたがってシート名「シート1」を作成しなさい。

資料

駅ナカ店前日売上数

商品コード	売上数
AD120	161
BD200	150
AK080	198
BK130	175
CK150	116
AM110	148

駅ナカ店本日売上数

商品コード	売上数
AD120	173
BD200	118
AK080	242
BK130	194
CK150	89
AM110	150

作成条件

ワークシートは，提供されたものを使用する。
1. 表およびグラフの体裁は，右ページを参考にして設定する。
   [設 定 す る 書 式 ： 罫線，行高，セル内の配置]
   [設定する数値の表示形式 ： 3桁ごとのコンマ，%，小数の表示桁数]
2. 表の※印の部分は，式や関数を利用して求める。また，※※の部分は資料より必要な値を入力する。
3. グラフの※印の部分は，表に入力された値をもとに表示する。
4. 「1．前日との売上数比較」は，次のように作成する。
   (1) 「増減」は，「本日」から「前日」を引いて求める。
   (2) 「増減率(%)」は，次の式で求める。ただし，小数第3位未満を切り捨て，%で小数第1位まで表示する。
       「増減 ÷ 前日」
   (3) 「備考」は，「本日」が150以上の場合，目標達成 を表示し，それ以外の場合，何も表示しない。
   (4) 「合計」は，各列の合計を求める。
   (5) 「最大」は，各列の最大値を求める。
   (6) 「最小」は，各列の最小値を求める。
5. 集合縦棒グラフは，「1．前日との売上数比較」から作成する。
   (1) 数値軸の目盛は，最小値(0)，最大値(300)，および間隔(100)を設定する。
   (2) 軸ラベルの方向を設定する。
   (3) 凡例の位置を設定する。
   (4) データラベルを設定する。
6. 「2．本日の売上金額」は，次のように作成する。
   (1) 「種類コード」は，「商品コード」の左端から2文字目より1文字を抽出する。
   (2) 「種類名」は，「種類コード」がDの場合，飲物 を，Kの場合，菓子 を表示し，それ以外の場合，その他 を表示する。
   (3) 「単価」は，「商品コード」の右端から3文字を抽出し，数値データに変換する。
   (4) 「売上金額」は，「単価」に「売上数」を掛けて求める。
   (5) 「備考」は，「売上金額」が20,000以上の場合，○ を表示し，それ以外の場合，何も表示しない。
   (6) 「合計」は，「売上金額」の合計を求める。
   (7) 「判定」は，G40の「合計」が100,000以上の場合，目標達成 を表示し，それ以外の場合，何も表示しない。
   (8) 表の作成後，34～39行目のデータを「売上金額」を基準として，降順に並べ替える。
7. 集合横棒グラフは，「2．本日の売上金額」から作成する。
   (1) 数値軸の目盛は，最小値(0)，最大値(30,000)，および間隔(10,000)を設定する。
   (2) 軸ラベルの方向を設定する。
   (3) データラベルを設定する。

駅ナカ店売上表

1．前日との売上数比較　　　　　　単位：個

商品コード	前日	本日	増減	増減率（％）	備考
AD120	161	173	12	7.4%	目標達成
BD200	150	118	※	※	※
AK080	※※	※※	※	※	※
BK130	※※	※※	※	※	※
CK150	※※	※※	※	※	※
AM110	※※	※※	※	※	※
合計	948	※	※		
最大	※	※			
最小	※	※			

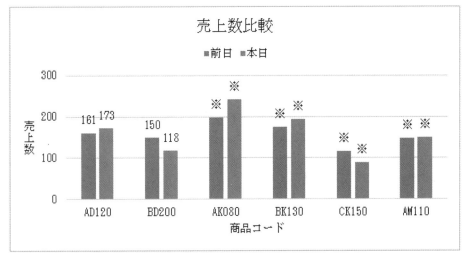

2．本日の売上金額　　　　　　　　単位：円

商品コード	種類コード	種類名	単価	売上数	売上金額	備考
AD120	D	飲物	120	173	20,760	○
BD200	※	※	※	118	※	※
AK080	※	※	※	※※	※	※
BK130	※	※	※	※※	※	※
CK150	※	※	※	※※	※	※
AM110	※	※	※	※※	※	※
				合計	※	
				判定	※	

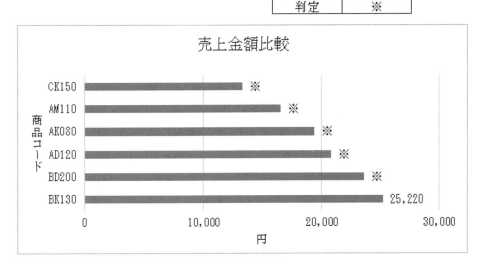

主催　公益財団法人　全国商業高等学校協会

情報処理検定模擬試験問題　第3級

第12回　筆記

制限時間 20 分

【1】 次の説明文に最も適した答えを解答群から選び，記号で答えなさい。

1．2進数の8桁で，256通りのデータを表現することができる情報の基本単位。
2．印字データをレーザ光線により感光ドラムにあて，トナーを付着させてから用紙に転写する出力装置。
3．JIS によって規格化された13桁の数値で構成されるバーコード。日本の共通商品コードとなっている。
4．半導体基板の上に複数の電子回路をまとめ，一つの部品として構成したもの。
5．コンピュータからソフトウェアを削除して使用不可能にし，導入以前の状態に戻すこと。

解答群
ア．インクジェットプリンタ	イ．中央処理装置	ウ．集積回路
エ．二次元バーコード	オ．レーザプリンタ	カ．アンインストール
キ．インストール	ク．JAN コード	ケ．ビット
コ．バイト		

1		2		3		4		5	

【2】 次のA群の語句に最も関係の深い説明文をB群から選び，記号で答えなさい。

<A群> 　1．フォルダ　　　2．プロバイダ　　　3．カーソル
　　　　　4．プロジェクタ　　5．検索エンジン

<B群>
ア．写真や絵，印刷物などを光学的に読み取り，デジタルデータとして入力する装置。
イ．インターネットで公開されている Web ページや画像などの情報資源の保存場所を示す文字列。
ウ．インターネットで公開されている Web ページや画像などの情報資源を，適切なキーワードを入力することによって，効率的に探し出すシステム。
エ．Web ページを閲覧するためのソフトウェア。
オ．記憶媒体にファイルを分類・整理するために作られた保管場所。
カ．画面上に表示しきれない文字や画像を見るために，表示範囲を上下左右に移動させることで，画面外の文字や画像を表示させること。
キ．画面上で，データの入力位置や操作位置を示すマーク。
ク．パソコンの画面や DVD の映像などをスクリーンやホワイトボード，壁などに投影する装置。
ケ．データをハードディスクなどの記憶媒体に保存する際に付ける名前。
コ．インターネットの各種サービスを家庭や企業に提供するインターネット接続業者。

1		2		3		4		5	

【3】　次の説明文に最も適した答えをア，イ，ウの中から選び，記号で答えなさい。

1．2進数の 11101 を 10 進数で表したもの。

　　　　ア．21　　　　　　　　　**イ**．29　　　　　　　　　**ウ**．58

2．記憶容量の単位で，約百万バイトを表すもの。

　　　　ア．1 MB　　　　　　　　**イ**．1 GB　　　　　　　　**ウ**．1 TB

3．商品などに付いたバーコードを光学的に読み取る装置。

　　　　ア．イメージスキャナ　　　**イ**．POS システム　　　**ウ**．バーコードリーダ

4．電子メールを複数の相手に同時に送信する際のメーラの機能の一つで，指定したメールアドレスは他の
　　受信者に通知されない。

　　　　ア．Cc　　　　　　　　　　**イ**．Bcc　　　　　　　　　**ウ**．フィルタリング

5．企業間の商品の受注・発注業務をオンラインで結ばれたコンピュータを用いて効率的に行うシステム。

　　　　ア．RFID　　　　　　　　　**イ**．EC　　　　　　　　　**ウ**．EOS

1		2		3		4		5	

【4】 次の各問いに答えなさい。

問1. 次の表は，ある学校の生徒在籍一覧表である。「学年」
は，複数のセルを一つにして見やすくしてある。この機能
の名称として適切なものを選び，記号で答えなさい。

ア. 行高の変更
イ. 列幅の変更
ウ. セル結合

	A	B	C	D	E
1					
2	在籍一覧表				
3	学年	クラス	男子	女子	合計
4	1年	A組	16	20	36
5		B組	16	21	37
6		C組	15	21	36
7		D組	16	20	36
8	2年	A組	14	21	35
9		B組	15	20	35
10		C組	16	20	36
11		D組	15	21	36
12	3年	A組	15	20	35
13		B組	12	21	33
14		C組	16	21	37
15		D組	15	20	35

問2. 次の表は，ある食堂の売上高集計表である。「割合」を％
で表示したい。指定するボタンとして適切なものを選び，記
号で答えなさい。

ア. .00→.0   **イ**. ％   **ウ**. ←.0.00

	A	B	C
1			
2	売上高集計表		
3	商品名	売上高	割合
4	カレーライス	18,720	0.124933
5	ラーメン	22,950	0.153163
6	チャーハン	32,760	0.218633
7	オムライス	23,790	0.158769
8	ハヤシライス	25,350	0.16918
9	トルコライス	26,270	0.17532
10	合計	149,840	

問3. 次の表は，あるスマートフォン販売店におけ
る製品評価表である。E4に設定する式として
適切なものを選び，記号で答えなさい。

ア. =SUM(A4:D4)
イ. =SUM(B4:D4)
ウ. =AVERAGE(B4:D4)

	A	B	C	D	E
1					
2	製品評価表				
3	製品番号	通信速度	デザイン	重量	合計
4	DM-01	3.5	4.3	3.8	11.6
5	NX-04	4.6	3.9	3.4	11.9
6	SC-03	4.2	3.6	3.6	11.4
7	SH-05	3.3	4.8	4.2	12.3
8	PF-02	4.0	3.4	3.1	10.5
9	RT-07	3.7	3.8	4.6	12.1

問4. 次の表は，設置者別スポーツ施
設数を一覧表にしたものである。
4行目から10行目の範囲を指定
し，最優先されるキーを「計」と
して降順に並べ替える。並べ替え
後，A4に表示される適切なもの
を選び，記号で答えなさい。

	A	B	C	D	E
1					
2	設置者別スポーツ施設数				
3	区分	都道府県	市・区	町・村・組合	計
4	陸上競技場	121	425	374	920
5	野球場	314	3,503	2,272	6,089
6	球技場	139	498	206	843
7	多目的運動場	223	2,378	3,487	6,088
8	プール	373	2,376	2,131	4,880
9	体育館	239	2,333	3,305	5,877
10	テニス場	272	2,295	2,713	5,280

ア. 野球場   **イ**. 球技場   **ウ**. 多目的運動場

問5. 次の表は，あるボウリング大会の成績
を集計したものである。各回の参加選手
数を「参加選手数」に表示するために
B11に設定する式として適切なものを選
び，記号で答えなさい。

ア. =COUNTA(B4:B10)
イ. =COUNT(A4:A10)
ウ. =COUNT(B4:B10)

	A	B	C	D	E
1					
2	ボウリング大会成績表				
3	選手名	第1回	第2回	第3回	平均
4	青木一郎	151	棄権	192	171.5
5	鈴木太郎	123	148	104	125.0
6	佐藤次郎	167	棄権	185	176.0
7	田中三郎	109	194	棄権	151.5
8	斎藤四郎	118	157	175	150.0
9	宮地五郎	棄権	184	161	172.5
10	石上夢子	183	棄権	149	166.0
11	参加選手数	6	4	6	

問1		問2		問3		問4		問5	

【5】 次の各問いに答えなさい。

問1. 次の表のC4には，次の式が設定されている。C4に表示される値を答えなさい。

=A4^2*B4

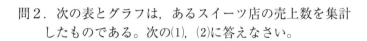

	A	B	C
1			
2	円の面積を求める表		
3	半径(cm)	円周率	面積
4	5	3.14	※

(注) ※印は，値の表記を省略している。

問2. 次の表とグラフは，あるスイーツ店の売上数を集計したものである。次の(1)，(2)に答えなさい。

(1) 作成されたグラフの種類として適切なものを選び，記号で答えなさい。

ア．集合横棒グラフ
イ．積み上げ横棒グラフ
ウ．100%積み上げ横棒グラフ

(2) 表とグラフから読み取った内容として正しいものを選び，記号で答えなさい。

ア．すべての月で，ビアーダの割合が一番大きい。
イ．4月と5月は，ビアーダとパステラの合計が70%を超えている。
ウ．4月からモロゾファの割合は，毎月増えている。

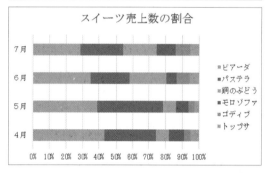

	A	B	C	D	E	F
1						
2	人気スイーツ売上集計表					
3						
4	商品名	4月	5月	6月	7月	合計
5	ビアーダ	42,198	54,672	31,698	32,689	161,257
6	パステラ	30,298	55,367	20,916	29,698	136,279
7	銅のぶどう	7,299	10,981	20,366	23,526	62,172
8	モロゾファ	8,721	10,302	5,580	12,983	37,586
9	ゴディブ	3,980	4,982	6,987	9,991	25,940
10	トップサ	4,874	4,012	5,284	6,254	20,404
11	合計	97,370	140,316	90,811	115,141	443,638

スイーツ売上数の割合

問1		問2	(1)		(2)	

【6】 流れ図にしたがって処理するとき，次の各問いに答えなさい。

＜流れ図＞

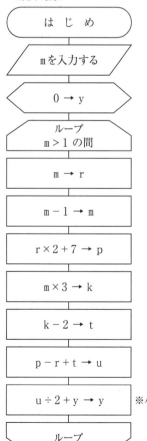

はじめ
mを入力する
0 → y
ループ m＞1の間
m → r
m － 1 → m
r × 2 ＋ 7 → p
m × 3 → k
k － 2 → t
p － r ＋ t → u
u ÷ 2 ＋ y → y ※小数点以下切り捨て
ループ
yを出力する
おわり

問1. mの値が3のとき，出力されるyの値を答えなさい。

問2. mの値が2のとき，出力されるyの値を答えなさい。

問1		問2	

第12回模擬

【7】 次の表は，ある洋菓子店の人気スイーツの売上を集計した資料にもとづき，作成条件にしたがって作成されたものである。各問いに答えなさい。

資料

ロールケーキ		単位：個
単価	2月売上数	3月売上数
￥1,200	2,853	3,102

シューケーキ		
単価	2月売上数	3月売上数
￥ 430	3,671	3,981

無花果タルト		
単価	2月売上数	3月売上数
￥ 450	3,221	2,956

ブラウニー		
単価	2月売上数	3月売上数
￥ 350	2,842	3,102

いちごケーキ		
単価	2月売上数	3月売上数
￥ 400	4,429	4,526

ベリーショート		
単価	2月売上数	3月売上数
￥ 500	3,570	3,774

	A	B	C	D	E	F	G	H
1								
2		人気スイーツ売上集計表						
3								
4	商品名	単価	税込単価	2月売上数	3月売上数	売上高（2ヶ月分）	伸び率	割合
5	ロールケーキ	1,200	1,296	2,853	④	7,717,680	8.73%	31.7%
6	無花果タルト	①	486	3,221	2,956	3,002,022	-8.23%	12.3%
7	いちごケーキ	400	432	②	4,526	3,868,560	2.20%	15.9%
8	シューケーキ	430	464	3,671	3,981	3,550,528	8.45%	14.6%
9	ブラウニー	350	378	③	3,102	2,246,832	9.15%	9.2%
10	ベリーショート	500	540	3,570	3,774	3,965,760	5.72%	16.3%
11			合計	20,586	21,441	24,351,382		
12			最高	4,429	4,526	7,717,680		
13			最低	2,842	⑤	2,246,832		

作成条件

1．資料を参考にして，B列とD5～E10にデータを入力する。
2．「税込単価」は，「単価」に1.08を掛けて求める。ただし，小数点以下は切り捨て，整数部のみ表示する。
3．「売上高(2ヶ月分)」は，次の式で求める。

　　「(2月売上数　+　3月売上数)　×　税込単価」

4．「伸び率」は，次の式で求める。ただし，小数第4位未満を切り上げ，％で小数第2位まで表示する。

　　「3月売上数　÷　2月売上数　−　1」

5．「割合」は，次の式で求める。ただし，％で小数第1位まで表示する。

　　「売上高(2ヶ月分)　÷　売上高(2ヶ月分)の合計」

6．「合計」は，各列の合計を求める。
7．「最高」は，各列の最大値を求める。
8．「最低」は，各列の最小値を求める。

問1．表の①～⑤に表示される数値を答えなさい。

問2．C5に設定する式として適切なものを選び，記号で答えなさい。

　　ア．=ROUNDDOWN(B5+1.08,0)
　　イ．=ROUNDDOWN(B5*1.08,1)
　　ウ．=ROUNDDOWN(B5*1.08,0)

問3．G5に設定する式として適切なものを選び，記号で答えなさい。

　　ア．=ROUNDUP(E5/D5-1,4)
　　イ．=ROUNDUP(E5/D5-1,2)
　　ウ．=ROUND(E5/D5-1,2)

問4．H5に設定する式として適切なものを選び，記号で答えなさい。ただし，この式をH10までコピーするものとする。

　　ア．=F5/F11
　　イ．=$F$5/F11
　　ウ．=F5/$F$11

問5．D12に設定する式として適切なものを選び，記号で答えなさい。

　　ア．=MAX(D5:D10)
　　イ．=MAX(D5:D11)
　　ウ．=MIN(D5:D10)

問1	①		②		③		④		⑤	
問2		問3		問4		問5				

主催　公益財団法人　全国商業高等学校協会
情報処理検定模擬試験問題　第3級

第12回 実技　**DATA**　第12回模擬_提供データ　　　　制限時間 20分

　次の資料は，ふるさと納税について地方公共団体別受入状況データとカテゴリ別返礼品データを示したものである。資料と作成条件にしたがって，シート名「シート1」を作成しなさい。

資料

地方公共団体別受入状況データ　　　　単位：百万円，件

地方公共団体名	平成30年度		令和元年度	
	受入額	受入件数	受入額	受入件数
根室市	4,957	314,041	6,589	413,575
寒河江市	3,511	157,591	4,423	204,666
燕市	1,684	70,013	4,237	131,513
上峰町	5,318	303,083	4,672	278,000
都農町	9,627	585,450	5,208	270,465
南さつま市	2,239	103,996	4,644	254,344

カテゴリ別返礼品データ

カテゴリ	受入件数
果物・フルーツ	3,047,692
魚介・海産物	6,300,741
家電・電化製品	2,118,916
肉	5,318,292
旅行券・ギフト券	1,724,536
その他	4,825,900

作成条件

ワークシートは，提供されたものを使用する。

1．表およびグラフの体裁は，右ページを参考にして設定する。

　　　設 定 す る 書 式 ： 　罫線
　　　設定する数値の表示形式 ： 　3桁ごとのコンマ

2．表の※印の部分は，式や関数を利用して求める。また，※※印の部分は，資料より必要な値を入力する。

3．グラフの※印の部分は，表に入力された値をもとに表示する。

4．「1．団体別受入状況データ」は，次のように作成する。

　(1)　「最大」は，各列の最大値を求める。

　(2)　「1件当たり」は，次の式で求める。ただし，小数点以下を切り捨て，整数部のみ表示する。

　　　　「令和元年度の受入額　×　1000000　÷　令和元年度の受入件数」

　(3)　「備考」は，「1件当たり」が20000未満の場合，○を表示し，それ以外の場合，何も表示しない。

5．棒グラフは，「1．団体別受入状況データ」から作成する。

　(1)　数値軸の目盛は，最小値(0)，最大値(10,000)，および間隔(2,000)を設定する。

　(2)　軸ラベルの方向を設定する。

　(3)　データラベルを設定する。

　(4)　凡例の位置を設定する。

6．「2．カテゴリ別返礼品データ」は，次のように作成する。

　(1)　「合計」は，「受入件数」の合計を求める。

　(2)　「順位」は，「受入件数」を基準として，降順に順位を求める。

7．円グラフは，「2．カテゴリ別返礼品データ」から作成する。

　(1)　データラベルを設定し，割合を％で小数第2位まで表示する。

　(2)　「魚介・海産物」を切り離す。

ふるさと納税に関する調査

1．団体別受入状況データ

地方公共団体名	受入額（単位：百万円）		受入件数（単位：件）		1件当たり	備考
	平成30年度	令和元年度	平成30年度	令和元年度		
根室市	4,957	6,589	314,041	413,575	15,931	○
寒河江市	3,511	4,423	※※	※※	※	※
燕市	1,684	4,237	70,013	131,513	※	※
上峰町	5,318	4,672	303,083	278,000	※	※
都農町	9,627	5,208	※※	※※	※	※
南さつま市	2,239	4,644	103,996	254,344	※	※
最大	9,627	※	※	※		

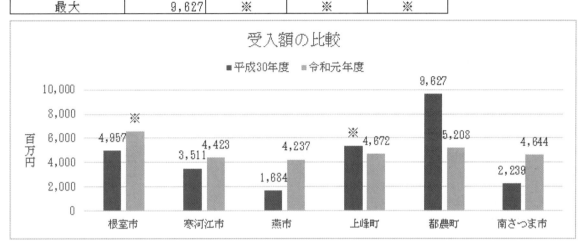

受入額の比較

■平成30年度　■令和元年度

2．カテゴリ別返礼品データ

カテゴリ	受入件数	順位
果物・フルーツ	3,047,692	3
魚介・海産物	※※	※
家電・電化製品	2,118,916	※
肉	5,318,292	※
旅行券・ギフト券	※※	※
その他	4,825,900	
合計	※	

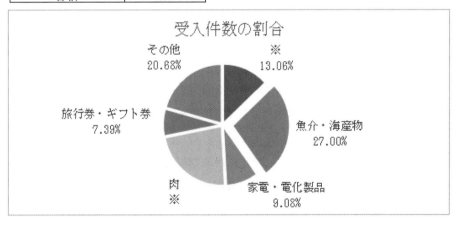

受入件数の割合

その他 20.68%　※ 13.06%　魚介・海産物 27.00%　家電・電化製品 9.08%　肉 ※　旅行券・ギフト券 7.39%

（シート1）

（令和5年9月24日実施）　主催　公益財団法人　全国商業高等学校協会　制限時間20分

令和5年度（第69回）情報処理検定試験　第3級　筆記

【1】　次の説明文に最も適した答えを解答群から選び，記号で答えなさい。

1．コンピュータ内部でデータやプログラムを記憶する装置のうち，中央処理装置から直接読み書きできる装置。

2．液状の細かなインク粒を用紙に吹き付けて印刷するプリンタ。

3．ネットワークを通じて様々な機器が，相互に情報を交換して動作する仕組み。モノのインターネットと訳される。

4．電子メールの送受信や閲覧などをするために使用されるソフトウェア。

5．様々なコンピュータウイルスのパターンを記録したファイル。ウイルス対策ソフトウェアがコンピュータウイルスを検出するために使用する。

```
┌─ 解答群 ─────────────────────────────────────────┐
│  ア．ファイルサーバ      イ．レーザプリンタ       ウ．ウイルス定義ファイル │
│  エ．主記憶装置          オ．メーラ               カ．AI                   │
│  キ．フィッシング詐欺    ク．インクジェットプリンタ  ケ．演算装置           │
│  コ．IoT                                                                    │
└──────────────────────────────────────────────────┘
```

【2】　次のA群の語句に最も関係の深い説明文をB群から選び，記号で答えなさい。

<A群>　1．アイコン　　　　　2．アップロード　　　　3．チェーンメール

　　　　4．なりすまし　　　5．アプリケーションソフトウェア

<B群>

　ア．受信者に対して不安をあおり，受信内容を別の人へ転送するようにうながす迷惑メール。

　イ．自分のコンピュータに保存されているデータを，ネットワークで接続された他のコンピュータに送信すること。

　ウ．ユーザIDとパスワードなどによって，利用者本人であるかを判断すること。

　エ．受信者の意思を無視して，不特定多数に送られる大量の迷惑メール。

　オ．アプリケーションの操作画面で，現在の入力位置を指し示すしるし。

　カ．文書作成ソフトウェアや表計算ソフトウェアなど，特定の目的で利用される応用ソフトウェア。

　キ．プログラムやファイルの種類，フォルダなどを視覚的に分かりやすく表現した画面上の絵や記号。

　ク．ネットワークで接続された他のコンピュータに保存されているデータを，自分のコンピュータに受信すること。

　ケ．悪意のある者が，利用者本人のふりをしてネットワーク上にアクセスすること。

　コ．ハードウェアやソフトウェアなどの管理や制御を行い，コンピュータを効率よく利用するための基本ソフトウェア。

【3】　次の説明文に最も適した答えをア，イ，ウの中から選び，記号で答えなさい。

1．10進数の 22 を2進数で表したもの。

ア．1101　　　　　　　　イ．10110　　　　　　　　ウ．11010

2．1,000分の1秒を表す時間の単位。

ア．ms　　　　　　　　イ．μs　　　　　　　　ウ．ns

3．インターネット上にあるWebサイトや画像など，データの保存されている場所を表す文字列。

ア．Bcc　　　　　　　　イ．To　　　　　　　　ウ．URL

4．ネットワークを利用し，商品の受発注や代金の請求，支払いなどを一元管理するシステム。

ア．EOS　　　　　　　　イ．GUI　　　　　　　　ウ．RFID

5．ハードディスク装置の代替として使用されており，複数の半導体メモリにデータを読み書きする補助記憶
　装置。

ア．DVD　　　　　　　　イ．SSD　　　　　　　　ウ．ブルーレイディスク

【4】　次の各問いに答えなさい。

問1．次の表は，あるカレー専門店のアンケート集計表である。「種類」は，文字列の一部が表示されていない。この内容をすべて表示するために行う操作の名称として適切なものを選び，記号で答えなさい。

　　ア．行高の変更
　　イ．セル結合
　　ウ．列幅の変更

	A	B
1		
2	アンケート集計表	
3	種類	票数
4	キーマカレ	91
5	グリーンカ	44
6	チキンカレ	72
7	バターチキ	59
8	ビーフカレ	65

問2．次の表は，バナナ生産量の上位6か国一覧表である。「生産量(t)」に3桁ごとのコンマを表示したい。指定するボタンとして適切なものを選び，記号で答えなさい。

	A	B
1		
2	バナナ生産量の上位6か国一覧表	
3	国名	生産量（t）
4	インド	30460000
5	中国	11655700
6	インドネシア	7280659
7	ブラジル	6812708
8	エクアドル	6583477
9	フィリピン	6049601

　　ア．（←.0 .00 ボタン）　　　　**イ**．（, ボタン）　　　　**ウ**．（% ボタン）

問3．次の表は，ある地域の時間帯別気温観測表である。「平均気温」は，B列の平均を求める。B12に設定する式として適切なものを選び，記号で答えなさい。

　　ア．=AVERAGE(B4:B11)
　　イ．=SUM(B4:B11)
　　ウ．=COUNT(B4:B11)

	A	B
1		
2	時間帯別気温観測表	
3	時刻（時）	気温（℃）
4	0	21
5	3	20
6	6	19
7	9	25
8	12	30
9	15	31
10	18	28
11	21	26
12	平均気温	25

問4．次の表は，ある文化祭の模擬店売上集計表である。4行目から10行目の範囲を指定し，「合計」を基準として降順に並べ替えたい。並べ替え後，A4に表示されるデータとして適切なものを選び，記号で答えなさい。

　　ア．わらびもち
　　イ．クレープバー
　　ウ．駄菓子

	A	B	C	D
1				
2	模擬店売上集計表			単位：個
3	商品名	1日目	2日目	合計
4	みたらし団子	189	231	420
5	わらびもち	78	56	134
6	ぜんざい	121	144	265
7	駄菓子	302	393	695
8	モナカ	55	87	142
9	クレープバー	231	458	689
10	ドーナツ	153	138	291

問5．次の表は，ある文房具店のボールペン名入れ料金表である。B4は，A4に入力された文字数を求める。B4に設定する式として適切なものを選び，記号で答えなさい。

　　ア．=LEFT(A4,1)
　　イ．=LEN(A4)
　　ウ．=MID(A4,2,1)

	A	B	C
1			
2	ボールペン名入れ料金表		
3	刻印文字	文字数	料金
4	卒業記念	4	400
5	株式会社ＡＢＣＤ	8	800
6	創立１００周年	7	700
7	ＸＹＺ杯ゴルフ大会	9	900
8	満点合格賞	5	500

【5】　次の各問いに答えなさい。

問1．次の表のC1は，次の式が設定されている。C1に表示される値を答えなさい。

	A	B	C
1	20	32	※

(注) ※印は，値の表記を省略している。

=A1+B1/4*A1

問2．次の表とグラフは，県別農産物産出額を集計したものである。次の(1)，(2)に答えなさい。

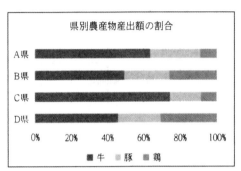

	A	B	C	D	E
1					
2	県別農産物産出額				単位：億円
3	県名	牛	豚	鶏	合計
4	A県	1,049	455	141	1,645
5	B県	549	276	292	1,117
6	C県	442	100	52	594
7	D県	1,278	879	663	2,820

(1)　作成されたグラフの名称として適切なものを選び，記号で答えなさい。

　　ア．集合横棒グラフ
　　イ．100%積み上げ横棒グラフ
　　ウ．積み上げ横棒グラフ

(2)　グラフから読み取った内容として正しいものを選び，記号で答えなさい。

　　ア．C県の「豚」は，A県の「豚」よりも農産物産出額の割合が大きい。
　　イ．D県において，「鶏」の農産物産出額の割合が最も大きい。
　　ウ．すべての県において，「牛」の農産物産出額の割合が40%を超えている。

【6】　流れ図にしたがって処理するとき，次の各問いに答えなさい。なお，入力する a の値は 1 以上の整数とする。

<流れ図>

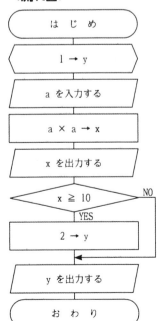

問1．a の値が 3 のとき，出力される x の値を答えなさい。
問2．a の値が 5 のとき，出力される y の値を答えなさい。

第69回検定

【7】　次の表は，ある国の車種別レンタカー車両数の資料にもとづき，作成条件にしたがって作成されたものである。各問いに答えなさい。

資料

2019年の車両数
単位：千台

車種	台数
貨物車	3,461
乗用車	4,774
特殊車	505
マイクロバス	68
二輪車	30

2020年の車両数
単位：千台

車種	台数
貨物車	3,591
乗用車	4,992
特殊車	529
マイクロバス	68
二輪車	32

2021年の車両数
単位：千台

車種	台数
貨物車	3,604
乗用車	4,600
特殊車	544
マイクロバス	59
二輪車	35

2022年の車両数
単位：千台

車種	台数
貨物車	3,650
乗用車	4,899
特殊車	559
マイクロバス	57
二輪車	35

	A	B	C	D	E	F	G	H	I
1									2023/9/24
2		車種別レンタカー車両数の推移							
3							単位：千台		
4	車種	2019年	2020年	2021年	2022年	最大	最小	増減率	備考
5	貨物車	3,461	②	3,604	3,650	3,650	3,461	5.5%	○
6	乗用車	4,774	4,992	4,600	4,899	⑤	4,600	2.6%	
7	特殊車	505	529	③	559	559	505	10.7%	○
8	①	68	68	59	57	68	57	-16.2%	
9	二輪車	30	32	35	35	35	30	16.7%	○
10	合計	8,838	9,212	8,842	9,200				
11	平均	1,768	1,842	1,768	④				
12	乗用車割合	54.0%	54.2%	52.0%	53.3%				

作成条件

1．資料を参考にして，A5~E9にデータを入力する。
2．I1は，本日の日付を求める。なお，本日は2023年9月24日とする。
3．「最大」は，「2019年」から「2022年」の最大値を求める。
4．「最小」は，「2019年」から「2022年」の最小値を求める。
5．「増減率」は，次の式で求める。ただし，%で小数第1位まで表示する。
　　　「2022年　÷　2019年　－　1」
6．「備考」は，「増減率」が5.0%以上の場合，○ を表示し，それ以外の場合，何も表示しない。
7．「合計」は，各列の合計を求める。
8．「平均」は，各列の平均を求める。ただし，整数部のみ表示する。
9．「乗用車割合」は，次の式で求める。ただし，%で小数第1位まで表示する。
　　　「乗用車　÷　合計」

問1．表の①~⑤に表示されるデータを答えなさい。

問2．I1に設定する式として適切なものを選び，記号で答えなさい。

　　ア．=SUM(B5:E5)
　　イ．=TODAY()
　　ウ．=VALUE(B5)

問3．G5に設定する式として適切なものを選び，記号で答えなさい。

　　ア．=MIN(B5:B9)
　　イ．=MIN(B5,B9)
　　ウ．=MIN(B5:E5)

問4．I5に設定する式として適切なものを選び，記号で答えなさい。

　　ア．=IF(H5>=5.0%,"○","")
　　イ．=IF(H5<=5.0%,"○","")
　　ウ．=IF(H5>=5.0%,"","○")

問5．B12に設定する式として適切なものを選び，記号で答えなさい。ただし，この式をE12までコピーする。

　　ア．=B6/B10
　　イ．=B6/$B$10
　　ウ．=B10/B6

第69回検定

（令和5年9月24日実施） 主催 公益財団法人 全国商業高等学校協会 制限時間 20 分

令和5年度（第69回）情報処理検定試験ビジネス情報部門 **第3級 実技**

次の資料は，ある国の一次エネルギー国内供給と部門別最終エネルギー消費を示したものである。資料と作成条件にしたがってシート名「シート1」を作成しなさい。

資料

一次エネルギー国内供給　　　　　　単位：ペタジュール

エネルギー源	1990年	2000年	2010年	2020年
再生可能エネルギー	267	274	436	1,193
未活用エネルギー	318	410	530	540
石炭	3,318	4,199	4,997	4,419
石油	11,008	11,164	8,858	6,545
天然ガス・都市ガス	2,056	3,059	3,995	4,272
原子力	1,884	2,858	2,462	327
水力	819	746	716	664

部門別最終エネルギー消費　　　　　　単位：ペタジュール

部門	1990年	2000年	2010年	2020年
企業事業所他	8,835	9,900	9,161	7,488
家庭	1,640	2,125	2,165	1,908
運輸	3,078	3,830	3,387	2,691

作成条件

ワークシートは，試験開始前に提供されたものを使用する。

1．表およびグラフの体裁は，右ページを参考にして設定する。

　設定する書式：罫線

　設定する数値の表示形式：3桁ごとのコンマ，％，小数の表示桁数

2．表の※印の部分は，式や関数を利用して求める。また，※※印の部分は，資料より必要な値を入力する。

3．グラフの※印の部分は，表に入力された値をもとに表示する。

4．「1．一次エネルギー国内供給」は，次のように作成する。

　(1)「順位」は，「2020年」を基準として，降順に順位を求める。

　(2)「備考」は，「2020年」が「1990年」より大きい場合，〇 を表示し，それ以外の場合，何も表示しない。

　(3)「最大」は，各列の最大値を求める。

5．折れ線グラフは，「1．一次エネルギー国内供給」から作成する。

　(1) 数値軸の目盛は，最小値 (200)，最大値 (1,200)，および間隔 (200) を設定する。

　(2) 軸ラベルの方向を設定する。

　(3) 凡例の位置を設定する。

6．「2．部門別最終エネルギー消費」は，次のように作成する。

　(1)「平均」は，「1990年」から「2020年」の平均を求める。ただし，整数部のみ表示する。

　(2)「伸び率」は，次の式で求める。ただし，％で小数第1位まで表示する。

　　　「2020年　÷　1990年」

　(3)「合計」は，各列の合計を求める。

7．集合縦棒グラフは，「2．部門別最終エネルギー消費」から作成する。

　(1) 数値軸の目盛は，最小値 (1,000)，最大値 (9,000)，および間隔 (2,000) を設定する。

　(2) 軸ラベルの方向を設定する。

　(3) データラベルを設定する。

第
69
回
検
定

エネルギーの供給と消費

1. 一次エネルギー国内供給　　　　　　　　　単位：ペタジュール

エネルギー源	1990年	2000年	2010年	2020年	順位	備考
再生可能エネルギー	267	274	436	1,193	4	○
未活用エネルギー	318	410	530	540	※	※
石炭	3,318	4,199	4,997	4,419	※	※
石油	11,008	11,164	8,858	6,545	※	※
天然ガス・都市ガス	2,056	3,059	3,995	4,272	※	※
原子力	1,884	※※	※※	327	※	※
水力	819	※※	※※	664	※	※
最大	11,008	※	※	※		

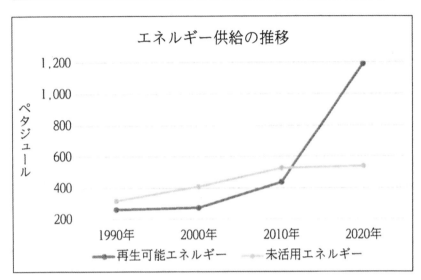

2. 部門別最終エネルギー消費　　　　　　　　単位：ペタジュール

部門	1990年	2000年	2010年	2020年	平均	伸び率
企業事業所他	8,835	9,900	9,161	7,488	8,846	84.8%
家庭	1,640	※※	※※	1,908	※	※
運輸	3,078	※※	※※	2,691	※	※
合計	13,553	※	※	※		

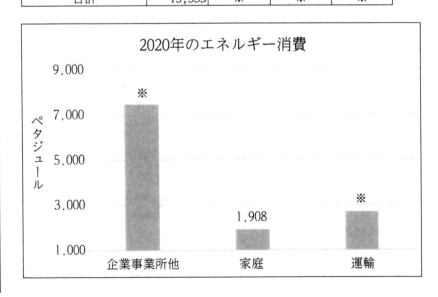

（令和6年1月21日実施）　主催　公益財団法人　全国商業高等学校協会　　制限時間20分
令和5年度（第70回）情報処理検定試験　第3級　筆記

【1】　次の説明文に最も適した答えを解答群から選び，記号で答えなさい。

1．電源を切っても記憶内容が消えない，読み出し専用のメモリ。

2．ディスプレイ上を指や専用のペンなどで触れることによって，文字の入力や画面の操作を行う装置。

3．Webページのテキストや画像などをクリックすることで，関連付けた別のページへ移動するしくみ。

4．コンピュータの画面上で，入力位置や操作位置を示すしるし。

5．実在する企業や金融機関を装ったメールを送り，偽装したWebサイトへ誘導し，個人情報を盗み出す行為。

```
── 解答群 ──────────────────────────────────
  ア．タッチパネル        イ．スクロール          ウ．カーソル
  エ．RAM               オ．RFID               カ．ROM
  キ．検索エンジン        ク．ハイパーリンク       ケ．イメージスキャナ
  コ．フィッシング詐欺
────────────────────────────────────────
```

【2】　次のA群の語句に最も関係の深い説明文をB群から選び，記号で答えなさい。

＜A群＞　1．演算装置　　　　　2．アップデート　　　3．JANコード
　　　　　4．Cc　　　　　　　5．ワクチンプログラム

＜B群＞

ア．メーラの機能の一つで，この方法で指定したメールアドレスは他の受信者には表示されない。

イ．数値の計算や大小の比較判断を行う装置。

ウ．コンピュータやスマートフォンに導入したアプリケーションソフトウェアをシステムから削除すること。

エ．コンピュータウイルスからコンピュータを守るために，ウイルスの発見や削除を行うソフトウェア。

オ．日本で利用されているバーコード規格の一つで，メーカコードや製品コードなどの情報を縦線の太さと間隔によって表すコード。

カ．主記憶装置に記憶されている命令の読み込みと解読を行い，各装置に指示を出す装置。

キ．メーラの機能の一つで，この方法で指定したメールアドレスは他の受信者全員に表示される。

ク．縦方向と横方向の二方向に図形を配置し情報を持つコード。数字の他に英字や漢字などのデータも保存できる。

ケ．ソフトウェアに対して機能追加や不具合の修正を行い，最新の状態にすること。

コ．利用者に気づかれないようにコンピュータに侵入し，コンピュータ内部の情報や利用者の個人情報をインターネットを通じて，外部に送信するマルウェア。

【3】　次の説明文に最も適した答えをア，イ，ウの中から選び，記号で答えなさい。

1．2進数の 10001 を10進数で表したもの。

ア．12　　　　　　　　　　イ．17　　　　　　　　　　ウ．33

2．約1,000,000バイトの記憶容量を表したもの。

ア．1KB　　　　　　　　　イ．1MB　　　　　　　　　ウ．1GB

3．プログラムやデータを，整理して保管する場所。ディレクトリともいう。

ア．EC　　　　　　　　　　イ．フォーマット　　　　　ウ．フォルダ

4．コンピュータの利用者を識別するための，個別に割り振られた文字や数字などの組み合わせ。

ア．ユーザID　　　　　　　イ．ファイル名　　　　　　ウ．アクセス権

5．インターネット上でファイルを保存するため，一定の容量を提供するサービス。

ア．プリントサーバ　　　　イ．URL　　　　　　　　　ウ．オンラインストレージ

【4】　次の各問いに答えなさい。

問1．次の表は，ある学校における冬期講座の受講者数一覧表である。表を見やすくするためにA4〜A6，A7〜A8，A9〜A10のセルをそれぞれ一つにまとめている。この機能の名称として適切なものを選び，記号で答えなさい。

	A	B	C	D	E
1					
2	受講者数一覧表			単位：人	
3	分類名	講座名	1年	2年	3年
4	情報処理	表計算	36	44	21
5		文書処理	25	22	19
6		プログラミング	20	51	35
7	簿記	入門	41	12	4
8		応用	12	25	44
9	英語	スピーキング	30	31	35
10		リスニング	29	22	26

ア．セル結合
イ．行の挿入
ウ．列幅の変更

問2．次の表は，あるクラスの連絡先一覧表である。A3〜C3に項目名を入力したのち，項目の表示を中央揃えにする。A3〜C3を選択し，指定するボタンとして適切なものを選び，記号で答えなさい。

	A	B	C
1			
2	連絡先一覧表		
3	出席番号	生徒名	連絡先
4	1	安達 ○	080-1192-XXXX
5	2	井上 ○○	070-9257-XXXX
6	3	大口 ○	090-5613-XXXX
7	4	小林 ○	080-6818-XXXX
8	5	小松 ○	070-6691-XXXX
9	6	佐藤 ○○	090-4473-XXXX

ア．　　　イ．　　　ウ．　

問3．次の表は，ある施設の利用料金表である。「会員価格」は，「一般価格」に85%を掛けて求める。C4に設定する式として適切なものを選び，記号で答えなさい。ただし，10円未満を切り上げて表示する。

	A	B	C
1			
2	利用料金表		単位：円
3	施設名	一般価格	会員価格
4	メインホール	2,660	2,270
5	リハーサル室	600	510
6	楽屋	340	290
7	会議室	520	450
8	研修室	410	350

ア．=ROUND(B4*85%,-1)
イ．=ROUNDUP(B4*85%,-1)
ウ．=ROUNDDOWN(B4*85%,-1)

問4．次の表は，ある野球リーグの投手防御率一覧表である。4行目から8行目の範囲を指定し，「防御率」を基準として昇順に並べ替えた。この操作によって「選手名」が適切に並べ替えられているものを選び，記号で答えなさい。

	A	B	C	D
1				
2	投手防御率一覧表			
3	選手名	投球回数	自責点	防御率
4	飯田 □□	141	37	2.36
5	池田 □	137	35	2.30
6	伊藤 □□	150	22	1.32
7	佐々木 □	155	38	2.21
8	森田 □	158	50	2.85

ア．
選手名
伊藤 □□
池田 □
飯田 □□
佐々木 □
森田 □

イ．
選手名
森田 □
飯田 □□
池田 □
佐々木 □
伊藤 □□

ウ．
選手名
伊藤 □□
佐々木 □
池田 □
飯田 □□
森田 □

問5．次の表は，ある大学の在学生一覧表である。「学籍番号」の左端から3桁目より2文字は，「年度」を表している。「年度」を抽出するために，D4に設定する式として適切なものを選び，記号で答えなさい。

	A	B	C	D
1				
2	在学生一覧表			
3	学籍番号	学部コード	学部名	年度
4	BU20001	BU	経営学部	20
5	EC20102	EC	経済学部	20
6	LI21252	LI	文学部	21
7	PH22156	PH	薬学部	22
8	SC23202	SC	理学部	23

ア．=VALUE(MID(A4,2,3))
イ．=VALUE(MID(A4,3,2))
ウ．=VALUE(LEFT(A4,3))

【5】 次の各問いに答えなさい。

問1．次の表のD1は，次の式が設定されている。D1に表示される値を
答えなさい。

	A	B	C	D
1	10	20	2	※

(注) ※印は，値の表記を省略している。

=A1^2+B1/C1

問2．次の表とグラフは，ある地域の競技人口を集計したも
のである。次の(1)，(2)に答えなさい。

(1) 作成されたグラフのデータの範囲として適切なもの
を選び，記号で答えなさい。

　ア．A3:E7
　イ．A3:E8
　ウ．B4:E8

(2) グラフから読み取った内容として正しいものを選
び，記号で答えなさい。

　ア．2022年の「バレーボール」の競技人口は，2012年
の「バレーボール」の競技人口よりも少ない。
　イ．2017年において，競技人口が最も多いのは「ソフ
トテニス」である。
　ウ．「バドミントン」の競技人口は，5年ごとに増加し
ている。

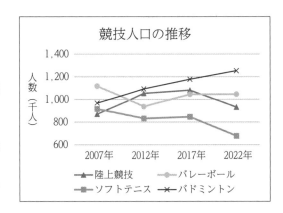

	A	B	C	D	E
1					
2	競技人口				単位：千人
3	競技名	2007年	2012年	2017年	2022年
4	陸上競技	870	1,054	1,082	932
5	バレーボール	1,118	937	1,045	1,046
6	ソフトテニス	916	832	846	678
7	バドミントン	969	1,093	1,179	1,254
8	合計	3,873	3,916	4,152	3,910

【6】 流れ図にしたがって処理するとき，次の各問いに答えなさい。

<流れ図>

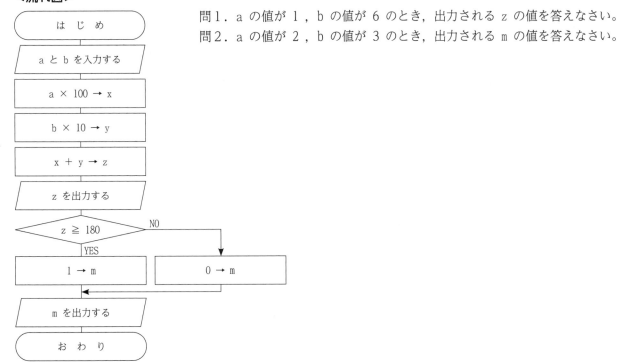

問1．a の値が 1 ，b の値が 6 のとき，出力される z の値を答えなさい。
問2．a の値が 2 ，b の値が 3 のとき，出力される m の値を答えなさい。

【7】 次の表は，ある国の媒体別広告費の資料にもとづき，作成条件にしたがって作成されたものである。各問い
に答えなさい。

資料

2019年　媒体別広告費	
	単位：百億円
媒体	金額
テレビメディア	186
新聞	45
雑誌	17
ラジオ	13
インターネット	211
プロモーションメディア	222

2020年　媒体別広告費	
	単位：百億円
媒体	金額
テレビメディア	165
新聞	37
雑誌	11
ラジオ	12
インターネット	223
プロモーションメディア	168

2021年　媒体別広告費	
	単位：百億円
媒体	金額
テレビメディア	184
新聞	36
雑誌	12
ラジオ	11
インターネット	271
プロモーションメディア	164

2022年　媒体別広告費	
	単位：百億円
媒体	金額
テレビメディア	180
新聞	37
雑誌	12
ラジオ	10
インターネット	309
プロモーションメディア	161

	A	B	C	D	E	F	G	H	I
1									
2				媒体別広告費の推移					
3							単位：百億円		
4	媒体	2019年	2020年	2021年	2022年	合計	平均	割合	備考
5	テレビメディア	186	165	184	180	715	179	25.4%	※
6	新聞	②	37	36	37	155	39	5.2%	※
7	雑誌	17	11	12	12	⑤	13	1.7%	※
8	①	13	12	11	10	46	12	1.4%	※
9	インターネット	211	223	271	309	1,014	254	43.6%	※
10	プロモーションメディア	222	③	164	161	715	179	22.7%	※
11	年合計	694	616	678	709				
12	最大	222	223	④	309				
13	最小	13	11	11	10				

(注) ※印は，値の表記を省略している。

作成条件

1．資料を参考にして，A5～E10にデータを入力する。
2．「合計」は，「2019年」から「2022年」の合計を求める。
3．「平均」は，「2019年」から「2022年」の平均を求める。ただし，整数部のみ表示する。
4．「年合計」は，各列の合計を求める。
5．「割合」は，次の式で求める。ただし，%で小数第1位まで表示する。
　　　「2022年　÷　2022年の年合計」
6．「備考」のI5には，次の式を設定する。
　　　=IF(E5>D5,"○","")
7．「最大」は，各列の最大値を求める。
8．「最小」は，各列の最小値を求める。

問1．表の①～⑤に表示されるデータを答えなさい。

問2．G5に設定する式として適切なものを選び，記号で答えなさい。

　　ア．=AVERAGE(B5:E5)
　　イ．=AVERAGE(B5,E5)
　　ウ．=AVERAGE(B5:B10)

問3．H5に設定する式として適切なものを選び，記号で答えなさい。ただし，この式をH10までコピーする。

　　ア．=E5/E11
　　イ．=$E$5/E11
　　ウ．=E5/$E$11

問4．I列に表示される　○　の数として適切なものを選び，記号で答えなさい。ただし，I5の式をI10までコピーしてある。

　　ア．2
　　イ．3
　　ウ．4

問5．B13に設定する式として適切なものを選び，記号で答えなさい。

　　ア．=MAX(B5:B10)
　　イ．=MIN(B5:B10)
　　ウ．=COUNTA(B5:B10)

（令和6年1月21日実施）　**主催　公益財団法人　全国商業高等学校協会**　制限時間20分

令和5年度（第70回）情報処理検定試験ビジネス情報部門　**第3級　実技**

　次の資料は，あるシーズンのスキー場別利用者数と3月のEパノラマ券種別販売数を示したものである。資料と作成条件にしたがってシート名「シート1」を作成しなさい。

資料

スキー場別利用者数　　　　　　　　　　単位：人

スキー場名	12月	1月	2月	3月
Aリゾート	14,751	47,564	47,952	45,402
Bスノーパーク	7,625	16,948	13,210	14,621
Cガーデン	40,203	34,902	35,804	44,507
D高原	9,842	34,767	27,351	28,550
Eパノラマ	20,377	59,703	66,097	60,173
Fマウンテン	37,739	76,950	62,386	70,044

3月のEパノラマ券種別販売数　　　　　単位：枚

券種	大人	中高生	小学生	シニア
1回券	5,820	1,523	1,168	2,673
7回券	8,044	2,702	1,350	620
4時間券	7,672	2,189	1,151	1,364
1日券	10,974	3,271	2,382	551
ナイター券	3,957	2,168	355	239

作成条件

　ワークシートは，試験開始前に提供されたものを使用する。
1．表およびグラフの体裁は，右ページを参考にして設定する。
　　（設定する書式：罫線
　　　設定する数値の表示形式：3桁ごとのコンマ，％，小数の表示桁数）
2．表の※印の部分は，式や関数を利用して求める。また，※※印の部分は，資料より必要な値を入力する。
3．グラフの※印の部分は，表に入力された値をもとに表示する。
4．「1．スキー場別利用者数」は，次のように作成する。
　（1）「最大」は，「12月」から「3月」の最大値を求める。
　（2）「備考」は，「3月」が「12月」の2倍以上の場合，○を表示し，それ以外の場合，何も表示しない。
　（3）「平均」は，各列の平均を求める。ただし，整数部のみ表示する。
5．円グラフは，「1．スキー場別利用者数」から作成する。
　（1）データラベルを設定し，割合を％で小数第1位まで表示する。
　（2）「Eパノラマ」を切り離す。
6．「2．3月のEパノラマ券種別販売数」は，次のように作成する。
　（1）「合計」は，「大人」から「シニア」の合計を求める。
　（2）「順位」は，「大人」を基準として，降順に順位を求める。
　（3）「最小」は，各列の最小値を求める。
7．積み上げ横棒グラフは，「2．3月のEパノラマ券種別販売数」から作成する。
　（1）数値軸の目盛は，最小値（0），最大値（18,000），および間隔（6,000）を設定する。
　（2）軸ラベルを設定する。
　（3）凡例の位置を設定する。

スキー場利用者報告書

1．スキー場別利用者数　　　　　　　　　　　　　　　　単位：人

スキー場名	12月	1月	2月	3月	最大	備考
Aリゾート	14,751	47,564	47,952	45,402	47,952	○
Bスノーパーク	7,625	16,948	13,210	14,621	※	※
Cガーデン	40,203	34,902	35,804	44,507	※	※
D高原	9,842	34,767	27,351	28,550	※	※
Eパノラマ	20,377	59,703	66,097	60,173	※	※
Fマウンテン	37,739	※※	※※	70,044	※	※
平均	21,756	※	※	※		

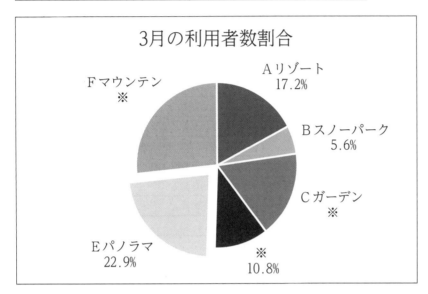

3月の利用者数割合

Fマウンテン　※
Aリゾート　17.2%
Bスノーパーク　5.6%
Cガーデン　※
Eパノラマ　22.9%
※　10.8%

2．3月のEパノラマ券種別販売数　　　　　　　　　　　単位：枚

券種	大人	中高生	小学生	シニア	合計	順位
1回券	5,820	1,523	1,168	2,673	11,184	4
7回券	8,044	2,702	1,350	620	※	※
4時間券	7,672	2,189	1,151	1,364	※	※
1日券	10,974	※※	※※	551	※	※
ナイター券	3,957	※※	※※	239	※	※
最小	3,957	※	※	※		

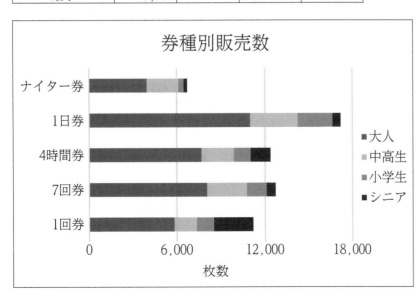

券種別販売数

ナイター券
1日券
4時間券
7回券
1回券

0　　　6,000　　　12,000　　　18,000
枚数

■大人
■中高生
■小学生
■シニア

直前 check

ハードウェアの構成

半導体基板の上に，複数の電子部品を組み込んだ電子回路。	①
電源を切っても記憶内容が消えない，読み取り専用のメモリ。	②
電源を切ると記憶内容が消える，書き込みと読み取りが可能なメモリ。	③
プログラムを解読して計算処理などを行い，各装置を制御するコンピュータの中心部分。	④
コンピュータにおける五大装置の中で，記憶装置の命令を取り出して解読し，各装置に指示を与える装置。	⑤
コンピュータにおける五大装置の中で，データの四則計算や比較判断を行う装置。	⑥
コンピュータにおける五大装置の中で，プログラムやデータをためておく装置。	⑦
⑦のうち，コンピュータ本体に組み込まれ，CPU から直接データを読み書きできる記憶装置。メモリと呼ばれる。	⑧
⑦のうち，CPU から直接データを読み書きできない記憶装置。電源を切っても記憶内容は消えない。	⑨
複数の金属製の円盤を回転させ，磁気を利用してデータの読み書きを行う補助記憶装置。	⑩
大容量の半導体メモリを用いた補助記憶装置。ハードディスクに比べ，省電力，衝撃耐久性，起動速度などに優れている。	⑪
光ディスクに，赤色レーザ光線を用いて約 4.7GB 読み書きできる記憶媒体。映像の記録などに用いる。	⑫
光ディスクに，青紫色レーザ光線を用いて約 25GB 読み書きできる記憶媒体。高画質の映像を記録できる。	⑬
電源を切っても記憶内容が消えない不揮発性の半導体を用いて読み書きする補助記憶装置。	⑭
コンピュータにおける五大装置の中で，プログラムやデータを主記憶装置に読み込む装置。	⑮
ディスプレイ上のマークやボタンを指やペンで触れることによりデータを入力する装置。	⑯
写真や絵，印刷物などを光学的に読み取り，デジタルデータとして入力する装置。	⑰
商品などに付いたバーコードを光学的に読み取って入力する装置。	⑱
コンピュータにおける五大装置の中で，データの処理結果を表示したり，印字したりする装置。	⑲
細かな液状のインクを用紙に吹きつけて印字する出力装置。	⑳
印字データをレーザ光により感光ドラムにあて，トナーを付着させてから用紙に転写する出力装置。	㉑
パソコンの画面や DVD の映像などをスクリーンや壁などに投影する装置。	㉒
コンピュータ本体と情報機器を接続して，データをやり取りするための規格。	㉓
一つの受け口で最大 127 台までの情報機器を接続できるインタフェース規格。	㉔
デジタル家電や AV 機器で使われる映像や音声の入出力用のインタフェース規格。	㉕
電波を使って，数 m から数十 m 程度の近距離間でのデータ通信に利用されるインタフェース規格。	㉖

①集積回路　②ROM　③RAM　④CPU(中央処理装置)　⑤制御装置　⑥演算装置　⑦記憶装置　⑧主記憶装置　⑨補助記憶装置　⑩ハードディスク　⑪SSD　⑫DVD　⑬ブルーレイディスク　⑭フラッシュメモリ　⑮入力装置　⑯タッチパネル　⑰イメージスキャナ　⑱バーコードリーダ　⑲出力装置　⑳インクジェットプリンタ　㉑レーザプリンタ　㉒プロジェクタ　㉓インタフェース　㉔USB　㉕HDMI　㉖Bluetooth

ソフトウェアの構成

ハードウェアとアプリケーションソフトウェアの間で動作し，それぞれを管理，制御するソフトウェア。	①
表計算ソフトウェアやワープロソフトウェアのように，特定の目的に利用するためのソフトウェア。	②
コンピュータにソフトウェアを保存して，使用可能な状態にすること。セットアップともいう。	③
コンピュータからソフトウェアを削除して，使用不可能な状態にすること。	④
ソフトウェアを最新の状態に更新すること。	⑤

①OS(オペレーティングシステム)　②アプリケーションソフトウェア　③インストール　④アンインストール　⑤アップデート

パーソナルコンピュータの操作

コンピュータの操作を，ボタンやアイコンを選択することで直感的に簡単に行えるようにした操作環境。	①
コンピュータを直感的に操作できるようにしたディスプレイ上の小さな絵文字。	②
画面上でデータの入力位置や操作位置を示すしるし。	③
画面上に表示しきれない文字や画像を見るために，表示範囲を移動させる操作。	④

①GUI　②アイコン　③カーソル　④スクロール

関連知識

数値を，0と1の2種類の数字のみで表現したもの。	①
2進数の1桁で表される情報の最小単位。	②
2進数の8桁で表される情報の基本単位。	③
処理速度の単位で，1,000(千)分の1秒。	④
処理速度の単位で，1,000,000(百万)分の1秒。	⑤
処理速度の単位で，1,000,000,000(十億)分の1秒。	⑥
処理速度の単位で，1,000,000,000,000(一兆)分の1秒。	⑦
処理速度の単位で，1,000,000,000,000,000(千兆)分の1秒。	⑧
記憶容量の単位で，約1,000(千)バイト(B)。	⑨
記憶容量の単位で，約1,000,000(百万)バイト(B)。約1,000KB。	⑩
記憶容量の単位で，約1,000,000,000(十億)バイト(B)。約1,000MB。	⑪
記憶容量の単位で，約1,000,000,000,000(一兆)バイト(B)。約1,000GB。	⑫
記憶容量の単位で，約1,000,000,000,000,000(千兆)バイト(B)。約1,000TB。	⑬
記憶媒体を利用できるようにするための作業。初期化ともいう。	⑭
データを記憶媒体に保存する際に付ける名前。	⑮
記憶媒体でファイルを分類，整理するために作られる保管場所。	⑯
発生したデータを一定期間または一定量ためておき，一括して処理する方式。	⑰
発生するデータを即座に処理する方式。	⑱
企業間の商品の受注業務・発注業務をオンラインで結ばれたコンピュータを用いて,効率的に行う電子発注システム。	⑲
インターネットを利用して，商品やサービスの取引を行うしくみ。	⑳
販売店のレジで商品のバーコードを読み取ることで，売上情報を収集して記録するしくみ。	㉑
横方向に並んだ直線の太さや間隔によって，データを記録したもの。商品情報などに利用されている。	㉒
JISによって規格化されたバーコードで，日本の共通商品コードとなっている。	㉓
小さな正方形の点を縦横に並べ，どの方向からも正確に読み取れるコード。バーコードの数百倍の情報を記録できる。	㉔
無線通信によりICタグからの情報を読み書きし，商品を管理する技術。	㉕
内部に集積回路とアンテナを内蔵し，電波を利用してデータの読み書きができるカード。	㉖
人間の知能をコンピュータで実現するための技術。自律的に認識，学習，判断，推論を行う。	㉗
情報端末以外の電子機器や機械類をインターネットに接続して,情報をやり取りするしくみ。モノのインターネット。	㉘

①2進数　②ビット　③バイト　④ms　⑤μs　⑥ns　⑦ps　⑧fs　⑨KB　⑩MB　⑪GB　⑫TB　⑬PB　⑭フォーマット
⑮ファイル名　⑯フォルダ(ディレクトリ)　⑰バッチ処理　⑱リアルタイム処理　⑲EOS(電子発注システム)　⑳EC(電子商取引)
㉑POSシステム　㉒バーコード　㉓JANコード　㉔二次元バーコード(QRコード)　㉕RFID　㉖非接触型ICカード　㉗AI　㉘IoT

通信ネットワークに関する知識

家庭や企業にインターネットの各種サービスを提供する接続業者。	①
Webページを作成するための言語。	②

Web ページを閲覧するためのソフトウェア。	③
インターネットにおいて，HTML 文書や画像などのファイルの保存場所を示すアドレス。	④
URL や電子メールアドレスの，組織・団体など所属を表す部分。	⑤
Web ページ間を関連づけて，指定した文字や画像をクリックすると関連した Web ページに移動する機能のこと。	⑥
インターネット上に公開されている情報を検索するために利用するシステム。	⑦
Web ページの情報を蓄積しておき，ブラウザからの要求に応じて送信するコンピュータ。	⑧
電子メールの送受信を行うコンピュータ。	⑨
電子メールを送受信するためのソフトウェア。	⑩
メーラを使わずに，ブラウザ上で電子メールの送受信を行うしくみ。	⑪
電子メールを送信したい相手のメールアドレスを入力する場所。	⑫
電子メールを複数の相手に同時に送信するメーラの機能で，指定したメールアドレスは他の受信者にも通知される。	⑬
電子メールを複数の相手に同時に送信するメーラの機能で，指定したメールアドレスは他の受信者には通知されない。	⑭
電子メールの送信時に本文と一緒に送付される，画像や音楽，アプリケーションソフトなどのファイルのこと。	⑮
複数の利用者が共有するワープロ文書やワークシートなどのファイルを保存しているコンピュータ。	⑯
複数の利用者でプリンタを共有するために設置されたコンピュータ。	⑰
インターネット上に用意されたデータの保存場所。一つのファイルを複数の利用者で共有できる。	⑱
利用者のコンピュータにあるプログラムやデータを，ネットワーク上のコンピュータに転送して保存すること。	⑲
ネットワーク上のコンピュータにあるプログラムやデータを，利用者のコンピュータに転送して保存すること。	⑳

①プロバイダ　②HTML　③ブラウザ　④URL　⑤ドメイン名　⑥ハイパーリンク　⑦検索(サーチ)エンジン　⑧Web サーバ　⑨メールサーバ　⑩メーラ　⑪Web メール　⑫宛先(To)　⑬カーボンコピー(Cc)　⑭ブラインドカーボンコピー(Bcc)　⑮添付ファイル　⑯ファイルサーバ　⑰プリントサーバ　⑱オンラインストレージ　⑲アップロード　⑳ダウンロード

情報モラル

他人に知られたくない個人の情報を本人の許可無く公開し，精神的苦痛を与えること。	①
青少年に閲覧させたくない不適切な Web サイトへのアクセスを制限する機能。	②
青少年の健全な育成をさまたげる情報や犯罪となりうる情報を掲載している不適切な Web サイト。	③
相手の同意なしに一方的に送り付けて，受信者が不愉快な思いをするような電子メールの総称。	④
④のうち，不特定多数の人に大量に送信される商品の広告や勧誘などの電子メール。	⑤
④のうち，受信者に受信内容を他の人へも送信するように促す電子メール。	⑥
インターネット上で，人をだまして金銭などを得ようとする犯罪行為。	⑦
偽の電子メールや Web サイトから，クレジットカード番号や暗証番号などの個人情報を不正に入手する詐欺行為。	⑧
Web ページなどでハイパーリンクの設定された文字や画像をクリックさせて，不当な料金を請求する詐欺行為。	⑨

①プライバシーの侵害　②フィルタリング　③有害サイト　④迷惑メール　⑤スパムメール　⑥チェーンメール　⑦ネット詐欺　⑧フィッシング詐欺　⑨ワンクリック詐欺

セキュリティ

ある人物が本当にその人物であるかどうか，パスワードなどを用いて確認すること。	①
人間の身体的な特徴から個人の識別を行う認証システムのこと。	②
コンピュータシステムやネットワークに接続する際に，利用者を識別するために入力する番号や文字列。	③
ユーザ ID を入力した利用者が本人かどうかを確認するために入力する暗証番号。英数字を組み合わせて設定する。	④
利用者の身分や職位によって，コンピュータやファイルなどを利用する権限を制限すること。	⑤
ネットワーク上にあるコンピュータやファイル，情報機器を利用するための権限のこと。	⑥
利用権限の無いコンピュータシステムへ侵入すること。	⑦
ネットワークに他人のパスワード等を不正に用いて侵入し，その人の振りをして活動すること。	⑧
他人のコンピュータシステムに被害を与える目的で，悪意を持って作られたソフトウェアの総称。	⑨
プログラムに組み込まれてコンピュータシステムに侵入し，不正な処理を行い，自分の複製を作って増殖するマルウェア。	⑩

利用者が気づかぬうちにコンピュータに侵入し，利用者に関する情報を収集して，外部へ送信するマルウェア。	⑪
侵入したコンピュータに自分の複製を大量に作成して，さまざまな不具合を起こすマルウェア。	⑫
一見無害なソフトウェアを装って侵入し，特定のタイミングで外部からの遠隔操作によって不正な処理を行うマルウェア。	⑬
コンピュータウイルスを検出し，駆除するソフトウェア。	⑭
コンピュータウイルスの特徴を記録したウイルス検出用のファイル。	⑮
コンピュータウイルスを検出し，除去したり，感染したファイルを削除したりするソフトウェア。	⑯

①認証　②生体認証(バイオメトリクス認証)　③ユーザID　④パスワード　⑤アクセス制限　⑥アクセス権　⑦不正アクセス
⑧なりすまし　⑨マルウェア　⑩コンピュータウイルス　⑪スパイウェア　⑫ワーム　⑬トロイの木馬　⑭ウイルス対策ソフトウェア
⑮ウイルス定義ファイル(パターンファイル)　⑯ワクチンプログラム

アルゴリズム

アルゴリズムの基本構造の一つで，流れ図では各処理が直線的につながり，上から下へ順に実行される。	①
アルゴリズムの基本構造の一つで，流れ図では判断記号を用い，条件によって処理が分かれる。	②
アルゴリズムの基本構造の一つで，流れ図ではループ端記号を用い，指定した条件が満たされている間は処理を繰り返す。	③
選択，繰り返し構造の条件で，ある処理を指定した回数分，実行しているか判断する。	④
選択，繰り返し構造の条件で，ある値が指定した値かどうか判断する。	⑤
アルゴリズムを図式化したもの。流れ図記号を用いて，原則，処理が上から下へと流れるように記述する。	⑥
流れ図にそって処理を上から下へ順にたどり，処理手順や変数の記憶内容などを確認する作業。	⑦
流れ図で，データを入力したり出力したりするときに記述する記号。	⑧
数値を演算すること。加算，減算，乗算，除算などがある。	⑨
真偽値を演算すること。AND演算，OR演算，NOT演算などがある。	⑩
流れ図で，データを画面に表示したりプリンタに印字したり，出力するときに記述する記号。	⑪
プログラムでデータを記憶する場所のうち，記憶内容を自由に変化させることができる記憶場所。	⑫
プログラムでデータを記憶する場所のうち，一度指定した値のまま，記憶内容を変えることができない記憶場所。	⑬

①順次　②選択　③繰り返し　④回数判定　⑤条件判定　⑥流れ図(フローチャート)　⑦トレース　⑧データの入出力　⑨算術演算
⑩論理演算　⑪表示・印字　⑫変数　⑬定数

表の作成

表計算ソフトウェアにおいて，データの入力や計算，グラフの作成などを行う複数の行と列からなる領域。	①
表計算ソフトウェアにおいて，行と列により位置を指定できる一つ一つのマス目のこと。	②
ワークシートの横方向のセルの集まり。	③
ワークシートの縦方向のセルの集まり。	④
セルの縦の長さ。	⑤
セルの横の長さ。	⑥
数値の表示において，自動的にカンマを付けたり，円記号を表示させたりすること。	⑦
セル内のデータの位置で，横方向の左揃え，中央揃え，右揃えや縦方向の上揃え，中央揃え，下揃えなどがある。	⑧
セル内のデータの向きで，横書き，縦書きのほか，ななめにも設定することができる。	⑨
複数のセルを合体させて，一つのセルのように扱えるようにすること。	⑩
選択したデータを，元の場所に残したまま，別の場所に同じものを作成すること。	⑪
選択したデータを，元の場所に残さずに，別の場所に同じものを作成すること。	⑫
ワークシート上の表を見やすくするために，セルの外枠などに引く線のこと。	⑬
計算式で，比較する条件を設定する際に用いる演算子。＝＜＞などがある。	⑭
計算式で，四則計算などに用いる演算子。＋－＊／∧などがある。	⑮
セルの値を変更すると，自動的に改めて計算を行い，新しい計算結果を表示すること。	⑯
表計算ソフトウェアにおいて，関数での計算に用いられるセル範囲や桁数などの情報。	⑰
セルを移動したり複写した場合に，セル番地が自動的に変化するように列番号と行番号に＄記号を付けないもの。	⑱

セルを移動したり複写した場合に,元のセル番地が変化しないように列番号と行番号に＄記号を付けたもの。	⑲
ある項目(列)を基準として,特定の規則に従って整列させること。	⑳
データを並べ替えるときに,その基準となる項目(列)のこと。	㉑
データを並べ替えるときに,値の小さいものから順に並べる方法。	㉒
データを並べ替えるときに,値の大きいものから順に並べる方法。	㉓

①ワークシート　②セル　③行　④列　⑤行高　⑥列幅　⑦セルの表示形式　⑧文字位置　⑨文字方向　⑩セル結合　⑪複写　⑫移動
⑬罫線　⑭比較演算子　⑮算術演算子　⑯再計算　⑰引数　⑱相対参照　⑲絶対参照　⑳並べ替え　㉑キー項目　㉒昇順　㉓降順

直前チェック

関数の利用

指定したセル範囲の合計を求める関数。	①
指定したセル範囲の平均値を求める関数。	②
指定したセル範囲の最大値を求める関数。	③
指定したセル範囲の最小値を求める関数。	④
指定したセル範囲内での順位を求める関数。	⑤
指定した条件により,真・偽を判定し,それぞれの場合に異なる処理をさせる関数。	⑥
指定したセル範囲で,数値データが入力されたセルの件数を求める関数。	⑦
指定したセル範囲で,空白のセル以外の,数値または文字が入力されたセルの件数を求める関数。	⑧
四捨五入して指定した桁数にする関数。	⑨
指定した桁数に切り上げる関数。	⑩
指定した桁数に切り捨てる関数。	⑪
指定したセルの文字数を求める関数。	⑫
指定したセルの左端から指定した文字数を取り出す関数。	⑬
指定したセルの右端から指定した文字数を取り出す関数。	⑭
指定したセルの指定した文字位置から指定した文字数を取り出す関数。	⑮
指定したセルの文字データを,数値データに変換する関数。	⑯
現在の日付と時刻をシリアル値で表示する関数。	⑰
現在の日付をシリアル値で表示する関数。	⑱
ある関数の引数に関数を用いること。	⑲

①SUM　②AVERAGE　③MAX　④MIN　⑤RANK　⑥IF　⑦COUNT　⑧COUNTA　⑨ROUND　⑩ROUNDUP　⑪ROUNDDOWN
⑫LEN　⑬LEFT　⑭RIGHT　⑮MID　⑯VALUE　⑰NOW　⑱TODAY　⑲関数のネスト(入れ子)

グラフ

量の変化や大きさを表すときに用いるグラフ。	①
複数の要素を一つの棒で表し,総量や総量に対する各データの比率を表すときに用いるグラフ。	②
全体に対する各要素の構成比やその時間的変化を表すときに用いるグラフ。	③
時系列での変化を表すときに用いるグラフ。	④
内訳比率を表すときに用いるグラフ。	⑤
円グラフで,一部の項目を切り離して強調して示したもの。	⑥
各項目間のバランスを表すときに用いるグラフ。	⑦
グラフの横軸と縦軸を入れ替えること。	⑧
グラフの表題を付ける部分。	⑨
グラフの縦軸や横軸のこと。数値の目盛を示した数値軸と項目名を示した項目軸からなる。	⑩
グラフの縦軸や横軸に付ける見出し。	⑪
グラフの各要素を,色やパターンで区分して示した部分。	⑫

①集合棒グラフ　②積み上げ棒グラフ　③100%積み上げ棒グラフ　④折れ線グラフ　⑤円グラフ　⑥切り離し円
⑦レーダー(レーダーチャート)　⑧行列の切り替え　⑨タイトル　⑩軸　⑪ラベル　⑫凡例

令和6年度版　全国商業高等学校協会主催

情報処理検定模擬試験問題集

3級 解答編

年　　　　組　　　　番

実教出版

第3級 解答編目次

注意事項

● 本書で示した計算式や関数はあくまでも一例で，別解もある。

  例 1 ：＝ SUM（C5：G5）でも ＝ SUM（G5：C5）でもよい。

  例 2 ：＄記号の付いた絶対（複合）番地の指定は，コピー機能を使用するためのものであって，指定しなければ動
      作しないというものではないので，作成条件で特に指定がなければ，＄記号の有無は解答の正誤には関係
      ない。

● グラフを自動設定で作成すると細かな体裁（フォント・目盛の向き・凡例の枠囲みなど）に違いがでるが，作成条
  件で特に指定がなければ，採点箇所のみをチェックすればよい。

● 本書は全商協会の検定試験の解答に基づき，グラフは Excel で作成したものを掲載している。

【ハードウェア・ソフトウェアに関する知識】

p.12 【1】

1	オ	2	イ	3	コ	4	ウ	5	ク

解説　解答以外の解答群の語句の説明は以下のとおりである。
ア．アイコンは，コンピュータを操作するためのディスプレイ上の小さな絵文字。
エ．フラッシュメモリは，電源を切ってもデータが消えない不揮発性の半導体を用いた補助記憶装置。
カ．RAM は，データの読み出しと書き込みができ，電源を切ると記憶内容が失われるメモリ。
キ．ブルーレイディスクは，青紫色のレーザ光線を用いてデータを読み書きする光ディスク。一層式で約 25GB，二層式で約 50GB 記録できる。
ケ．CPU は，プログラムを解読して計算処理などを行い，各装置を制御するコンピュータの中心部分。

【2】

1	2	2	8	3	256	4	127	5	13

【3】

1	キ	2	オ	3	ケ	4	ア	5	イ

解説　解答以外のB群の説明文は以下の語句についての説明である。
ウ．制御装置
エ．フラッシュメモリ
カ．インクジェットプリンタ
ク．USB
コ．DVD

p.13 【4】

1	イ	2	ア	3	ウ	4	イ	5	ア

解説　解答以外の選択肢の語句の説明は以下のとおりである。
1．ア．OS は，ハードウェアとアプリケーションソフトウェアの間で動作し，それぞれを管理，制御するソフトウェア。
　　ウ．GUI は，ボタンやアイコンを用い，コンピュータの操作を直感的に簡単に行えるようにしたしくみ。
2．イ．主記憶装置は，CPU からデータを直接読み書きできる記憶装置。
　　ウ．ROM は，データの読み出し専用のメモリ。電源を切っても記憶内容は消えない。
3．ア．インストールは，コンピュータにソフトウェアを追加して使用可能な状態にすること。
　　イ．フォーマットは，初期化とも呼ばれ，記憶媒体を利用できるようにするための作業のこと。
4．ア．ブルーレイディスクは，青紫色のレーザ光線を用いてデータを読み書きする光ディスク。二層式で約 50GB 記録できる。
　　ウ．DVD は，赤色のレーザ光線を用いてデータを読み書きする光ディスク。片面一層式で約 4.7GB まで記録できる。
5．イ．USB は，パソコンとその周辺機器等を結ぶ，シリアルインタフェース規格。
　　ウ．EOS は，企業間をオンラインで結んだ電子発注システム。

【5】

1	ウ	2	オ	3	ク	4	ケ	5	カ

解説　解答以外の解答群の語句の説明は以下のとおりである。
ア．ROM は，データの読み出し専用で，電源を切っても記憶内容が消えないメモリ。
イ．演算装置は，五大装置の中で，四則計算および比較判断を行う装置。
エ．バイトは，2 進数の 8 桁で表される情報の基本単位。
キ．ブルーレイディスクは，青紫色のレーザ光線を用いてデータを読み書きする光ディスク。二層式で約 50GB まで記録できる。
コ．レーザプリンタは，レーザ光線を用い，トナーを用紙に付着させる出力装置。

【6】

1	キ	2	エ	3	コ	4	カ	5	ア

解説　解答以外のB群の説明文は以下の語句についての説明である。
イ．Bluetooth
ウ．HDMI

オ．補助記憶装置
ク．ビット
ケ．ブルーレイディスク

p.14 【7】

1	カ	2	ア	3	コ	4	ク	5	エ

解説 解答以外の解答群の語句の説明は以下のとおりである。
イ．フォーマットは，初期化とも呼ばれ，記憶媒体を利用できるようにするための作業のこと。
ウ．インストールは，コンピュータにソフトウェアを保存して使用可能な状態にすること。
オ．アイコンは，コンピュータを簡単に操作できるようにするためのディスプレイ上の小さな絵文字。
キ．EOSは，企業間をオンラインで結んだ受発注システム。
ケ．ECは，インターネットを利用して，商品やサービスの売買を行うこと。

【8】

1	ケ	2	キ	3	コ	4	オ	5	ウ

解説 解答以外のB群の説明文は以下の語句についての説明である。
ア．二次元バーコード
イ．RFID
エ．インストール
カ．ファイル名
ク．EOS

【9】

1	イ	2	ア	3	イ	4	ア	5	ウ

解説 解答以外の選択肢の語句の説明は以下のとおりである。
1．ア．アンインストールは，コンピュータからソフトウェアを削除して導入前の状態に戻すこと。
　　ウ．フォーマットは，初期化とも呼ばれ，記憶媒体を利用できるようにするための作業のこと。
2．イ．EOSは，企業間をオンラインで結んだ受発注システム。
　　ウ．QRコードは，縦横の2方向に情報を持つ2次元バーコード。
3．ア．AIは人間の知能をコンピュータ上で実現させる技術。
　　ウ．アップデートは，ソフトウェアを最新の状態にすること。
4．イ．スクロールは，画面上の表示範囲を上下・左右に移動させる操作。
　　ウ．カーソルは，画面上で入力位置や操作位置を示すしるし。
5．ア．リアルタイム処理は，発生するデータをただちに処理する方式。
　　イ．電子発注システム(EOS)は，企業間の受発注業務をオンラインで結ばれたコンピュータを用いて効率的に行うこと。

p.15 【10】

1	ケ	2	ア	3	イ	4	キ	5	ク

解説 解答以外の解答群の語句の説明は以下のとおりである。
ウ．JANコードは，JISにより規格化され，日本の共通商品コードとなっているバーコード。
エ．CPUは，プログラムを解読して演算処理を行い，各装置を制御するコンピュータの中心部分。
オ．POSシステムは，販売店のレジで商品のバーコードを読み取ることで，売上情報を収集して記録するしくみ。
カ．AIは，人間の知能をコンピュータ上で実現させる技術。
コ．オペレーティングシステム(OS)は，ハードウェアとアプリケーションソフトウェアの間で動作し，それぞれを管理，制御するソフトウェア。

【11】

1	コ	2	ア	3	カ	4	ウ	5	ク

解説 解答以外のB群の説明文は以下の語句についての説明である。
イ．フォルダ(ディレクトリ)
エ．バッチ処理
オ．アンインストール
キ．OS(オペレーティングシステム)
ケ．アップデート

【12】

(1)	イ	(2)	オ	(3)	ウ	(4)	エ	(5)	ア

p.16 【13】

(1)	イ	(2)	ウ	(3)	ア	(4)	オ	(5)	エ

1	イ	2	ウ	3	エ
4	キ	5	ク	6	オ

解説 問題および解答群の各数値を 10^n の表記に直し，値を比較する。

1．$100\text{fs} = 10^2 \times 10^{-15}\text{s} = 10^{-13}\text{s}$

2．$1{,}000\mu\text{s} = 10^3 \times 10^{-6}\text{s} = 10^{-3}\text{s}$

3．$0.1\text{ns} = 10^{-1} \times 10^{-9}\text{s} = 10^{-10}\text{s}$

4．$10\text{MB} = 10^1 \times 10^6\text{B} = 10^7\text{B}$

5．$100\text{KB} = 10^2 \times 10^3\text{B} = 10^5\text{B}$

6．$0.01\text{PB} = 10^{-2} \times 10^{15}\text{B} = 10^{13}\text{B}$

ア．$1\text{ns} = 10^{-9}\text{s}$

イ．$0.1\text{ps} = 10^{-1} \times 10^{-12}\text{s} = 10^{-13}\text{s}$

ウ．$1\text{ms} = 10^{-3}\text{s}$

エ．$100\text{ps} = 10^2 \times 10^{-12}\text{s} = 10^{-10}\text{s}$

オ．$10\text{TB} = 10^1 \times 10^{12}\text{B} = 10^{13}\text{B}$

カ．$100\text{GB} = 10^2 \times 10^9\text{B} = 10^{11}\text{B}$

キ．$0.01\text{GB} = 10^{-2} \times 10^9\text{B} = 10^7\text{B}$

ク．$0.1\text{MB} = 10^{-1} \times 10^6\text{B} = 10^5\text{B}$

【15】

1	110	2	1011	3	10101
4	11100	5	100011	6	1011101

解説 10進数を2で割り，商が0になるまで余りを求める。

1．
```
2) 6
2) 3 …0
2) 1 …1
   0 …1
```

2．
```
2) 1 1
2)   5 …1
2)   2 …1
2)   1 …0
     0 …1
```

3．
```
2) 2 1
2) 1 0 …1
2)   5 …0
2)   2 …1
2)   1 …0
     0 …1
```

4．
```
2) 2 8
2) 1 4 …0
2)   7 …0
2)   3 …1
2)   1 …1
     0 …1
```

5．
```
2) 3 5
2) 1 7 …1
2)   8 …1
2)   4 …0
2)   2 …0
2)   1 …0
     0 …1
```

6．
```
2) 9 3
2) 4 6 …1
2) 2 3 …0
2) 1 1 …1
2)   5 …1
2)   2 …1
2)   1 …0
     0 …1
```

【16】

1	5	2	10	3	27
4	23	5	42	6	99

解説 2進数の各桁に，各桁の重み（2のべき乗）を掛けてその和を求める。

1．$101 = 1 \times 2^2 + 0 \times 2^1 + 1 \times 2^0 = 4 + 1 = 5$

2．$1010 = 1 \times 2^3 + 0 \times 2^2 + 1 \times 2^1 + 0 \times 2^0 = 8 + 2 = 10$

3．$11011 = 1 \times 2^4 + 1 \times 2^3 + 0 \times 2^2 + 1 \times 2^1 + 1 \times 2^0 = 16 + 8 + 2 + 1 = 27$

4．$10111 = 1 \times 2^4 + 0 \times 2^3 + 1 \times 2^2 + 1 \times 2^1 + 1 \times 2^0 = 16 + 4 + 2 + 1 = 23$

5．$101010 = 1 \times 2^5 + 0 \times 2^4 + 1 \times 2^3 + 0 \times 2^2 + 1 \times 2^1 + 0 \times 2^0 = 32 + 8 + 2 = 42$

6．$1100011 = 1 \times 2^6 + 1 \times 2^5 + 0 \times 2^4 + 0 \times 2^3 + 0 \times 2^2 + 1 \times 2^1 + 1 \times 2^0 = 64 + 32 + 2 + 1 = 99$

【通信ネットワーク・情報モラルとセキュリティに関する知識】

p.22 **【1】**

1	ウ	2	キ	3	ケ	4	オ	5	エ

解説 解答以外の解答群の語句の説明は以下のとおりである。
- ア．メーラは，電子メールを送受信するためのソフトウェア。
- イ．添付ファイルは，電子メールの送信時に本文と一緒に送付されるファイル。
- カ．メールサーバは，電子メールの送受信を行うコンピュータ。
- ク．カーボンコピーは，電子メールを複数の相手に同時に送信する方法の一つで，指定したメールアドレスは他の受信者にも通知される。
- コ．ドメイン名は，URL や電子メールアドレスの組織・団体など所属を表す部分。

【2】

1	ウ	2	ア	3	ウ	4	イ	5	ウ

解説 解答以外の選択肢の語句の説明は以下のとおりである。
1．ア．フィルタリングは，青少年などにとって不適切な Web サイトなどへのアクセスを制限する機能。
　　イ．ダウンロードは，サーバに公開されているプログラムやデータをネットワークを通して利用者のコンピュータに転送し保存すること。
2．イ．URL は，インターネットにおいて，HTML 文書や画像などのファイルの保存場所を示すアドレス。
　　ウ．ハイパーリンクは，Web ページ間を関連づけて，指定した文字や画像をクリックすると関連した Web ページに移動する機能のこと。
3．ア．ブラウザは，Web ページを表示するためのソフトウェア。
　　イ．HTML は，Web ページを作成するための言語。
4．ア．Cc は，電子メールを複数の相手に同時に送信する方法の一つで，指定したメールアドレスは他の受信者にも通知される。
　　ウ．To は，電子メールを送信したい相手のメールアドレスを入力する場所。
5．ア．メールサーバは，電子メールの送受信を行うコンピュータ。
　　イ．ファイルサーバは，複数の利用者が共有するワープロ文書やワークシートなどを格納したサーバ。

【3】

1	イ	2	コ	3	キ	4	オ	5	エ

解説 解答以外の解答群の語句の説明は以下のとおりである。
- ア．不正アクセスは，利用権限のないコンピュータシステムへ侵入したり利用したりすること。
- ウ．アクセス権は，ネットワーク上にあるコンピュータやファイルなどを利用するための権限のこと。
- カ．認証は，ある人物が本当にその人物であるかどうか，パスワードなどを用いて確認すること。
- ク．パスワードは，コンピュータシステムに接続する際に，利用者が本人かどうかを確認するための文字列。
- ケ．ユーザ ID は，コンピュータシステムに接続する際に，利用者を識別するために入力する番号や文字列。

p.23 **【4】**

1	ウ	2	カ	3	エ	4	ケ	5	オ

解説 解答以外の解答群の語句の説明は以下のとおりである。
- ア．Web メールは，メーラを使わずに，ブラウザ上で電子メールの送受信を行うしくみ。
- イ．Web サーバは，Web ページの情報を蓄積しておき，ブラウザからの要求に応じて，送信するコンピュータ。
- キ．宛先(To)は，電子メールを送信したい相手のメールアドレスを入力する場所。
- ク．メーラは，電子メールを送受信するためのソフトウェア。
- コ．アップロードは，利用者のコンピュータにあるプログラムやデータをネットワーク上のサーバに転送して保存すること。

【5】

1	エ	2	キ	3	オ	4	イ	5	コ

解説 解答以外の B 群の説明文は，以下の語句についての説明である。
- ア．パスワード
- ウ．アクセス権
- カ．ワンクリック詐欺
- ク．なりすまし
- ケ．Bcc

【6】

1	キ	2	イ	3	エ	4	ケ	5	オ

解説 解答以外の解答群の語句の説明は，以下のとおりである。
- ア．ワームは，侵入したコンピュータ内に自分で自分の複製を大量に作成して障害を起こすマルウェア。
- ウ．パスワードは，コンピュータシステムに接続する際に，利用者が本人かどうかを確認するための文字列。
- カ．なりすましは，コンピュータシステムに他人のパスワードなどを用いて侵入し，本人であるかのように振る舞うこと。
- ク．アクセス権は，ネットワーク上にあるコンピュータやファイルなどを利用するための権限のこと。
- コ．Cc は，電子メールを複数の相手に同時に送信する方法の一つで，指定したメールアドレスは他の受信者にも通知される。

p.24 **【7】**

1	キ	2	オ	3	コ	4	ア	5	ク

解説 解答以外のB群の説明文は，以下の語句についての説明である。
- イ．ファイルサーバ
- ウ．コンピュータウイルス
- エ．フィッシング詐欺
- カ．ユーザID
- ケ．スパイウェア

【8】

1	ウ	2	イ	3	ウ	4	ア	5	ア

解説 解答以外の選択肢の語句の説明は以下のとおりである。
1. ア．迷惑メールは，相手の同意なしに一方的に送りつけて，受け取る側が不愉快な思いをするような電子メールの総称。
   イ．ハイパーリンクは，Web ページ間を関連づけて，指定した文字や画像をクリックすると関連した Web ページに移動する機能のこと。
2. ア．ウイルス対策ソフトウェアは，マルウェアを検出し，除去するソフトウェア。
   ウ．不正アクセスは，利用権限のないコンピュータシステムへ侵入したり利用したりすること。
3. ア．ダウンロードは，サーバに公開されたデータを利用者のコンピュータに転送して保存すること。
   イ．アップデートは，ソフトウェアを最新の状態に更新すること。
4. イ．認証は，ある人物が本当にその人物であるかどうか，パスワードなどを用いて確認すること。
   ウ．ユーザ ID は，コンピュータシステムに接続する際に，利用者を識別するために入力する番号や文字列。
5. イ．ワームは，侵入したコンピュータ内で自己増殖して障害を起こすマルウェア。
   ウ．スパイウェアは，侵入したコンピュータから利用者の情報を外部へ送信するマルウェア。

【9】

1	ク	2	コ	3	ウ	4	オ	5	ア

解説 解答以外の解答群の語句の説明は以下のとおりである。
- イ．不正アクセスは，利用権限のないコンピュータシステムへ侵入したり利用したりすること。
- エ．なりすましは，コンピュータシステムに他人のパスワードなどを用いて侵入し，本人であるかのように振る舞うこと。
- カ．フィルタリングは，青少年などにとって不適切な Web サイトなどへのアクセスを制限する機能。
- キ．Web メールは，メーラを使わずに，ブラウザ上で電子メールの送受信を行うしくみ。
- ケ．プライバシーの侵害は，他人に知られたくない個人の情報を本人の許可なく公開し，精神的苦痛を与えること。

【プログラムに関する知識】

p.28 **【1】**

1	ウ	2	エ	3	イ	4	ア	5	キ

解説 解答以外の解答群の語句の説明は以下のとおりである。
オ．手続きの基本構造のなかで，順番に処理を行う構造。
カ．プログラムで変化しない一定の値を記憶する領域。
ク．手続きの基本構造のなかで，条件によって処理を分岐する構造。
ケ．流れ図でプログラム中の変数の値の変化をたどる作業。

【2】

問1	20	問2	65

解説 b＋a×2の計算の優先順位に注意する。
※流れ図における各設問のトレース表は次のようになる。

問1

a	b	t
3		
3	14	
3	14	20
3	14	20

問2

a	b	t
12		
12	41	
12	41	65
12	41	65

【3】

問1	84	問2	16

解説 「＾」はべき乗の算術演算子であることに注意する。よって，bが3のとき，$3^2 \to 9$ となる。
計算の優先順位は「べき乗 → 掛け算・割り算 → 足し算・引き算」である。
※流れ図における各設問のトレース表は次のようになる。

問1

p	a	b	c
100			
100	7		
93	7		
93	7	3	
93	7	3	9
84	7	3	9
84	7	3	9

問2

p	a	b	c
100			
100	20		
80	20		
80	20	8	
80	20	8	64
16	20	8	64
16	20	8	64

【4】

問1	13	問2	1000

解説 aの値が20のとき，bの値は135となり，bは100より大きいため判断はYESへ進む。
aの値が14のとき，bの値は100となり，bは100より大きくないため判断はNOへ進む。
※流れ図における各設問のトレース表は次のようになる。

問1

a	b	c	d
20			
20	96		
20	96	40	
20	136	40	
20	136	40	13	※ YES の処理
20	136	40	13

問2

a	b	c	d
14			
14	66		
14	66	34	
14	100	34	
14	100	34	1000	※ NO の処理
14	100	34	1000

【5】

問1	30	問2	56

解説 「g＋s→g」は変数gに変数sの値を加算する処理である。「t－1→t」は変数tの値を1減算する処理である。繰り返しの条件がt＞0であるため，tの値は1ずつ減少し，0になったら繰り返しを終了する。

※流れ図における各設問のトレース表は次のようになる。

問1

t	g	s
5		
5	0	
5	0	10
5	10	10
4	10	10
4	10	8
4	18	8
3	18	8
3	18	6
3	24	6
2	24	6
2	24	4
2	28	4
1	28	4
1	28	2
1	30	2
0	30	2
0	[30]	2

問2

t	g	s
7		
7	0	
7	0	14
7	14	14
6	14	14
6	14	12
6	26	12
5	26	12
5	26	10
5	36	10
4	36	10
4	36	8
4	44	8
3	44	8
3	44	6
3	50	6
2	50	6
2	50	4
2	54	4
1	54	4
1	54	2
1	56	2
0	56	2
0	[56]	2

※tは1ずつ減少し，sは2ずつ減少している。このような値の変化の規則性に注目する。

【6】

問1	600	問2	1500

解説 変数tに駐車時間（例：1時間35分→135）を入力し，30分150円，5時間以上1500円の駐車場の駐車料金を変数rに求めるアルゴリズムである。

割り算の切り捨てを活用し，「t÷100→h」，「t－h×100→m」の一連の処理で，変数tの3桁目（時）を変数hに，変数tの2桁目まで（分）を変数mに求めることができる。

※流れ図における各設問のトレース表は次のようになる。

問1

t	h	m	g	k	r	
135						
135	1					
135	1	35				
135	1	35	95			
135	1	35	95	3		
135	1	35	95	4		
135	1	35	95	4	600	※ NO の処理
135	1	35	95	4	[600]	

問2

t	h	m	g	k	r	
509						
509	5					
509	5	9				
509	5	9	309			
509	5	9	309	10		
509	5	9	309	11		
509	5	9	309	11	1500	※ YES の処理
509	5	9	309	11	[1500]	

【表計算ソフトウェアに関する知識】

p.38 【1】

1	エ	2	ケ	3	カ	4	イ	5	キ	6	ウ

解説 解答以外の解答群の語句の説明は以下のとおりである。
  ア．データを小さい順に並べ替えること。
  オ．複写などにより相対的に変化するセル番地。
  ク．全体に対する各項目の比率を表すためのグラフ。
  コ．＋，－，＊，／，＾ の演算子。

【2】

1	オ	2	ク	3	エ	4	イ	5	コ	6	ア

解説 解答以外の解答群の語句の説明は以下のとおりである。
  ウ．関数のカッコの中に記述される，計算や処理に利用するデータのこと。
  カ．グラフの中のデータが何を表しているか示したもの。
  キ．ワークシート上のA，Bなどで表記された，縦方向のセルの集まり。
  ケ．全体に対する各項目の比率を表し，比較するためのグラフ。

【3】

1	ク	2	コ	3	ケ	4	キ	5	エ	6	オ
7	ウ										

解説 解答以外の解答群の語句の説明は以下のとおりである。
  ア．ワークシートの縦横に区切られた一つ一つのマス目。
  イ．グラフ全体が何を表しているのかを説明したもの。
  カ．量の変化や大きさを表すときに用いられるグラフ。

p.39 【4】

1	ア	2	ウ	3	イ	4	ア	5	イ

解説 解答以外のB群の語句の説明は以下のとおりである。
  1．イ．四捨五入　　ウ．切り上げ
  2．ア．棒グラフ　　イ．折れ線グラフ
  3．ア．五十音順に並んでいるので昇順である。
    ウ．小さい月から順に並んでいるので昇順である。
  4．イ．ウ．ともに算術演算子である。
  5．ア．縦棒グラフの縦軸　　ウ．各データが何を示すかを表したもの。

【5】

1	ウ	2	イ	3	ウ	4	ウ	5	ア

解説 解答以外のB群の語句の説明は以下のとおりである。
  1．ア．円グラフ　　イ．棒グラフ
  2．ア．ワークシートに入力されているデータを変更すると，あらかじめ設定されている式に
    もとづいて自動的に改めて計算を行い，新しい計算結果を表示する機能のこと。
    ウ．データを列幅内の中央に揃えて表示すること。センタリング。
  3．ア．数値データの件数を求める。　　イ．データの件数を求める。
  4．ア．百分率の表示　　イ．桁区切り表示
  5．イ．レーダーチャート　　ウ．折れ線グラフ

【6】

1	ウ	2	ア	3	イ	4	ウ	5	イ

解説 A群の表示形式が設定されたセルでは以下のように表示される。
  1．小数第2位まで表示される。コンマはつかない。
  2．小数第4位が四捨五入され，小数第3位まで表示される。
  3．3桁ごとにコンマが表示される。
  4．¥記号が左端に表示され，3桁ごとにコンマが表示される。
  5．データに100を乗じた数の右端に％が付けられる。

【7】

A2	900	A3	210	B1	25	B2	150
B3	4	C1	55	C2	380	C3	150

解説 各セルは以下のように計算される。
  A2：A1のセルの値を2乗する。$30^2 = 30 \times 30 = 900$
  A3：A2のセルの値を5で除して，A1のセルの値を加算する。
    $30 + 900 \div 5 = 30 + 180 = 210$

B1：A1 のセルの値から5を減じる。30 − 5 = 25

B2：A1 のセルの値と B1 のセルの値を乗じて，A2 のセルの値から減じる。
900 − 30 × 25 = 900 − 750 = 150

B3：A2 のセルの値から B2 のセルの値を減じて，その値を A3 のセルの値で除して小数点以下を四捨五入する。(900 − 150) ÷ 210 = 750 ÷ 210 = 3.57… ≒ 4

C1：A1 から B1 の範囲の合計を求める。30 + 25 = 55

C2：A1 から A3 の範囲の平均を求める。(30 + 900 + 210) ÷ 3 = 1140 ÷ 3 = 380

C3：B1 から B3 の範囲の最大値を求める。

p.40 【8】

1	ウ	2	イ	3	ウ	4	ア

解説 解答以外の選択肢の説明は以下のとおりである。
1．ア．クリック　　イ．ダブルクリック
2．ア．A ＞ ＝ B　　ウ．A ＜ B
3．ア．タイトル　　イ．値表示

【9】

1	イ	2	イ	3	ウ	4	イ

解説 解答以外の選択肢の説明は以下のとおりである。
1．ア．LEN　　ウ．NOW
2．ア．中央揃え(センタリング)　　ウ．右揃え
3．ア．ROUNDDOWN　　イ．通貨記号
4．ア．RIGHT　　ウ．MID

【10】

1	ア	2	ウ	3	イ	4	イ

解説 解答以外の選択肢の説明は以下のとおりである。
1．イ．凡例　　ウ．項目軸ラベル
2．ア．折れ線グラフ　　イ．棒グラフ
3．ア．降順　　ウ．降順
4．ウ．NOW

p.41 【11】

問1	ア	問2	イ	問3	ア

解説 問1　イは時系列の推移を表すときに使用する折れ線グラフである。

p.42 【12】

問1	イ	問2	ア	問3	イ	問4	ウ	問5	ア

解説 問2　LEFT 関数で抜き出した文字列データの1と一致させるには，""で1を囲む必要がある。
問4　複写することを前提にしたとき，動かしてはいけないセル番地を絶対参照にする。この場合は D11 と D12。

p.43 【13】

問1	ア	問2	イ	問3	ウ	問4	イ	問5	ア

解説 問3　アは 0.5 未満の場合。イは 0.5 以上の場合で，0.5 も含まれるため誤り。

p.44 【14】

問1	ウ	問2	ア	問3	イ	問4	ア	問5	イ

解説 問2　＊＊または＊を表示する条件をよく考える。
問5　「なし」を件数に入れないように，文字列をカウントしない COUNT 関数を用いる。

p.45 【15】

問1	ア	問2	ウ	問3	ウ	問4	ア	問5	イ

解説 問4　イは昇順に順位を求めるので誤り。ウは範囲の誤り。
問5　「6 以上」，「0 以上 6 未満」の条件をよく考える。

p.46 【16】

問1	イ	問2	ア	問3	ウ	問4	イ	問5	ウ

解説 問4　アは小数第2位を四捨五入し小数第1位まで表示する。ウは一の位を四捨五入する。

p.47 【17】

問1	ア	問2	ウ	問3	ア	問4	イ	問5	ウ

解説 問2　アではSのとき「味噌」，Mのとき「塩」と表示される。イではAのとき「塩」，Sのとき「しょうゆ」と表示される。
問4　アは切り上げ。ウは切り捨て。
問5　アでは種類ごとの順位ではなく，全体の順位になる。イでは昇順になる。

実技問題

【実技問題１】　p.56

	A	B	C	D	E	F
1						
2		全国一人１日あたり食品群別摂取量				
3						
4	食品群	エネルギー（kcal）	タンパク質（g）	炭水化物（g）	鉄（mg）	ビタミンC（mg）
5	動物性食品	423.0	35.8	9.2	2.1	6.0
6	穀類	797.0	15.4	166.9	1.0	0.0
7	いも類	40.0	0.7	9.5	0.2	8.0
8	野菜類	71.0	3.0	15.8	1.1	36.0
9	果実類	71.0	0.6	18.4	0.2	36.0
10	魚介類	120.0	15.1	1.7	0.8	1.0
11	肉類	161.0	12.3	0.4	0.6	4.0
12	菓子類	88.0	1.6	14.1	0.2	0.0
13	食品群計	1,771.0	84.5	236.0	6.2	91.0
14	最高	797.0	35.8	166.9	2.1	36.0
15	最低	40.0	0.6	0.4	0.2	0.0

（入力例）

B13：=SUM(B5:B12)

B14：=MAX(B5:B12)

B15：=MIN(B5:B12)

【実技問題２】　p.56

	A	B	C	D	E
1					
2		高校生の海外修学旅行者数一覧			
3					
4	行き先	生徒数（公立）	生徒数（私立）	合計	
5	アメリカ	8,060	18,692	26,752	
6	カナダ	980	6,954	7,934	
7	イギリス	428	4,515	4,943	
8	フランス	901	5,943	6,844	
9	オーストラリア	6,897	22,765	29,662	
10	シンガポール	14,689	10,137	24,826	
11	マレーシア	15,885	6,770	22,655	
12	中国	7,039	4,924	11,963	
13	韓国	16,811	9,495	26,306	
14	台湾	5,174	2,850	8,024	

	A	B	C	D	E
1					
2		高校生の海外修学旅行者数一覧			
3					
4	行き先	生徒数（公立）	生徒数（私立）	合計	
5	オーストラリア	6,897	22,765	29,662	
6	アメリカ	8,060	18,692	28,752	
7	韓国	16,811	9,495	26,306	
8	シンガポール	14,689	10,137	24,826	
9	マレーシア	15,885	6,770	22,655	
10	中国	7,039	4,924	11,963	
11	台湾	5,174	2,850	8,024	
12	カナダ	980	6,954	7,934	
13	フランス	901	5,943	6,844	
14	イギリス	428	4,515	4,943	

（入力例）

D5：=B5+C5　または　=SUM(B5:C5)

[並べ替え範囲]　A4 ～ D14

※ただし，[先頭行をデータの見出しとして使用する]にチェックをいれておく。

	A	B	C	D	E
1					
2		コンビニエンスストア売上データ			
3					単位：億円
4	地域	販売額	店舗数	1店舗あたり	備考
5	関東	35,169	17,986	2.0	○
6	近畿	10,687	6,042	1.8	
7	中部	7,654	4,202	1.9	○
8	九州・沖縄	6,136	3,405	1.9	○
9	東北	5,020	3,018	1.7	
10	北海道	4,166	2,462	1.7	
11	中国	3,871	2,068	1.9	○
12	四国	637	637	1.0	
13	合計	73,340	39,820		
14	平均	9,168	4,978		
15	最高	35,169	17,986		
16	最低	637	637		

D5：=ROUNDUP(B5/C5,1)
E5：=IF(D5>1.8,"○","")
B13：=SUM(B5:B12)
B14：=AVERAGE(B5:B12)
B15：=MAX(B5:B12)
B16：=MIN(B5:B12)
表の作成後，データの並べ替えの処理をする。

【実技問題4】 p.58

	A	B	C	D	E	F
1						
2		産業用ロボット稼働台数				
3						
4	国名	前年度	今年度	増加数	増減率（％）	備考
5	アメリカ	149,836	182,249	32,413	22	○
6	イギリス	13,519	15,591	2,072	15	○
7	ドイツ	148,259	167,579	19,320	13	○
8	タイ	9,635	20,337	10,702	111	
9	日本	307,698	304,001	-3,697	-1	○
10	フランス	34,495	32,301	-2,194	-6	○
11	スペイン	28,868	28,091	-777	-3	○
12	中国	52,290	132,784	80,494	154	
13			最高	80,494	154	
14			最低	-3,697	-6	

D5：=C5-B5
E5：=(C5/B5-1)*100
F5：=IF(E5<100,"○","")
D13：=MAX(D5:D12)
D14：=MIN(D5:D12)

【実技問題5】 p.59

	A	B	C	D	E	F	G
1							
2		飲料水売上一覧					
3							
4	取引先コード	支店名	商品名	単価	売上数量	売上金額	備考
5	150123	港支店	コーラ	150	156	23,400	
6	200124	江東支店	サイダー	200	230	46,000	○
7	120125	豊島支店	ジュース	120	178	21,360	
8	150126	品川支店	コーラ	150	194	29,100	
9	150127	港支店	清涼飲料水	150	265	39,750	○
10	120128	江東支店	サイダー	120	182	21,840	
11	200129	品川支店	ジュース	200	171	34,200	○
12	120130	江東支店	清涼飲料水	120	220	26,400	

D5：=VALUE(LEFT(A5,3))
F5：=D5*E5
G5：=IF(F5>=30000,"○","")

▲	A	B	C	D	E	F
1						
2		企画旅行売上一覧表				
3					単位：円	
4	商品名	滞在地	価格	売上数	売上高	売上比率
5	イルミネーションの街へ	函館市	36,800	58	2,134,400	21.2%
6	古都京都でのんびりと	嵐山	35,600	42	1,495,200	14.9%
7	砂風呂＆エステプラン	指宿温泉	41,900	39	1,634,100	16.3%
8	世界遺産石見銀山を訪れる	玉造温泉	42,500	37	1,572,500	15.6%
9	白川郷・五箇山合掌造り	高山市	57,300	26	1,489,800	14.8%
10	琉球満喫プラン	恩納村	48,400	23	1,113,200	11.1%
11	美肌の湯でしっとりと	鳴子温泉	29,200	21	613,200	6.1%
12			合計	246	10,052,400	
13			平均	35	1,436,057	

E5：=C5*D5
F5：=E5/$E$12
D12：=SUM(D5:D11)
D13：=AVERAGE(D5:D11)
表の作成後，データの並べ替えの処理をする。

［集合縦棒グラフ範囲］　B4〜B11とD4〜D11

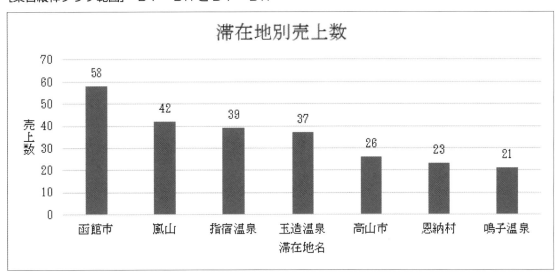

	A	B	C	D	E
1					
2		中学校2年生の学力比較			
3					
4	国名	数学	理科	合計	判定
5	日本	570	552	1,122	○
6	ノルウェー	461	494	955	
7	韓国	589	558	1,147	○
8	エジプト	406	421	827	
9	オランダ	536	536	1,072	
10	シンガポール	605	578	1,183	○
11	アメリカ	504	527	1,031	
12			平均	1,048.1	
13			最高	1,183	
14			最低	827	

D5：=B5+C5
E5：=IF(B5>C5,"○","")
D12：=AVERAGE(D5:D11)
D13：=MAX(D5:D11)
D14：=MIN(D5:D11)

[積み上げ縦棒グラフ範囲] A4 ～ C11

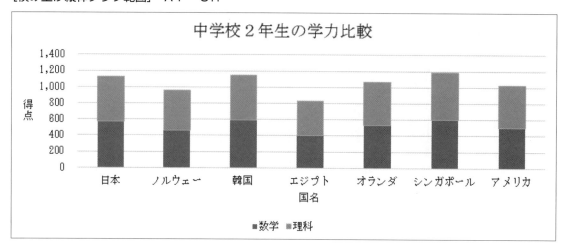

	A	B	C	D	E	F	G	H
1								
2			部活動種目別負傷事故発生状況					
3								
4	種目	骨折	ねんざ	脱きゅう	打撲	合計	割合	備考
5	ラグビー	140	70	20	140	370	37.8%	○
6	陸上	90	150	10	160	410	22.0%	
7	野球	190	110	60	180	540	35.2%	○
8	柔道	320	180	90	150	740	43.2%	○
9	バレーボール	240	359	20	140	759	31.6%	○
10	サッカー	290	429	100	209	1,028	28.2%	
11					最高	1,028		
12					最低	370		
13					種目数	6		

F5：=SUM(B5:E5)
G5：=ROUND(B5/F5,3)
H5：=IF(G5>=30%,"○","")
F11：=MAX(F5:F10)
F12：=MIN(F5:F10)
F13：=COUNTA(A5:A10)
表の作成後，データの並べ替えの処理をする。

[100%積み上げ横棒グラフ範囲]　A4～E10

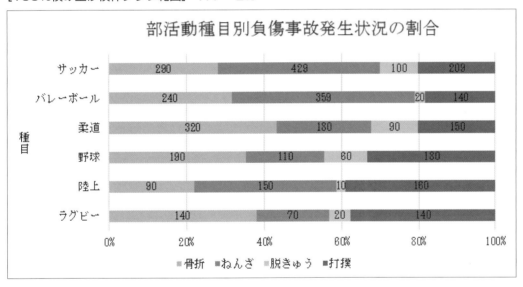

	A	B	C	D	E	F
1						
2		新聞発行部数一覧				
3						単位：部
4	年次	平成16年	平成19年	平成22年	平成25年	平成28年
5	一般紙	47,469,987	46,963,136	44,906,720	43,126,352	39,821,106
6	スポーツ紙	5,551,577	5,065,535	4,415,120	3,873,116	3,455,041
7	合計	53,021,564	52,028,671	49,321,840	46,999,468	43,276,147
8	世帯数	49,837,731	51,713,048	53,362,801	54,594,744	55,811,969
9	1世帯あたり	1.07	1.01	0.93	0.87	0.78

B7：=SUM(B5:B6)　または　=B5+B6

B9：=ROUNDUP(B7/B8,2)

[折れ線グラフ範囲]　A4～F6

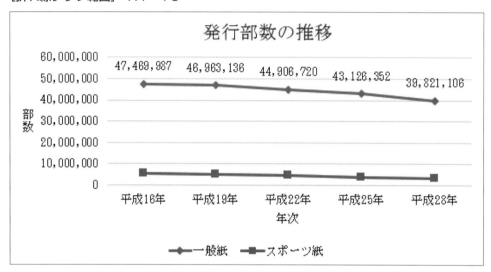

主な気象台別の降水量

単位：mm

気象台	1月	2月	3月	4月	5月	6月	割合	備考
札幌	111.0	111.0	32.0	6.0	65.5	40.0	2.7%	
東京	17.5	57.0	119.5	240.0	255.0	225.5	15.2%	○
名古屋	26.5	52.0	152.0	198.5	211.5	228.5	15.4%	○
松江	150.0	165.5	149.5	140.5	124.5	209.5	14.1%	
鹿児島	68.0	52.0	106.5	147.0	278.0	630.5	42.5%	○
那覇	70.0	123.0	245.5	69.0	118.5	152.5	10.3%	
合計	443.0	560.5	805.0	801.0	1,053.0	1,486.5		
平均	73.8	93.4	134.2	133.5	175.5	247.8		
最高	150.0	165.5	245.5	240.0	278.0	630.5		
最低	17.5	52.0	32.0	6.0	65.5	40.0		

B11 ：=SUM(B5:B10)
B12 ：=AVERAGE(B5:B10)
B13 ：=MAX(B5:B10)
B14 ：=MIN(B5:B10)
H5 ：=ROUNDUP(G5/$G$11,3)
I5 ：=IF(H5>=15%,"○","")

[切り離し円グラフ範囲] A4 ～ G5

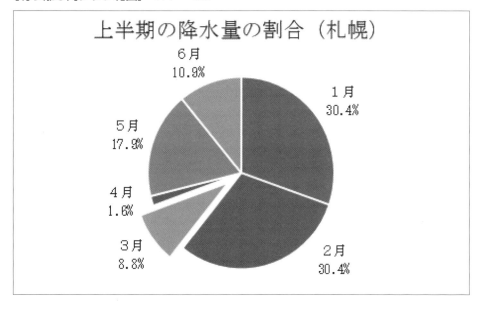

上半期の降水量の割合（札幌）

6月 10.9%
1月 30.4%
5月 17.9%
4月 1.6%
3月 8.8%
2月 30.4%

	A	B	C	D	E	F	G
1							
2		店舗別売上高					
3						単位：円	
4	店舗名	うめ	たらこ	昆布	ツナマヨ	合計	備考
5	本店	10,960	15,290	13,780	13,200	53,230	○
6	駅前店	9,900	17,200	7,580	15,030	49,710	
7	1丁目店	8,220	10,600	12,950	16,820	48,590	
8	東町店	9,800	7,750	11,580	17,530	46,660	
9	5丁目店	9,540	8,060	16,250	12,300	46,150	
10	地下街店	10,500	13,670	12,350	16,530	53,050	○
11	最高	10,960	17,200	16,250	17,530		
12	最低	8,220	7,750	7,580	12,300		

F5 ：=SUM(B5:E5)
G5 ：=IF(F5>=50000,"○","")
B11 ：=MAX(B5:B10)
B12 ：=MIN(B5:B10)

［レーダーチャート範囲］ A4～E10

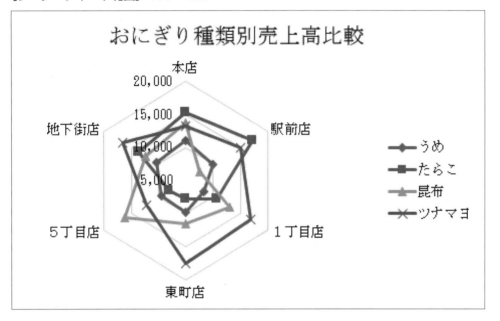

	A	B	C	D	E	F	G
1							
2		1年間の海外旅行者数					
3							単位：人
4		1年前	9ヶ月前	6ヶ月前	3ヶ月前	現況	合計
5	ハネムーン	203	273	315	175	168	1,134
6	ファミリー	245	252	490	168	210	1,365
7	ＯＬ	252	315	434	203	238	1,442
8	学生	413	315	518	343	399	1,988
9	シニア（６０歳以上）	56	84	378	77	56	651
10	インセンティブ（社員旅行）	245	322	553	406	280	1,806
11	商用・視察	175	154	399	203	126	1,057
12	最高	413	322	553	406	399	
13	最低	56	84	315	77	56	

旅行者別の推移

G5：=SUM(B5:F5)
B12：=MAX(B5:B11)
B13：=MIN(B5:B11)

[折れ線グラフ範囲]　A4 ～ F11

	A	B	C	D	E	F	G	H	I
1									
2		主要産業別の初任給一覧表							
3								単位：千円	
4			大学卒			高校卒			順位
5	性別	分類	今年	前年	対前年増減率(%)	今年	前年	対前年増減率(%)	
6	男性	建設業	201.2	200.5	0.3	168.7	162.7	3.7	1
7		運輸業・郵便業	193.9	190.3	1.9	160.4	158.5	1.2	3
8		卸売業・小売業	199.1	200.3	-0.6	158.3	160.6	-1.4	4
9		金融業・保険業	198.3	193.6	2.4	157.3	144.7	8.7	5
10	女性	建設業	195.1	190.4	2.5	146.5	155.2	-5.6	8
11		運輸業・郵便業	197.6	187.7	5.3	161.7	155.6	3.9	2
12		卸売業・小売業	194.9	193.7	0.6	156.6	155.7	0.6	6
13		金融業・保険業	190.3	184.1	3.4	146.9	148.9	-1.3	7
14		最高	201.2	200.5	5.3	168.7	162.7	8.7	
15		最低	190.3	184.1	-0.6	146.5	144.7	-5.6	

建設業における高校卒初任給の比較

千円

200

180 168.7

160

140 146.5

120

100

男性　　　　　女性

性別

E6：=(C6-D6)/D6*100
I6：=RANK(F6,$F$6:$F$13,0)
C14：=MAX(C6:C13)
C15：=MIN(C6:C13)

［集合縦棒グラフ範囲］　A6とF6，A10とF10

県庁所在地別一世帯あたりのお菓子の購入金額

単位：円

県庁所在地	和菓子		洋菓子		その他の菓子		順位
	ようかん	まんじゅう	カステラ	プリン	せんべい	スナック菓子	
札幌市	1,000	700	500	1,600	2,900	4,000	7
盛岡市	600	500	200	1,900	6,500	4,500	3
宇都宮市	1,700	1,800	800	1,700	8,700	3,600	1
金沢市	400	2,000	1,800	1,800	6,000	5,000	4
福井市	1,500	1,400	2,100	1,600	6,800	4,300	2
京都市	700	1,300	900	1,700	5,400	3,500	5
佐賀市	1,800	2,100	800	1,600	3,000	5,100	6
那覇市	300	600	1,000	700	1,900	6,000	8
最高	1,800	2,100	2,100	1,900	8,700	6,000	
最低	300	500	200	700	1,900	3,500	
平均	1,000	1,300	1,013	1,575	5,150	4,500	

那覇市の購入金額の割合

- ようかん 2.9%
- まんじゅう 5.7%
- カステラ 9.5%
- プリン 6.7%
- せんべい 18.1%
- スナック菓子 57.1%

H6：=RANK(F6,$F$6:$F$13,0)
B14：=MAX(B6:B13)
B15：=MIN(B6:B13)
B16：=AVERAGE(B6:B13)

[切り離し円グラフ範囲]　B5 ～ G5 と B13 ～ G13

	A	B	C	D	E	F
1						
2		ペットボトル回収量の推移				
3				単位：トン		
4	年度	市町村分別収集量	事業系ボトル回収量	ペットボトル販売量	販売量伸び率	回収率
5	2014	292,455	239,853	569,257	－	93.5%
6	2015	292,881	220,040	562,981	-1.1%	91.1%
7	2016	298,466	230,914	596,056	5.9%	88.8%
8	2017	302,403	239,012	587,351	-1.5%	92.2%
9	2018	282,276	289,892	625,547	6.5%	91.5%
10	2019	284,492	267,168	593,380	-5.1%	93.0%
11	合計	1,752,973	1,486,879	3,534,572		
12	最大	302,403	289,892	625,547		
13	最小	282,276	220,040	562,981		
14	平均	292,162	247,813	589,095		

ペットボトル回収量

E6：=(D6-D5)/D5
F5：=(B5+C5)/D5
B11：=SUM(B5:B10)
B12：=MAX(B5:B10)
B13：=MIN(B5:B10)
B14：=AVERAGE(B5:B10)

[レーダーチャート範囲] B4 ～ C10 [データの選択]から[横(項目)軸ラベル]の編集で，軸ラベルの範囲を
A5 ～ A10 に再設定する。

東京都内湾・島しょ部漁業生産について

1．海区別漁業生産額

単位：百万円

年	大島	三宅	八丈	小笠原	内湾	合計	順位	備考
2014年	1,571	225	948	550	245	3,539	5	
2015年	1,578	215	974	764	296	3,827	4	
2016年	1,662	268	1,152	772	303	4,157	1	○
2017年	1,611	247	1,007	729	277	3,871	3	○
2018年	1,516	331	1,080	777	303	4,007	2	
平均	1,587.6	257.2	1,032.2	718.4	284.8			
最大	1,662	331	1,152	777	303			
最小	1,516	215	948	550	245			

海区別漁業生産額

2．小笠原の漁業生産額

（％）　単位：百万円

	構成比	生産額
かじき類	32.2	250
さんご	29.3	228
はまだい	13.3	103
その他	25.2	196
合計	100.0	777

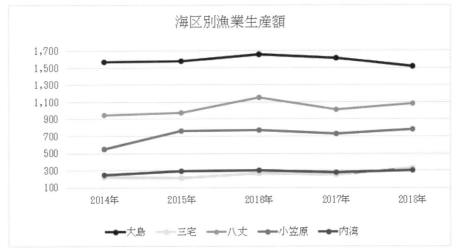

小笠原の漁業生産額構成比

C11：=AVERAGE(C6:C10)
C12：=MAX(C6:C10)
C13：=MIN(C6:C10)
H6：=SUM(C6:G6)
I6：=RANK(H6,$H$6:$H$10,0)
J6：=IF(C6>=$C$11,"○","")
D36：=$F$10*C36/100 または =777*C36/100
C40：=SUM(C36:C39)

[折れ線グラフ範囲] B5 ～ G10 ［データの選択]から，［行／列の切り替え]を行う。

[切り離し円グラフ範囲] B35 ～ B39，D35 ～ D39

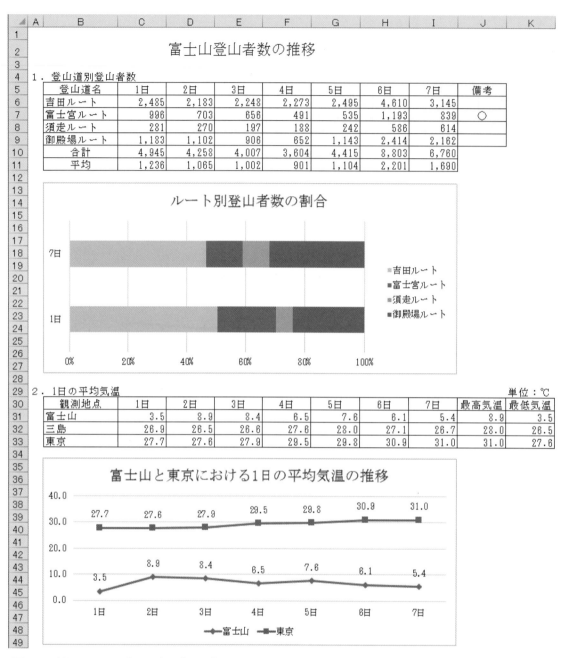

富士山登山者数の推移

1．登山道別登山者数

登山道名	1日	2日	3日	4日	5日	6日	7日	備考
吉田ルート	2,485	2,183	2,248	2,273	2,495	4,610	3,145	
富士宮ルート	996	703	656	491	535	1,193	839	○
須走ルート	281	270	197	188	242	586	614	
御殿場ルート	1,183	1,102	906	652	1,143	2,414	2,162	
合計	4,945	4,258	4,007	3,604	4,415	8,803	6,760	
平均	1,236	1,065	1,002	901	1,104	2,201	1,690	

2．1日の平均気温　　　　　　　　　　　　　　　　　　　　単位：℃

観測地点	1日	2日	3日	4日	5日	6日	7日	最高気温	最低気温
富士山	3.5	8.9	8.4	6.5	7.6	6.1	5.4	8.9	3.5
三島	26.9	26.5	26.6	27.6	28.0	27.1	26.7	28.0	26.5
東京	27.7	27.6	27.9	29.5	29.8	30.9	31.0	31.0	27.6

J6：=IF(C6>=AVERAGE(C6:I6),"○","")
C10：=SUM(C6:C9)
C11：=AVERAGE(C6:C9)
J31：=MAX(C31:I31)
K31：=MIN(C31:I31)

［100％積み上げ横棒グラフ範囲］　B5〜C9，I5〜I9　［データの選択］から，［行／列の切り替え］を行う。

［折れ線グラフ範囲］　B30〜I31，B33〜I33

売上高一覧表

1. 支店別一覧表　　　　　　　　　　　　　　　　　　　　　　　単位：千円

支店名	9月	10月	11月	12月	合計	最大	備考
札幌支店	24,553	32,629	33,034	43,189	133,405	43,189	○
仙台支店	7,962	11,910	15,935	13,658	49,465	15,935	
本店	91,881	92,133	102,391	149,395	435,800	149,395	○
名古屋支店	52,178	68,220	62,092	62,088	244,578	68,220	
大阪支店	78,647	89,646	93,613	104,583	366,489	104,583	○
博多支店	19,868	21,694	22,170	21,753	85,485	22,170	
平均	45,848.1	52,705.3	54,872.5	65,777.6	219,203.6		

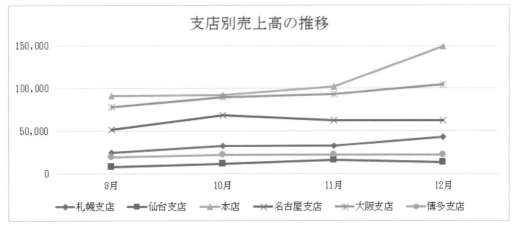

2. 海外店舗一覧表　　　　　　　　　　　　　　　　　　　　　　単位：千円

支店名	9月	10月	11月	12月	割合
ロンドン支店	19,356	26,557	30,128	31,553	29.3%
ニューヨーク支店	44,328	36,901	41,691	57,247	31.8%

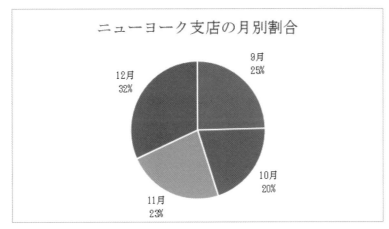

G6：=SUM(C6:F6)
H6：=MAX(C6:F6)
I6：=IF(F6>=E6,"○","")
C12：=ROUNDDOWN(AVERAGE(C6:C11),1)
G33：=F33/SUM(C33:F33)

[折れ線グラフ範囲]　B5 ～ F11　[データの選択]から，[行／列の切り替え]を行う。

[円グラフ範囲]　C32 ～ F32，C34 ～ F34

繊維業界の経営分析

1．収益性分析

単位：百万円

会社名	売上高	売上原価	売上総利益	販売費及び一般管理費	営業利益	営業外収益	営業外費用	経常利益	経常利益率	備考
朝化成	1,666,640	1,239,452	427,188	335,228	91,960	13,821	10,656	95,125	5.7%	○
西レ	1,592,279	1,280,649	311,630	228,194	83,436	17,361	12,553	88,244	5.5%	○
南洋紡	339,009	267,694	71,315	54,234	17,081	4,821	6,381	15,521	4.6%	○
清清紡	450,693	359,463	91,230	77,836	13,394	8,002	3,109	18,287	4.1%	○
ヨニヂカ	160,190	130,827	29,363	23,843	5,520	2,281	3,947	3,854	2.4%	
国人	745,712	555,208	190,504	178,146	12,358	5,614	8,186	9,786	1.3%	
合計	4,954,523	3,833,293	1,121,230	897,481	223,749	51,900	44,832	230,817		
平均	825,753.8	638,882.1	186,871.8	149,580.1	37,291.5	8,650.0	7,472.0	38,469.5		

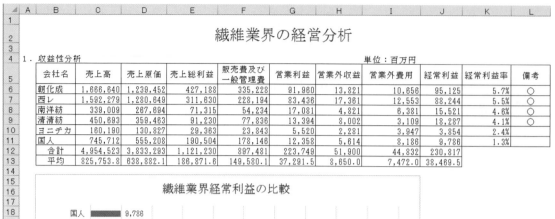

2．経常利益率上位２社の安全性分析

単位：百万円

	会社名	資産		負債		資本	自己資本比率
		流動資産	固定資産	流動負債	固定負債	純資産	
1位	朝化成	819,469	980,702	602,864	372,855	824,452	45.8%
2位	西レ	798,732	935,098	550,278	401,937	779,615	45.0%

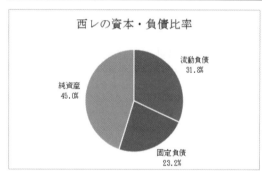

E6：=C6-D6
G6：=E6-F6
J6：=G6+H6-I6
K6：=ROUND(J6/C6,3)
L6：=IF(K6>=4.1%,"○","")
C12：=SUM(C6:C11)
C13：=ROUNDDOWN(AVERAGE(C6:C11),1)
H36：=(D36+E36)-(F36+G36)
I36：=H36/(D36+E36)

[集合横棒グラフ範囲]　B6 ～ B11，J6 ～ J11

[円グラフ範囲]　F35 ～ H35，F37 ～ H37

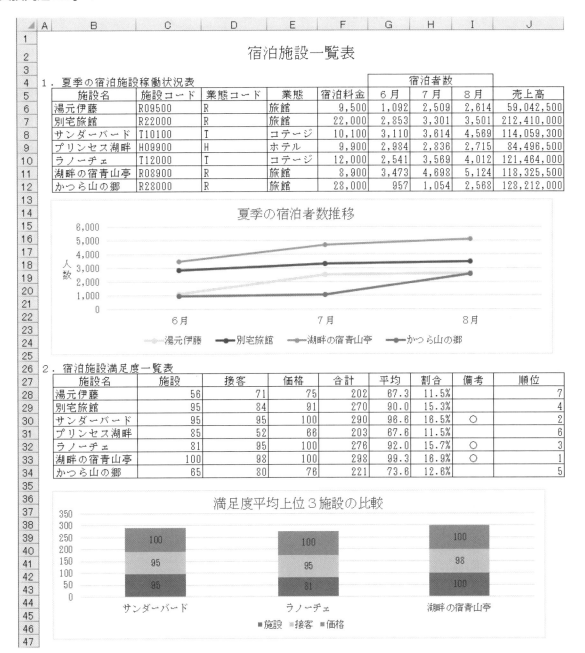

宿泊施設一覧表

1．夏季の宿泊施設稼働状況表

施設名	施設コード	業態コード	業態	宿泊料金	宿泊者数			売上高
					6月	7月	8月	
湯元伊藤	R09500	R	旅館	9,500	1,092	2,509	2,614	59,042,500
別宅旅館	R22000	R	旅館	22,000	2,853	3,301	3,501	212,410,000
サンダーバード	T10100	T	コテージ	10,100	3,110	3,614	4,569	114,059,300
プリンセス湖畔	H09900	H	ホテル	9,900	2,984	2,836	2,715	84,496,500
ラノーチェ	T12000	T	コテージ	12,000	2,541	3,569	4,012	121,464,000
湖畔の宿青山亭	R08900	R	旅館	8,900	3,473	4,698	5,124	118,325,500
かつら山の郷	R28000	R	旅館	28,000	957	1,054	2,568	128,212,000

2．宿泊施設満足度一覧表

施設名	施設	接客	価格	合計	平均	割合	備考	順位
湯元伊藤	56	71	75	202	67.3	11.5%		7
別宅旅館	95	84	91	270	90.0	15.3%		4
サンダーバード	95	95	100	290	96.6	16.5%	○	2
プリンセス湖畔	85	52	66	203	67.6	11.5%		6
ラノーチェ	81	95	100	276	92.0	15.7%	○	3
湖畔の宿青山亭	100	98	100	298	99.3	16.9%	○	1
かつら山の郷	65	80	76	221	73.6	12.6%		5

D6：=LEFT(C6,1)

E6：=IF(D6="R","旅館",IF(D6="H","ホテル","コテージ"))

F6：=VALUE(RIGHT(C6,5))

J6：=F6*SUM(G6:I6)

F28：=SUM(C28:E28)

G28：=ROUNDDOWN(AVERAGE(C28:E28),1)

H28：=F28/SUM($F$28:$F$34)

I28：=IF(G28>90,"○","")

J28：=RANK(G28,$G$28:$G$34,0)

[折れ線グラフ範囲]　B5～B7，G5～I7，B11～B12，G11～I12
[データの選択]から，[行／列の切り替え]を行う。

[集合縦棒グラフ範囲]　B27～E27，B30～E30，B32～E33
[データの選択]から，[行／列の切り替え]を行う。

模擬試験問題

【1】	1	コ	2	ク	3	ア	4	エ	5	カ	各3点 計15点

【2】	1	カ	2	ア	3	ケ	4	ウ	5	コ	各3点 計15点

【3】	1	イ	2	イ	3	ア	4	ウ	5	ア	各3点 計15点

【4】	問1	イ	問2	イ	問3	ア	問4	ウ	問5	ア	各3点 計15点

【5】	問1	37	問2	(1)	ウ	(2)	ウ			各4点 計12点

【6】	問1	21	問2	150	各4点 計8点

【7】	問1	①	DMC	②	200	③	4,885	④	4,515	⑤	78,362	すべてできて4点
	問2	ア	問3	ウ	問4	イ	問5	ア				各4点 計16点

※　問1　コンマの有無は問わない。

解説

【1】 解答以外の解答群の語句の説明は以下のとおりである。
　　イ．ECは，インターネットを利用して，商品やサービスの売買を行うしくみ。電子商取引。
　　ウ．プロバイダは，インターネットの各種サービスを提供する接続業者。
　　オ．パスワードは，コンピュータシステムに接続する際に，利用者が本人かどうかを確認するための暗証番号。
　　キ．バーコードは，横方向に並んだ直線の太さや間隔によって，商品データなどを記録したもの。
　　ケ．DVDは，赤色レーザ光線を用いてデータを読み書きする光ディスク。片面一層式の場合，データを約4.7GBまで記録できる。

【2】 解答以外のB群の説明文は以下の語句についての説明である。
　　イ．ビット
　　エ．IoT
　　オ．OS（オペレーティングシステム）
　　キ．アップロード
　　ク．集積回路

【3】 1．10進数を2で割り，商が0になるまで余りを求める。

```
2) 2 5
2) 1 2 …1
2)　 6 …0    ↑
2)　 3 …0
2)　 1 …1
　　 0 …1
```

　　2．ア．μsは，1,000,000（百万）分の1秒。
　　　　ウ．nsは，1,000,000,000（十億）分の1秒。
　　3．イ．GUIは，ボタンやアイコンを用い，コンピュータの操作を直感的に簡単に行えるようにしたしくみ。
　　　　ウ．URLは，インターネットにおいて，HTML文書や画像などのファイルの保存場所を示すアドレス。
　　4．ア．HDMIは，デジタル家電やAV機器で使われる映像や音声の入出力用インタフェース規格。
　　　　イ．Bluetoothは，電波を利用して近距離間でのデータ通信に利用されるインタフェース規格。
　　5．イ．スパイウェアは，利用者に関する情報を収集して外部へ送信するマルウェア。
　　　　ウ．ワームは，自分の複製を大量に作成して不具合を起こすマルウェア。

【4】 問4　セル内の文字数を求める関数はLEN。
　　　問5　◎，○を表示する条件を確認する。

【5】 問1　$5 \times 8 - 3 = 37$

【6】 p.32に流れ図（フローチャート）のトレース表を掲載。

【7】 問2　作成条件2より，切り上げる関数はROUNDUP。
　　　問3　最安（最小）を求める関数はMIN。
　　　問4　コピーすることを前提とした場合，動かしてはいけないセル番地を絶対参照にする。
　　　問5　＊を表示する条件を確認する。イは「より大きい」，ウは「未満」なので誤り。

コーヒーの生産量と日本人の飲用状況

1．コーヒー豆の生産量

単位：千袋（1袋60キロ）

国	2010年	2014年	2018年	割合（%）	増加率（%）	備考
ブラジル	44,800	49,000	59,278	34.4	32.4	
ベトナム	17,500	29,250	26,938	15.6	54.0	○
インドネシア	9,150	8,900	12,041	6.9	31.6	
コロンビア	8,200	12,000	12,011	6.9	46.5	
ホンジュラス	4,400	3,900	8,018	4.6	82.3	○ 注1
エヂオピア	4,825	5,125	7,837	4.5	62.5	○
その他	36,781	40,496	45,941	26.6	25.0	
合計	125,656	148,671	172,064	100.0	37.0	
最大	44,800	49,000	59,278			

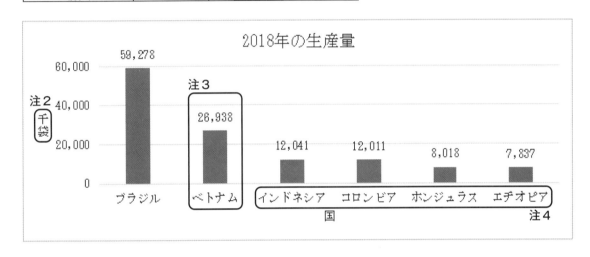

2．日本人のコーヒー飲用状況（一人一週あたり）

単位：杯

飲用場所	2010年	2014年	2018年
家庭	6.74	7.04	6.54
喫茶店等	0.23	0.19	0.33
レストラン等	0.09	0.12	0.21
職場・学校	2.86	2.71	2.56
その他	0.94	1.01	0.92
計	10.86	11.07	10.56

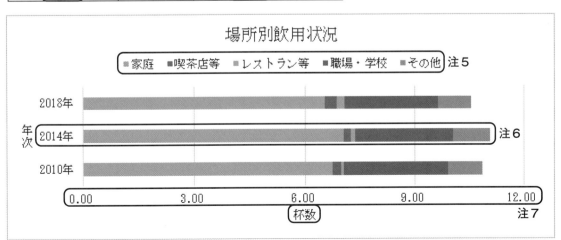

C14：=SUM(C7:C13)
C15：=MAX(C7:C12)
F7：=ROUNDDOWN(E7/$E$14*100,1)
G7：=ROUNDUP((E7/C7-1)*100,1)
H7：=IF(G7>=50,"○","")
C40：=SUM(C35:C39)

〈注意〉　F14 に =SUM(F7:F13) を入力するのは誤りで，F14 には =ROUNDDOWN(E14/$E$14*100,1) を入力する。実技問題では，作成条件にしたがって，順に式を入力していく。この問題では作成条件4.(1)で年ごとの「合計」を先に求め，(3)で「合計」を含めた国ごとの「割合(%)」を求めている。よって，F7 に入力した式を F14 までコピーする。なお，「割合(%)」は端数処理(切り捨て)を行っているので，「割合(%)」を先に求めてから「合計」を求めても 100.0 にはならず，99.6 になってしまう。

[並べ替え範囲]　B6 ～ H12　[先頭行をデータの見出しとして使用する]にチェックを入れる。
　　　　　　　　　　[列　最優先されるキー]：2018 年　　　[順序]：降順

[集合縦棒グラフ範囲]　B6 ～ B12，E6 ～ E12

[積み上げ横棒グラフ範囲]　B34 ～ E39　[データの選択]から，[行／列の切り替え]を行う。

〈注意〉　数値軸の目盛を小数第2位まで表示させるには，「軸の書式設定」より，表示形式をクリックし，カテゴリを数値にし，小数点以下の桁数を2にする。

配点
① コンマ‥‥‥‥‥‥‥‥‥‥‥‥‥‥‥　5点×1箇所 = 5点
　　　　　　　　　　　　　　　　　　　　　（「1. コーヒー豆の生産量」のコンマがすべて設定されている。）
② 表の作成(□)の箇所‥‥‥‥‥‥‥‥　5点×11箇所 = 55点
　注1　コロンビアが空白，ホンジュラスが ○。
③ 罫線‥‥‥‥‥‥‥‥‥‥‥‥‥‥‥‥　5点×1箇所 = 5点
　　　　　　　　　　　　　　　　　　　　　（「1. コーヒー豆の生産量」の罫線が正確にできている。）
④ グラフの作成(□)の箇所‥‥‥‥‥‥　5点×7箇所 = 35点
　注2　方向，文字。
　注3　「ベトナム」が集合縦棒グラフ。数値(26,938)。左右の位置は問わない。
　注4　並び順。
　注5　位置はグラフの上側であること。順序は問わない。
　注6　「2014 年」が積み上げ横棒グラフ。上下の位置や重ね順は問わない。
　注7　最小値(0.00)，最大値(12.00)および間隔(3.00)。

※筆記【6】における各設問のトレース表は次のとおりである。
問1

j	k	t	m
3			
3	4		
3	4	6	
3	4	6	21
3	4	6	21

問2

j	k	t	m
10			
10	20		
10	20	10	
10	20	10	150
10	20	10	150

【1】	1	オ	2	イ	3	キ	4	ウ	5	ケ	各3点　計15点
【2】	1	キ	2	コ	3	ケ	4	イ	5	エ	各3点　計15点
【3】	1	イ	2	ア	3	ア	4	ウ	5	イ	各3点　計15点

【4】	問1	イ	問2	ウ	問3	イ	問4	ア	問5	ウ	各3点　計15点

【5】	問1	62	問2	(1)	ウ	(2)	ウ			各4点　計12点

【6】	問1	720	問2	1920	各4点　計8点

【7】	問1	①	14.0	②	14.0	③	10.1	④	21.6	⑤	16.7	すべてできて4点
	問2	イ	問3	ア	問4	ウ	問5	イ				各4点　計16点

解説

【1】 解答以外の解答群の語句の説明は以下のとおりである。
　　ア．ユーザ ID は，コンピュータシステムやネットワークに接続する際に，利用者を識別するために入力する番号や文字列。
　　エ．レーザプリンタは，印字データをレーザ光により感光ドラムにあて，トナーを付着させてから用紙に転写する出力装置。
　　カ．フィッシング詐欺は，偽の電子メールや Web サイトから，クレジットカード番号や暗証番号などの個人情報を不正に入手する詐欺行為。
　　ク．バーコードリーダは，商品などに付いたバーコードを光学的に読み取って入力する装置。
　　コ．ブラウザは，Web ページを閲覧するためのソフトウェア。

【2】 解答以外の B 群の説明文は以下の語句についての説明である。
　　ア．RFID
　　ウ．RAM
　　オ．JAN コード
　　カ．HDMI
　　ク．メールサーバ

【3】 1．2進数の各桁に，各桁の重み（2のべき乗）を掛けてその和を求める。
　　　$10110 = 1 \times 2^4 + 0 \times 2^3 + 1 \times 2^2 + 1 \times 2^1 + 0 \times 2^0 = 16 + 0 + 4 + 2 + 0 = 22$
　　2．イ．1 TB は，約 1,000,000,000,000（一兆）バイト。
　　　　ウ．1 PB は，約 1,000,000,000,000,000（千兆）バイト。
　　3．イ．Web サーバは，Web ページの情報を蓄積して，ブラウザからの要求に応じて送信するコンピュータ。
　　　　ウ．プリントサーバは，複数の利用者でプリンタを共有するために設置されたコンピュータ。
　　4．ア．フィルタリングは，青少年などに閲覧させたくない不適切な Web サイトへのアクセスを制限する機能。
　　　　イ．不正アクセスは，利用権限の無いコンピュータシステムへ侵入すること。
　　5．ア．バッチ処理は，発生したデータを一定期間または一定量ためておき，一括して処理する方式。
　　　　ウ．アップロードは，利用者のコンピュータにあるプログラムやデータを，ネットワーク上のコンピュータに転送して保存すること。

【4】 問1　セル内の改行には Alt キーを利用する。
　　問4　セル内の文字数を求める関数は LEN。
　　問5　文字列を途中から抽出する関数は MID。

【5】 問1　22 + 4 × 10 = 22 + 40 = 62

【6】 p.35 に流れ図（フローチャート）のトレース表を掲載。

【7】 問2　切り上げる関数は ROUNDUP。
　　問3　気温差は「最大値（MAX）－最小値（MIN）」で求める。
　　問4　コピーすることを前提とした場合，動かしてはいけないセル番地を絶対参照にする。
　　問5　空白以外のセルの件数を求める関数は COUNTA。

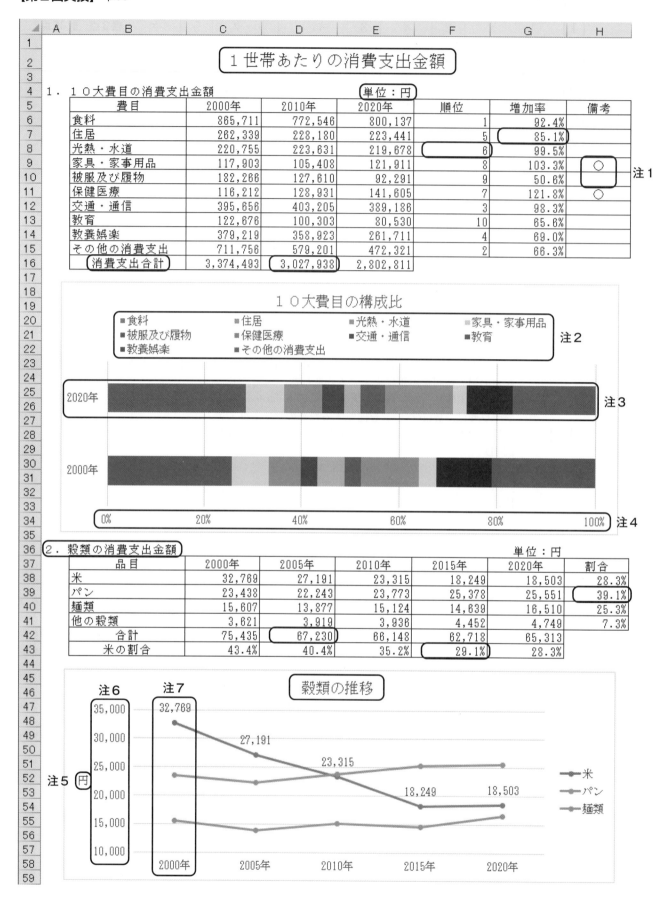

１世帯あたりの消費支出金額

1．10大費目の消費支出金額　　　　　　　　　　単位：円

費目	2000年	2010年	2020年	順位	増加率	備考
食料	865,711	772,546	800,137	1	92.4%	
住居	262,339	228,180	223,441	5	85.1%	
光熱・水道	220,755	223,631	219,678	6	99.5%	
家具・家事用品	117,903	105,408	121,911	8	103.3%	○
被服及び履物	182,266	127,610	92,291	9	50.6%	
保健医療	116,212	128,931	141,605	7	121.8%	○
交通・通信	395,656	403,205	389,186	3	98.3%	
教育	122,676	100,303	80,530	10	65.6%	
教養娯楽	379,219	358,923	261,711	4	69.0%	
その他の消費支出	711,756	579,201	472,321	2	66.3%	
消費支出合計	3,374,493	3,027,938	2,802,811			

注1

10大費目の構成比

■食料　　■住居　　■光熱・水道　　■家具・家事用品
■被服及び履物　　■保健医療　　■交通・通信　　■教育
■教養娯楽　　■その他の消費支出

注2

2020年

注3

2000年

0%　　20%　　40%　　60%　　80%　　100%　注4

2．穀類の消費支出金額　　　　　　　　　　　　　単位：円

品目	2000年	2005年	2010年	2015年	2020年	割合
米	32,769	27,191	23,315	18,249	18,503	28.3%
パン	23,438	22,243	23,773	25,378	25,551	39.1%
麺類	15,607	13,877	15,124	14,639	16,510	25.3%
他の穀類	3,621	3,919	3,936	4,452	4,749	7.3%
合計	75,435	67,230	66,148	62,718	65,313	
米の割合	43.4%	40.4%	35.2%	29.1%	28.3%	

穀類の推移

注6　　注7

35,000　　32,769

30,000

25,000　　　　　　　27,191　　　23,315

注5　円　20,000　　　　　　　　　　　　　　18,249　　18,503

15,000

10,000

2000年　　2005年　　2010年　　2015年　　2020年

米
パン
麺類

C16 ： =SUM(C6:C15)
F6 ： =RANK(E6,$E$6:$E$15,0)
G6 ： =ROUNDDOWN(E6/C6,3)
H6 ： =IF(G6>100%,"○","") または =IF(G6>1,"○","")
C42 ： =SUM(C38:C41)
C43 ： =C38/C42
H38 ： =G38/$G$42

【100%積み上げ横棒グラフ範囲】 B5～C15, E5～E15 ［データの選択］から［行／列の切り替え］を行う。
〈注意〉 上部にすべての凡例項目を出力できるよう，凡例エリアを広げるなどして調整する。
　　　　なお，凡例エリア内の行数は問わない。

【折れ線グラフ範囲】 B37～G40

┌─配点─────────────────────────────────────
│ ① コンマ……………………………………5点×1箇所＝5点
│ 　　　　　　　　　　　　　　　　　　（「1．10大費目の消費支出金額」のコンマがすべて設定され
│ 　　　　　　　　　　　　　　　　　　ている。）
│ ② 罫線………………………………………5点×1箇所＝5点
│ 　　　　　　　　　　　　　　　　　　（「2．穀類の消費支出金額」の罫線が正確にできている。）
│ ③ 表の作成（□□□）の箇所 …………5点×11箇所＝55点
│ 　注1　家具・家事用品が○，被服及び履物が空白
│ ④ グラフの作成（□□□）の箇所 ………5点×7箇所＝35点
│ 　注2　位置はグラフの上側であること。すべての項目があること。行数は問わない。
│ 　注3　「2020年」が100%積み上げ横棒であること。
│ 　注4　最小値(0%)，最大値(100%)および間隔(20%)
│ 　注5　文字，方向。
│ 　注6　最小値(10,000)，最大値(35,000)および間隔(5,000)
│ 　注7　「2000年」が折れ線グラフ。数値(32,769)。マーカーの種類は問わない。
└───

※筆記【6】における各設問のトレース表は次のとおりである。
問1

h	a	b	c	d	v	備考
30						
30	3					
30	3	5				
30	3	5	8			
30	3	5	8	6		
30	3	5	8	6	720	8×6÷2×30 → 720
30	3	5	8	6	720	

問2

h	a	b	c	d	v	備考
30						
30	7					
30	7	9				
30	7	9	16			
30	7	9	16	8		
30	7	9	16	8	1920	16×8÷2×30 → 1920
30	7	9	16	8	1920	

【1】	1	キ	2	ケ	3	コ	4	オ	5	イ	各3点　計15点

【2】	1	ク	2	コ	3	キ	4	エ	5	イ	各3点　計15点

【3】	1	イ	2	イ	3	ウ	4	ア	5	ウ	各3点　計15点

【4】	問1	イ	問2	ウ	問3	ア	問4	ア	問5	イ	各3点　計15点

【5】	問1	28	問2	(1)	ア	(2)	ウ	各4点　計12点

【6】	問1	36	問2	810	各4点　計8点

【7】	問1	①	C350	②	440	③	745	④	435	⑤	901	すべてできて4点
	問2	イ	問3	ア	問4	ウ	問5	イ				各4点　計16点

解説

【1】 解答以外の解答群の語句の説明は以下のとおりである。
　ア．ネット詐欺は，インターネット上で，人をだまして金銭等を得ようとする行為。
　ウ．ブルーレイディスクは，光ディスクに青紫色レーザ光線を用いて，片面一層の場合データを約25GBまで読み書きできる記憶媒体。
　エ．バッチ処理は，発生したデータを一定期間ためておき，一括して処理する方式。
　カ．10進数は，数値を0〜9の10種類の数字で表現したもの。
　ク．ブラウザは，Webページを表示するためのソフトウェア。

【2】 解答以外のB群の説明文は以下の語句についての説明である。
　ア．RFID
　ウ．RAM
　オ．カーソル
　カ．Cc
　ケ．迷惑メール

【3】 1．10進数を2で割り，商が0になるまで余りを求める。

```
2 ) 2 6
2 ) 1 3 …0
2 )   6 …1
2 )   3 …0
2 )   1 …1
      0 …1
```

　2．ア．μsは，1,000,000（百万）分の1秒。
　　　ウ．psは，1,000,000,000,000（一兆）分の1秒。
　3．ア．主記憶装置は，コンピュータ本体に組み込まれ，CPUから直接データを読み書きできる記憶装置。
　　　イ．中央処理装置(CPU)は，プログラムを解読して計算処理などを行い，各装置を制御するコンピュータの中心部分。
　4．イ．インストールは，コンピュータにソフトウェアを保存して使用可能な状態にすること。
　　　ウ．フォーマットは，初期化とも呼ばれ，記憶媒体を利用できるようにするための作業のこと。
　5．ア．スパムメールは，不特定多数の人に大量に送られる商品の広告や勧誘などを内容とした迷惑メール。
　　　イ．メーラは，電子メールを送受信するためのソフトウェア。

【4】 問3　ウの引数は関数のカッコの中に記述される，関数に引き渡すデータのこと。

【5】 問1　4 + 3 × 8 = 28

【6】 p.38に流れ図（フローチャート）のトレース表を掲載。

【7】 問2　左端から文字列を抽出する関数はLEFT。
　　　問3　演算に使うため抽出した文字列を数値化する関数はVALUE。
　　　問4　コピーすることを考え，I10の売上合計を絶対参照にする。

ベーグル店売上一覧表

1．店舗別売上一覧表

店舗	プレーン	チーズ	セサミ	レーズン	種類数	売上高	備考
駅ビル店	185	155	153	174	4	94,500	○
二丁目店	174	102	132	なし	3	55,980	○
大手町店	115	なし	124	138	3	53,100	○
錦町店	165	138	なし	なし	2	40,500	×
本町店	106	なし	58	89	3	34,770	×
桜町店	93	72	62	なし	3	31,260	×
					合計売上高	310,110	
					平均売上高	51,685	
					最大売上数	185	
					最小売上数	58	

注1

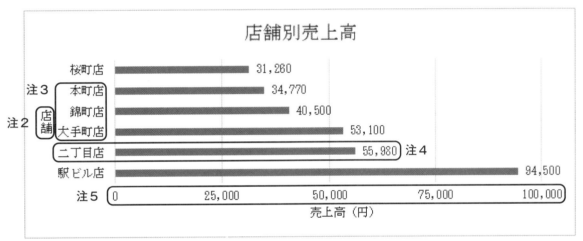

注3
注2
注4
注5

店舗別売上高

売上高（円）

2．種類別売上一覧表

種類	プレーン	チーズ	セサミ	レーズン
価格	120	150	150	150
売上数	838	467	529	401
売上高	100,560	70,050	79,350	60,150

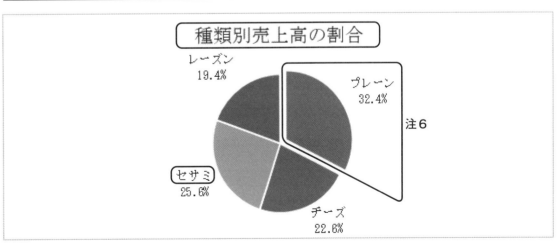

種類別売上高の割合

注6

G6：=COUNT(C6:F6)
H6：=C6*120+SUM(D6:F6)*150
H12：=SUM(H6:H11)
H13：=AVERAGE(H6:H11)
H14：=MAX(C6:F11)
H15：=MIN(C6:F11)
I6：=IF(H6>$H$13,"○","×")
C35：=SUM(C6:C11)
C36：=C34*C35

[並べ替え範囲]　B5～I11　[先頭行をデータの見出しとして使用する]にチェックを入れる。
　　　　　　　　　　　[列　最優先されるキー]：売上高　　　[順序]：降順

[集合横棒グラフ範囲]　B5～B11，H5～H11

[切り離し円グラフ範囲]　B33～F33，B36～F36

┌─配点───┐
│ ①　コンマ………………………………………　5点×1箇所＝5点
│ 　　　　　　　　　　　　　　　　　　　　　　（「1. 店舗別売上一覧表」のコンマがすべて設定されてい
│ 　　　　　　　　　　　　　　　　　　　　　　る。）
│ ②　罫線…………………………………………　5点×1箇所＝5点
│ 　　　　　　　　　　　　　　　　　　　　　　（「1. 店舗別売上一覧表」の細線・太線が正確にできている。）
│ ③　表の作成（　　　　）の箇所　……………　5点×11箇所＝55点
│ 　注1　大手町店が ○，錦町店が ×。
│ ④　グラフの作成（　　　　）の箇所　………　5点×7箇所＝35点
│ 　注2　方向，文字。
│ 　注3　並び順。
│ 　注4　「二丁目店」が集合横棒グラフ。数値(55,980)。上下の位置は問わない。
│ 　注5　最小値(0)，最大値(100,000)および間隔(25,000)。
│ 　注6　分類名は「プレーン」であり，「プレーン」のみが切り離されている。数値(32.4%)。
└───┘

※筆記【6】における各設問のトレース表は次のとおりである。

問1

a	b	d	c	e
2				
2	6			
2	6	36		
2	6	36	8	
2	6	36	8	288
2	6	36	8	288

問2

a	b	d	c	e
2				
2	9			
2	9	81		
2	9	81	10	
2	9	81	10	810
2	9	81	10	810

【1】	1	ク	2	イ	3	コ	4	エ	5	カ	各3点 計15点

【2】	1	キ	2	ケ	3	ア	4	ウ	5	イ	各3点 計15点

【3】	1	ウ	2	ア	3	ウ	4	ア	5	イ	各3点 計15点

【4】	問1	ア	問2	ウ	問3	イ	問4	ア	問5	ア	各3点 計15点

【5】	問1	ア	問2 (1)	ア	(2)	ウ			各4点 計12点

【6】	問1	6	問2	15	各4点 計8点

【7】	問1	① スペイン語	② ポルトガル語	③ 1,088,581	④ 1,138,814	⑤ 2,755	すべてできて4点
	問2	ア	問3	ウ	問4	ア	問5 イ 各4点 計16点

※ 問1 コンマの有無は問わない。

解説

【1】解答以外の解答群の語句の説明は以下のとおりである。
ア．メーラは，電子メールを送受信するためのソフトウェア。
ウ．ブラウザは，Webページを表示するためのソフトウェア。
オ．主記憶装置は，コンピュータ本体に組み込まれ，CPUから直接データを読み書きできる記憶装置。
キ．イメージスキャナは，写真や絵などを光学的に読み取り，デジタルデータとして入力する装置。
ケ．ハイパーリンクは，Webページの特定の文字や画像をクリックすると関連したWebページに移動する機能のこと。

【2】解答以外のB群の説明文は以下の語句についての説明である。
エ．EOS
オ．レーザプリンタ
カ．ユーザID
ク．リアルタイム処理
コ．AI

【3】1．10進数を2で割り，商が0になるまで余りを求める。

```
2 ) 3 0
2 ) 1 5 …0
2 )  7 …1
2 )  3 …1
2 )  1 …1
     0 …1
```

2．イ．nsは，1,000,000,000（十億）分の1秒。
　ウ．psは，1,000,000,000,000（一兆）分の1秒。
3．ア．Bluetoothは，電波を利用して近距離間でのデータ交換に利用されるインタフェース規格。
　イ．HDMIは，デジタル家電やAV機器で使われる映像や音声の入出力用のインタフェース規格。
4．イ．EOSは，企業間の受発注業務をオンラインで結ばれたコンピュータを用いて効率的に行うこと。
　ウ．RFIDは，ICタグを使い無線通信により個人や物を管理するしくみ。
5．ア．OSは，ハードウェアとアプリケーションソフトウェアをそれぞれ管理し制御するソフトウェア。
　ウ．AIは，人間の知能をコンピュータで実現するための技術。

【4】問4　イは今日の日付のみを表示する関数で，ウはセル内の文字数を求める関数。
【5】問1　（1,220 + 2,200 + 1,500）÷ 3 = 1,640
【6】p.41に流れ図（フローチャート）のトレース表を掲載。
【7】問2　切り捨てる関数はROUNDDOWN。
　　問3　順位を求める場合，降順の順位：RANK（数値，参照，0），昇順の順位：RANK（数値，参照，1）に注意。
　　問4　合計を求める関数はSUM。

米の収穫量

1．全国農業地域別データ　　　　　　　　　　　　　　　単位：トン

地域名	2017年	2018年	2019年	2020年	前年比	備考
北海道	581,800	514,800	588,100	594,400	1.01	○
東北	2,114,700	2,137,200	2,238,600	2,236,400	0.99	
北陸	1,079,000	1,096,300	1,115,300	1,134,500	1.01	○
関東・東山	1,431,100	1,457,300	1,413,800	1,444,300	1.02	○
東海	460,100	462,400	457,100	444,000	0.97	
近畿	526,600	517,500	516,400	496,000	0.96	
中国	552,400	537,800	513,200	489,700	0.95	
四国	242,400	233,400	220,700	222,800	1.00	○
九州・沖縄	834,100	823,500	698,400	700,600	1.00	○
合計	7,822,200	7,780,200	7,761,600	7,762,700		

注1

2020年地域別収穫量の割合

注2

2．東海地域県別データ　　　　　　　　　　　　　　　単位：トン

県名	2017年	2018年	2019年	2020年	構成比	順位
岐阜県	106,900	107,600	108,500	105,800	23.8%	3
静岡県	80,900	79,900	81,200	74,100	16.7%	4
愛知県	140,800	137,700	137,200	134,300	30.2%	1
三重県	131,500	137,200	130,200	129,800	29.2%	2
平均	115,025	115,600	114,275	111,000		

収穫量の推移

注3 注4 注5

C15 ：=SUM(C6:C14)
G6 ：=ROUNDDOWN(F6/E6,2)
H6 ：=IF(G6>=1,"○","")
C36 ：=AVERAGE(C32:C35)
G32 ：=F32/SUM($F$32:$F$35)
H32 ：=RANK(G32,$G$32:$G$35,0)

[切り離し円グラフ範囲]　B5 ～ B14，F5 ～ F14

[折れ線グラフ範囲]　B31 ～ F35

┌─配点──────────────────────────────────┐
│ ① コンマ…………………………………… 5点×1箇所＝5点 │
│ 　　（「1．全国農業地域別データ」のコンマがすべて設定され │
│ 　　ている。） │
│ ② 罫線…………………………………… 5点×1箇所＝5点 │
│ 　　（「2．東海地域県別データ」の罫線が正確にできている。） │
│ ③ 表の作成（◻）の箇所 ………………… 5点×11箇所＝55点 │
│ 　注1　H9 が ○，H10 が空白。 │
│ ④ グラフの作成（◻）の箇所 …………… 5点×7箇所＝35点 │
│ 　注2　「東海」のみが切り離されている。数値(5.7％)。 │
│ 　注3　方向，文字。 │
│ 　注4　最小値(70,000)，最大値(150,000)および間隔(10,000)。 │
│ 　注5　「2019 年」が折れ線グラフ。数値(静岡県 81,200　愛知県 137,200)。 │
│ 　　　　マーカーの種類は問わない。 │
└──────────────────────────────────────┘

※筆記【6】における各設問のトレース表は次のとおりである。
問 1

f	a
0	
0	3
3	3
3	2
5	2
5	1
6	1
6	0
6	0

問 2

f	a
0	
0	5
5	5
5	4
9	4
9	3
12	3
12	2
14	2
14	1
15	1
15	0
15	0

【1】	1	ウ	2	ア	3	ク	4	カ	5	コ	各3点　計15点

【2】	1	イ	2	オ	3	エ	4	ク	5	ア	各3点　計15点

【3】	1	イ	2	ウ	3	ア	4	イ	5	イ	各3点　計15点

【4】	問1	ア	問2	ウ	問3	イ	問4	ウ	問5	ウ	各3点　計15点

【5】	問1	50	問2	(1)	イ	(2)	ウ			各4点　計12点

【6】	問1	0	問2	1	各4点　計8点

【7】	問1	①	特急	②	¥600	③	¥1,500	④	¥2,500	⑤	521	すべてできて4点
	問2	ア	問3	ウ	問4	イ	問5	イ				各4点　計16点

※　問1　コンマの有無は問わない。

解説

【1】解答以外の解答群の語句の説明は以下のとおりである。
　　イ．オンラインストレージは，インターネット上に用意されたデータの保存場所。
　　エ．制御装置は，五大装置の中で，記憶装置の命令を取り出して解読し，各装置に指示を与える装置。
　　オ．ファイル名は，データを記憶場所に保存する際に付ける名前。
　　キ．RFIDは，電波を利用してICタグからの情報を読み書きするしくみ。
　　ケ．Bluetoothは，電波を使った近距離間でのデータ通信のインタフェース規格。

【2】解答以外のB群の説明文は以下の語句についての説明である。
　　ウ．ブルーレイディスク
　　カ．RAM
　　キ．オンラインストレージ
　　ケ．アンインストール
　　コ．POSシステム

【3】1．2進数の各桁に，各桁の重み（2のべき乗）を掛けてその和を求める。
　　　　$10111 = 1 \times 2^4 + 0 \times 2^3 + 1 \times 2^2 + 1 \times 2^1 + 1 \times 2^0 = 16 + 4 + 2 + 1 = 23$
　　2．ア．1MBは，約1,000,000（百万）バイト。
　　　　イ．1GBは，約1,000,000,000（十億）バイト。
　　3．イ．ウイルス定義ファイル（パターンファイル）は，コンピュータウイルスの特徴を記録したウイルス検出用のファイル。
　　　　ウ．アプリケーションソフトウェアは，表計算ソフトやワープロソフトのように，特定の目的に利用するソフトウェア。
　　4．ア．ドメイン名は，URLや電子メールアドレスの組織・団体など所属を表す部分。
　　　　ウ．Webサーバは，ブラウザからの要求に応じてWebページの情報を送信するコンピュータ。
　　5．ア．スパイウェアは，コンピュータに侵入し，利用者の情報を収集して外部へ送信するマルウェア。
　　　　ウ．トロイの木馬は，コンピュータに侵入し，特定のタイミングで外部からの遠隔操作によって不正な処理を行うマルウェア。

【4】問4　文字列を数値に変換する関数はVALUE。右端から文字列を抽出する関数はRIGHT。

【5】問1　$6 \times 9 - 4 = 50$
　　問2(1)　最大値を求める関数はMAX。

【6】p.44に流れ図（フローチャート）のトレース表を掲載。

【7】問2　左端から文字列を抽出する関数はLEFT。また，どの条件のときに何を表示するのか確認する。
　　問5　％表示の小数第1位は，小数第3位を指すことに注意する。
　　　　（例）　G6：15.2％ = 0.152

日本の雇用者数一覧表

1．雇用形態別雇用者数　　　　　　　　　　　　　　　　　　単位：万人

形態	2017年	2018年	2019年	2020年	前年比	割合
正規雇用者	3,432	3,485	3,503	3,539	101.0%	62.9%
パート	997	1,035	1,047	1,024	97.8%	18.2%
アルバイト	417	455	472	449	95.1%	8.0%
契約社員・嘱託	411	414	419	395	94.2%	7.0%
派遣社員	134	136	141	138	97.8%	2.5%
その他	77	80	86	85	98.8%	1.5%
雇用者計	5,468	5,605	5,668	5,630		
非正規雇用者計	2,036	2,120	2,165	2,091		
非正規雇用者の割合	37.2%	37.8%	38.1%	37.1%		

日本の雇用者数

注2　■正規雇用者　■パート　■アルバイト　■契約社員・嘱託　■派遣社員　■その他

2020年　3,539　1,024

2019年　3,503　1,047

2018年　3,485　1,035

注3　2017年　3,432　997

注4　0　2,000　4,000　6,000

万人

2．産業別非正規雇用者数　　　　　　　　　　　　　　　　　単位：万人

産業	2017年	2018年	2019年	2020年	順位	備考
製造業	254	254	259	241	4	
卸売業・小売業	445	461	460	451	1	
宿泊業・飲食サービス業	237	260	265	244	3	
生活関連サービス・娯楽業	95	101	105	96	6	
教育・学習支援業	109	115	123	122	5	○
医療・福祉	295	304	307	312	2	○
その他	601	625	646	596		
合計	2,036	2,120	2,165	2,062		

注1

非正規雇用者の産業別割合

その他　28.9%

製造業　11.7%

卸売業・小売業　21.9%　注5

宿泊業・飲食サービス業　11.8%

医療・福祉　15.1%

教育・学習支援業　5.9%

生活関連サービス・娯楽業　4.7%

43

C12：=SUM(C6:C11)
C13：=SUM(C7:C11)　　または　=C12-C6
C14：=ROUNDDOWN(C13/C12,3)
G6：=ROUNDDOWN(F6/E6,3)
H6：=F6/$F$12
C42：=SUM(C35:C41)
G35：=RANK(F35,$F$35:$F$40,0)
H35：=IF(F35>=C35*1.05,"○","")　　または　=IF(F35>=C35*105％,"○","")

[積み上げ横棒グラフ範囲]　B5〜F11　［データの選択］から，［行／列の切り替え］を行う。

[切り離し円グラフ範囲]　B34〜B41，F34〜F41

〈注意〉　円グラフのデータラベルの分類名の文字数が多いので，プロットエリアを小さくしたり，各データラ
　　　　ベルのエリアを拡げたり移動したりして調整する。

配点

① コンマ………………………………………………… 5点×1箇所＝5点
　　　　　　　　　　　　　　　　　　　　　　　　　（「1．雇用形態別雇用者数」のコンマがすべて設定されて
　　　　　　　　　　　　　　　　　　　　　　　　　いる。）

② 表の作成（　　　　　）の箇所 …………………… 5点×11箇所＝55点
　　注1　生活関連サービス・娯楽業が空白，教育・学習支援業が ○。

③ 罫線……………………………………………………… 5点×1箇所＝5点
　　　　　　　　　　　　　　　　　　　　　　　　　（「2．産業別非正規雇用者数」の罫線が正確にできている。）

④ グラフの採点（　　　　　）の箇所 …………… 5点×7箇所＝35点
　　注2　位置はグラフの上側であること。順序は問わない。
　　注3　「2017年」が積み上げ横棒グラフであること。数値(3,432と997)。
　　注4　最小値(0)，最大値(6,000)および間隔(2,000)。
　　注5　「卸売業・小売業」が切り離されている。

※筆記【6】における各設問のトレース表は次のとおりである。

問1

b	x	s
0		
0	378	
0	378	266
0	378	266
0	378	266

問2

b	x	s
0		
0	211	
0	211	210
1	211	210
1	211	210

【1】	1	ケ	2	キ	3	ク	4	ウ	5	ア	各3点　計15点

【2】	1	ウ	2	ク	3	カ	4	イ	5	コ	各3点　計15点

【3】	1	ア	2	ア	3	イ	4	ウ	5	イ	各3点　計15点

【4】	問1	イ	問2	ウ	問3	ア	問4	イ	問5	ア	各3点　計15点

【5】	問1	22	問2	(1)	ア	(2)	イ			各4点　計12点

【6】	問1	23	問2	30	各4点　計8点

【7】	問1	①	1,040	②	1,777	③	10,422	④	660	⑤	なし	すべてできて4点
	問2	ア	問3	イ	問4	ウ	問5	ア				各4点　計16点

※　問1　コンマの有無は問わない。

解説

【1】解答以外の解答群の語句の説明は以下のとおりである。

イ．ファイルサーバは，複数の利用者が共有するワープロ文書やワークシートなどのファイルを格納したサーバ。

エ．フォルダは，記憶媒体にファイルを分類，整理するために作られる保管場所。

オ．ブラウザは，Webページを閲覧するためのソフトウェア。

カ．イメージスキャナは，写真やイラストなどを光学的に読み取り，デジタルデータとして入力する装置。

コ．URLは，インターネット上のHTML文書や画像のファイルの保存場所を示すアドレス。

【2】解答以外のB群の説明文は以下の語句についての説明である。

ア．ブルーレイディスク

エ．ROM

オ．パスワード

キ．制御装置

ケ．アクセス権

【3】1．2進数の各桁に，各桁の重み（2のべき乗）を掛けてその和を求める。

$11011 = 1 \times 2^4 + 1 \times 2^3 + 0 \times 2^2 + 1 \times 2^1 + 1 \times 2^0 = 16 + 8 + 2 + 1 = 27$

2．イ．1GBは，約1,000,000,000（十億）バイト。

ウ．1TBは，約1,000,000,000,000（一兆）バイト。

3．ア．バイトは，情報の基本単位で，2進数の8桁で表される。

ウ．ディレクトリは，フォルダともいわれ，記憶媒体でファイルを分類，整理するために作られる保管場所。

4．ア．カーソルは，画面上で入力位置や操作位置を示すしるし。

イ．スクロールは，画面上に表示しきれない文字や画像を見るために，表示範囲を移動させること。

5．ア．有害サイトは，犯罪となる情報などを掲載しているWebサイト。

ウ．ワンクリック詐欺は，ハイパーリンクの設定された文字や画像をクリックさせて，不当な料金を請求する詐欺行為。

【4】問3　セル内改行にはAltキーを利用する。

問4　文字列を途中から抽出する関数はMID。

【5】問1　$2 + (5 \times 4) = 22$

【6】p.47に流れ図（フローチャート）のトレース表を掲載。

【7】問2　文字列を含めずに平均を求める関数はAVERAGE。ウの式では，水揚げ量「なし」の日を含んだ平均となる。

問3　％表示の小数第2位は，小数第4位を指すことに注意。

（例）　I5：8.31% = 0.0831

問4　作成条件5を参照し，IF関数を入れ子にして利用する。

問5　順位を求めるとき，降順の順位：RANK（数値，参照，0），昇順の順位：RANK（数値，参照，1）に注意。

和菓子販売一覧表

1. 生菓子の分類別売上数

単位：個

分類	9月	10月	11月	12月	合計	順位	備考
もち菓子	4,360	7,280	8,060	6,000	25,700	注1 2	○
蒸し菓子	2,340	1,880	2,560	2,330	9,110	5	
焼き菓子	4,930	6,530	7,710	8,330	27,500	1	○
流し菓子	3,680	1,880	2,430	1,770	9,760	4	
練り菓子	3,760	3,010	2,970	2,840	12,580	3	
揚げ菓子	1,450	1,910	1,810	2,040	7,210	6	○
最大	4,930	7,280	8,060	8,330	27,500		
最小	1,450	1,880	1,810	1,770	7,210		

注1

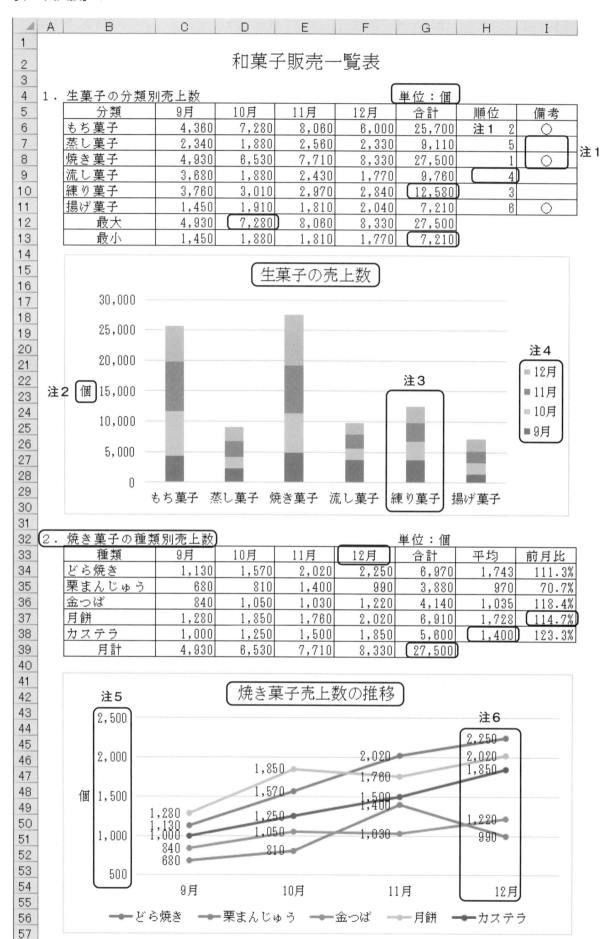

生菓子の売上数

注2 個

注3

注4
■ 12月
■ 11月
■ 10月
■ 9月

もち菓子　蒸し菓子　焼き菓子　流し菓子　練り菓子　揚げ菓子

2. 焼き菓子の種類別売上数

単位：個

種類	9月	10月	11月	12月	合計	平均	前月比
どら焼き	1,130	1,570	2,020	2,250	6,970	1,743	111.3%
栗まんじゅう	680	810	1,400	990	3,880	970	70.7%
金つば	840	1,050	1,030	1,220	4,140	1,035	118.4%
月餅	1,280	1,850	1,760	2,020	6,910	1,728	114.7%
カステラ	1,000	1,250	1,500	1,850	5,600	1,400	123.3%
月計	4,930	6,530	7,710	8,330	27,500		

焼き菓子売上数の推移

注5
2,500

2,000

個 1,500

1,000

500

注6
2,250
2,020
1,850
1,220
990

1,280
1,130
1,000
840
680

1,850
1,570
1,250
1,050
810

2,020
1,760
1,500
1,400
1,030

9月　　10月　　11月　　12月

—●— どら焼き　—●— 栗まんじゅう　—●— 金つば　—●— 月餅　—●— カステラ

G6：=SUM(C6:F6)
H6：=RANK(G6,$G$6:$G$11,0)
I6：=IF(F6>C6 ,"○","")
C12：=MAX(C6:C11)
C13：=MIN(C6:C11)
G34：=SUM(C34:F34)
H34：=AVERAGE(C34:F34)
I34：=ROUNDDOWN(F34/E34,3)
C39：=SUM(C34:C38)

［積み上げ縦棒グラフ範囲］　B5 ～ F11

［折れ線グラフ範囲］　B33 ～ F38　［データの選択］から，［行／列の切り替え］を行う。

┌ 配点 ───
│ ①　コンマ……………………………………………………　5点×1箇所＝5点
│ 　　　　　　　　　　　　　　　　　　　　　　　　　　　（「1．生菓子の分類別売上数」のコンマがすべて設定され
│ 　　　　　　　　　　　　　　　　　　　　　　　　　　　ている。）
│ ②　表の作成（◯◯◯◯◯）の箇所 ………………………　5点×11箇所＝55点
│ 　注1　蒸し菓子が空白，焼き菓子が ○ 。
│ ③　罫線 ………………………………………………………　5点×1箇所＝5点
│ 　　　　　　　　　　　　　　　　　　　　　　　　　　　（「2．焼き菓子の種類別売上数」の罫線が正確にできてい
│ 　　　　　　　　　　　　　　　　　　　　　　　　　　　る。）
│ ④　グラフの作成（◯◯◯◯）の箇所 …………………　5点×7箇所＝35点
│ 　注2　文字，方向。
│ 　注3　「練り菓子」が積み上げ縦棒グラフであること。
│ 　注4　位置はグラフの右側であること。順序は問わない。
│ 　注5　最小値(500)，最大値(2,500)および間隔(500)。
│ 　注6　「12月」が折れ線グラフであること。数値(2,250　2,020　1,850　1,220　990)。
└───

※筆記【6】における各設問のトレース表は次のとおりである。

問1

a	b	s	c
2			
2	10		
2	10	0	
2	10	0	1
2	10	11	1
2	10	11	2
2	10	23	2
2	10	23	3
2	10	23	3

問2

a	b	s	c
3			
3	8		
3	8	0	
3	8	0	1
3	8	9	1
3	8	9	2
3	8	19	2
3	8	19	3
3	8	30	3
3	8	30	4
3	8	30	4

【1】	1	オ	2	イ	3	エ	4	ク	5	ウ	各3点 計15点
【2】	1	ウ	2	キ	3	エ	4	カ	5	コ	各3点 計15点
【3】	1	ア	2	ウ	3	イ	4	イ	5	ア	各3点 計15点
【4】	問1	イ	問2	ア	問3	ウ	問4	イ	問5	ア	各3点 計15点
【5】	問1	6	問2 (1)	ウ	(2)	ウ					各4点 計12点
【6】	問1	33	問2	66							各4点 計8点

【7】	問1	①	2,720,374	②	215,506	③	464,202	④	342,671	⑤	229,753	すべてできて4点
	問2	イ	問3	ウ	問4	ア	問5	ア				各4点 計16点

※ 問1 コンマの有無は問わない。

解説

【1】 解答以外の解答群の語句の説明は以下のとおりである。
　　ア．インストールは，ソフトウェアを保存して使用可能の状態にすること。
　　カ．プロバイダは，インターネットのサービスを提供する接続事業者。
　　キ．バッチ処理は，データを一定量や一定期間ためておき，まとめて処理する方法。
　　ケ．ネット詐欺は，インターネット上で人をだまして金銭などの損害を与える犯罪行為。
　　コ．GUIは，アイコンやカーソルなどで直感的に操作できるようにした操作環境。

【2】 解答以外のB群の説明文は以下の語句についての説明である。
　　ア．メールサーバ
　　イ．IoT
　　オ．OS
　　ク．なりすまし
　　ケ．ワーム

【3】 1．10進数を2で割り，商が0になるまで余りを求める。

```
2) 2 2
2) 1 1 …0
2)   5 …1
2)   2 …1
2)   1 …0
     0 …1
```

　　2．ア．nsは1,000,000,000（十億）分の1秒。
　　　　イ．μsは，1,000,000（百万）分の1秒。
　　3．ア．商品の受発注業務をオンラインにより行う電子受発注システム。
　　　　ウ．商品のバーコードを読み取ることで，販売時に売上情報を収集，記録できるシステム。
　　　　　　販売時点情報管理システム。
　　4．ア．ファイルの種類や機能を視覚的にわかりやすく表現した絵文字。
　　　　ウ．画面外の内容を確認するために表示範囲を移動させること。
　　5．イ．縦横の2方向に情報を持つバーコード。
　　　　ウ．バーコードを光学的に読み取る装置。

【4】 問5　左から5文字目より2文字を抽出するため，MID関数を使用する。
【5】 問1　算術演算子「^」はべき乗なので，計算式は $4 + (10 - 2^3)$ となり，$4 + (10 - 8) = 4 + 2 = 6$ となる。
【6】 p.50に流れ図（フローチャート）のトレース表を掲載。
【7】 問2　小数第4位未満を四捨五入するため，ROUND関数の桁数には4を指定する。
　　　　パーセント表示で小数第2位まで表示する指示は関数ではなく操作で行う点に注意。
　　　問3　パーセント表示の24％は0.24となることに注意。

日本の自動車と運転免許の保有者数

1．自動車保有台数

単位：千台

車種	1990年	2000年	2010年	2020年	伸び率	順位	備考
乗用車	32,938	51,222	57,903	61,809	87.6%	1	○
貨物車	20,944	18,425	15,533	14,367	-31.4%	2	
乗合車	242	236	228	231	-4.5%	5	
特殊車	1,155	1,707	1,512	1,766	52.9%	4	
二輪車	2,715	2,993	3,517	3,677	35.4%	3	
合計	57,994	74,583	78,693	81,850	41.1%		
乗用車の割合	56.8%	68.7%	73.6%	75.5%			

注1

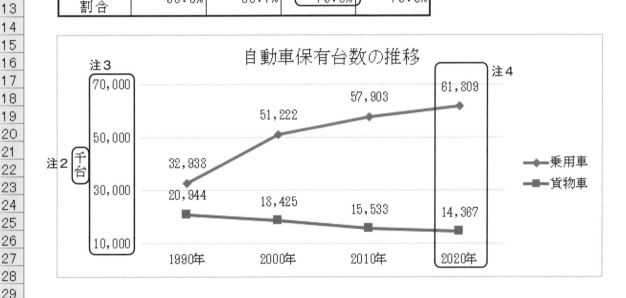

自動車保有台数の推移

注3　注4　注2

2．運転免許保有者数

単位：千人

性別	1990年	2000年	2010年	2020年	割合
男	38,029	43,866	45,487	44,597	54.4%
女	22,880	30,821	35,523	37,393	45.6%
計	60,909	74,687	81,010	81,990	100.0%

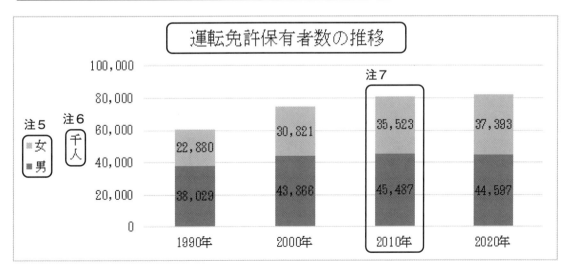

運転免許保有者数の推移

注7　注5　注6

49

C12 ： =SUM(C7:C11)
C13 ： =C7/C12
G7 ： =ROUNDDOWN(F7/C7-1,3)
H7 ： =RANK(F7,$F$7:$F$11,0)
I7 ： =IF(G7=MAX($G$7:$G$11),"○","")
C35 ： =SUM(C33:C34)
G33 ： =F33/$F$35

[折れ線グラフ範囲]　B6 ～ F8

[積み上げ縦棒グラフ範囲]　B32 ～ F34

① 　コンマ‥‥‥‥‥‥‥‥‥‥‥‥‥‥‥　5点×1箇所＝5点
　　　　　　　　　　　　　　　　　　　　（「1．自動車保有台数」のコンマがすべて設定されている。）
② 　罫線‥‥‥‥‥‥‥‥‥‥‥‥‥‥‥‥　5点×1箇所＝5点
　　　　　　　　　　　　　　　　　　　　（「1．自動車保有台数」の細線・太線が正確にできている。）
③ 　表の作成（　　　　　）の箇所 ‥‥‥‥‥　5点×11箇所＝55点
　　注1　乗用車が ○，貨物車が空白。
④ 　グラフの作成（　　　　　）の箇所 ‥‥‥‥　5点×7箇所＝35点
　　注2　方向，文字。
　　注3　最小値(10,000)，最大値(70,000)および間隔(20,000)。
　　注4　「2020年」が折れ線グラフ。数値(61,809と14,367)。マーカーの有無は問わない。
　　注5　位置はグラフの左側であること。順序は問わない。
　　注6　方向，文字。
　　注7　「2010年」が積み上げ縦棒グラフ。数値(35,523と45,487)。左右の位置や重ね順は問わない。

※筆記【6】における各設問のトレース表は次のとおりである。

k	p
1	
1	6
9	6
33	6
33	6

k	p
1	
1	3
6	3
21	3
66	3
66	3

【1】	1	エ	2	オ	3	コ	4	ア	5	ウ	各3点 計15点

【2】	1	コ	2	イ	3	エ	4	ウ	5	ク	各3点 計15点

【3】	1	ウ	2	イ	3	ア	4	ウ	5	ア	各3点 計15点

【4】	問1	イ	問2	ウ	問3	ウ	問4	ア	問5	ウ	各3点 計15点

【5】	問1	0.6	問2	(1)	ア	(2)	ア			各4点 計12点

【6】	問1	1	問2	0	各4点 計8点

【7】	問1	①	6,626.2	②	6,904.7	③	4,736.5	④	1,958.5	⑤	221.3	すべてできて4点
	問2	ア	問3	イ	問4	ウ	問5	イ				各4点 計16点

※ 問1 コンマの有無は問わない。

解説

【1】 解答以外の解答群の語句の説明は以下のとおりである。
　　イ．スパムメールは，不特定多数の人に一方的に大量に送信される迷惑メール。
　　カ．ワクチンプログラムは，コンピュータウイルスを検出し，除去したり，感染したファイルを削除したりするソフトウェア。
　　キ．ワンクリック詐欺は，ハイパーリンクの設定された文字や画像をクリックさせて，実際に利用していないWebサイトの使用料や会員登録料など不当な料金を請求する詐欺行為。
　　ク．Webサーバは，Webページの情報を蓄積しておき，ブラウザからの要求に応じて，送信するコンピュータ。
　　ケ．演算装置は，五大装置の中で，四則演算や比較判断を行う装置。

【2】 解答以外のB群の説明文は以下の語句についての説明である。
　　ア．HTML
　　オ．補助記憶装置
　　カ．ウイルス定義ファイル(パターンファイル)
　　キ．インクジェットプリンタ
　　ケ．ドメイン名

【3】 1．2進数の各桁に，各桁の重み(2のべき乗)を掛けてその和を求める。
　　　$10100 = 1 \times 2^4 + 0 \times 2^3 + 1 \times 2^2 + 0 \times 2^1 + 0 \times 2^0 = 16 + 4 = 20$
　　2．ア．nsは，1,000,000,000(十億)分の1秒。
　　　　ウ．psは，1,000,000,000,000(一兆)分の1秒。
　　3．イ．アクセス権は，ネットワーク上にあるコンピュータやファイルなどを利用するための権限のこと。
　　　　ウ．パスワードは，コンピュータシステムに接続する際に，利用者が本人かどうかを確認するための暗証番号。
　　4．ア．Toは，電子メールを送信したい相手のメールアドレスを入力する場所。
　　　　イ．Ccは，電子メールを複数の相手に同時に送信する方法の一つで，指定したメールアドレスは他の受信者にも通知される。
　　5．イ．ダウンロードは，ネットワーク上のプログラムやデータを利用者のコンピュータに転送して保存すること。
　　　　ウ．アップデートは，ソフトウェアを最新の状態に更新すること。

【4】 問2　セル内の文字数を求める関数はLEN。

【5】 問1　切り捨てる関数はROUNDDOWN。桁数に注意する。

【6】 p.53に流れ図(フローチャート)のトレース表を掲載。

【7】 問3　四捨五入する関数はROUND。桁数に注意する。
　　問4　IF関数の入れ子の順番と，条件と表示するものの関係をよく確認する。
　　問5　平均を求める関数はAVERAGE。範囲設定に注意する。

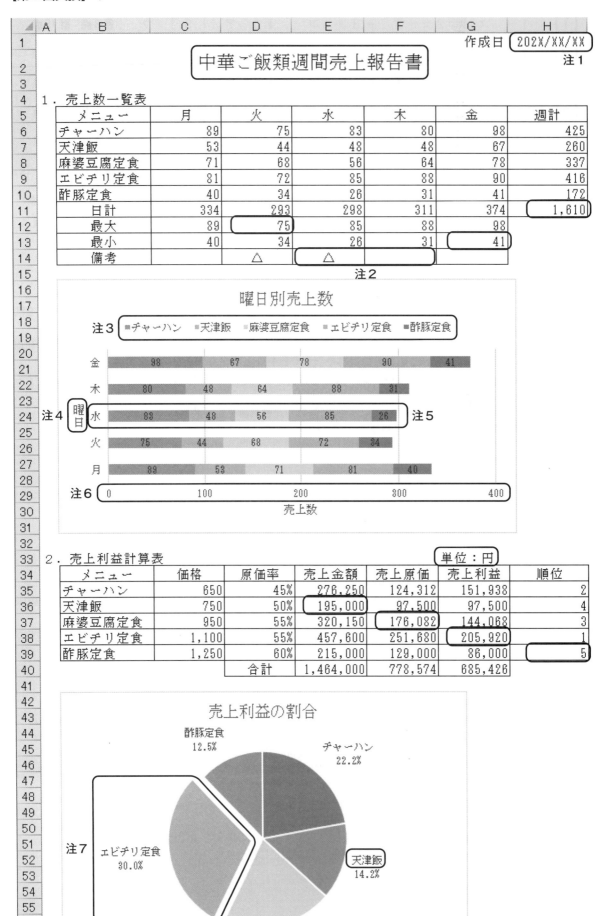

作成日 202X/XX/XX 注1

中華ご飯類週間売上報告書

1．売上数一覧表

メニュー	月	火	水	木	金	週計
チャーハン	89	75	83	80	98	425
天津飯	53	44	48	48	67	260
麻婆豆腐定食	71	68	56	64	78	337
エビチリ定食	81	72	85	88	90	416
酢豚定食	40	34	26	31	41	172
日計	334	293	298	311	374	1,610
最大	89	75	85	88	98	
最小	40	34	26	31	41	
備考		△	△			

注2

曜日別売上数

注3 ■チャーハン ■天津飯 ■麻婆豆腐定食 ■エビチリ定食 ■酢豚定食

注4 曜日 / 注5

- 金 98 67 78 90 41
- 木 80 48 64 88 31
- 水 89 48 56 85 26
- 火 75 44 68 72 34
- 月 89 53 71 81 40

注6 0 100 200 300 400

売上数

2．売上利益計算表

単位：円

メニュー	価格	原価率	売上金額	売上原価	売上利益	順位
チャーハン	650	45%	276,250	124,312	151,938	2
天津飯	750	50%	195,000	97,500	97,500	4
麻婆豆腐定食	950	55%	320,150	176,082	144,068	3
エビチリ定食	1,100	55%	457,600	251,680	205,920	1
酢豚定食	1,250	60%	215,000	129,000	86,000	5
合計			1,464,000	778,574	685,426	

売上利益の割合

- 酢豚定食 12.5%
- チャーハン 22.2%
- 天津飯 14.2%
- 麻婆豆腐定食 21.0%
- 注7 エビチリ定食 30.0%

H1 ： =TODAY()
C11： =SUM(C6:C10)
C12： =MAX(C6:C10)
C13： =MIN(C6:C10)
C14： =IF(C11<300,"△","")
H6 ： =SUM(C6:G6)
E35： =C35*H6
F35： =ROUNDDOWN(E35*D35,0)
G35： =E35-F35
H35： =RANK(G35,$G$35:$G$39,0)
E40： =SUM(E35:E39)

［積み上げ横棒グラフ範囲］　B5〜G10

［切り離し円グラフ範囲］　B34〜B39，G34〜G39

配点
---

① コンマ……………………………………… 5点×1箇所＝5点
　　　　　　　　　　　　　　　　　　　（「2．売上利益計算表」のコンマがすべて設定されている。）
② 罫線……………………………………… 5点×1箇所＝5点
　　　　　　　　　　　　　　　　　　　（「1．売上数一覧表」の罫線が正確にできている。）
③ 表の作成（□□□□）の箇所 ……………… 5点×11箇所＝55点
　注1　年・月・日が表示されていること。形式は問わない。
　注2　「水」が△，「木」が空白
④ グラフの作成（□□□）の箇所 …………… 5点×7箇所＝35点
　注3　位置はグラフの上側であること。
　注4　文字，方向。
　注5　「水」が積み上げ横棒グラフ。数値(83,48,56,85,26)。左右の位置や重ね順は問わない。
　注6　最小値(0)，最大値(400)および間隔(100)。
　注7　「エビチリ定食」のみが切り離されている。数値(30.0%)。

※筆記【6】における各設問のトレース表は次のとおりである。
問1

s	x	y	r
0			
0	161		
0	161	153	
0	161	153	38
1	161	153	38
1	161	153	38

問2

s	x	y	r
0			
0	144		
0	144	136	
0	144	136	34
0	144	136	34
0	144	136	34

【1】	1	ク	2	オ	3	ケ	4	イ	5	コ	各3点　計15点

【2】	1	カ	2	ケ	3	オ	4	コ	5	イ	各3点　計15点

【3】	1	イ	2	ウ	3	イ	4	ウ	5	イ	各3点　計15点

【4】	問1	イ	問2	ア	問3	ウ	問4	ウ	問5	イ	各3点　計15点

【5】	問1	22	問2	(1)	ウ	(2)	イ			各4点　計12点

【6】	問1	564	問2	476	各4点　計8点

【7】	問1	①	155	②	42,200	③	31,000	④	4,249	⑤	28,731	すべてできて4点
	問2	イ	問3	イ	問4	ウ	問5	ウ				各4点　計16点

※　問1　コンマの有無は問わない。

解説

【1】解答以外の解答群の語句の説明は以下のとおりである。
　　ア．集積回路は，複数の電子回路をまとめ，一つの部品として構成したもの。
　　ウ．POSシステムは，販売店のレジでバーコードを読み取ることで売上情報を収集して記録するしくみ。
　　エ．JANコードは，JISにより規格化され，日本の共通商品コードとなっているバーコード。
　　カ．ファイルサーバは，複数の利用者が共有するワープロ文書のファイルやワークシートのデータなどを格納したサーバ。
　　キ．HDMIは，デジタル家電やAV機器で使われる映像や音声の入出力用のインタフェース規格。

【2】解答以外のB群の説明文は以下の語句についての説明である。
　　ア．バイト
　　ウ．DVD
　　エ．フラッシュメモリ
　　キ．なりすまし
　　ク．チェーンメール

【3】1．10進数を2で割り，商が0になるまで余りを求める。
```
2) 2 8
2) 1 4 …0
2)   7 …0
2)   3 …1
2)   1 …1
     0 …1
```

　　2．ア．1TBは，約1,000,000,000,000（一兆）バイト。
　　　　イ．1GBは，約1,000,000,000（十億）バイト。
　　3．ア．SSDは，大容量の半導体メモリを用いた補助記憶装置。
　　　　ウ．ハードディスクは，金属性の磁気ディスクを用いた記憶媒体。
　　4．ア．アップデートは，ソフトウェアを最新の状態に更新すること。
　　　　イ．アンインストールは，コンピュータからソフトウェアを削除して導入前の状態に戻すこと。
　　5．ア．ワームは，侵入したコンピュータに自分の複製を大量に作成して不具合を起こすマルウェア。
　　　　ウ．トロイの木馬は，コンピュータに侵入し，特定の日時になると外部からの遠隔操作によって不正な処理を行うマルウェア。

【4】問3　F2キーは数式が入っている場合，対象範囲が指定され，F3キーは「名前の貼り付け」ダイアログボックスが表示される。

【5】問1　8 + 7 × 2 = 22

【6】p.56に流れ図（フローチャート）のトレース表を掲載。

【7】問2　○を表示する条件を確認する。
　　問3　四捨五入して指定した桁数にする関数はROUND。範囲設定に注意する。
　　問5　空白のセル以外の，数値または文字が入力されたセルの件数を求める関数はCOUNTA。範囲に注意する。

世界と日本の人口の推移

1．世界の人口

単位：100万人

	地域	2010年	2030年	2050年	増加率	備考	順位
世界	アジア	4,164	4,868	5,142	23.4%	○	5
	北アメリカ	542	642	710	30.9%	○	3
	南アメリカ	393	461	488	24.1%	○	4
	ヨーロッパ	738	741	719	-2.5%	▲	6
	アフリカ	1,022	1,562	2,192	114.4%	◎	1
	オセアニア	37	47	55	48.6%	○	2
	合計	6,896	8,321	9,306	34.9%	注1	
	増加数	-	1,425	2,410			

2050年の人口割合

オセアニア
0.6%

アフリカ
23.6%

ヨーロッパ
7.7%

南アメリカ
5.2%

北アメリカ
7.6%

アジア
55.3%

注2

2．日本の人口

単位：千人

	年齢	2010年	2030年	2050年	割合
日本	0〜14歳	16,803	12,039	9,387	9.7%
	15〜59歳	70,995	59,498	43,924	45.2%
	60〜64歳	10,037	8,231	6,089	6.3%
	生産年齢人口	81,032	67,729	50,013	51.5%
	65〜74歳	15,173	14,066	13,829	14.2%
	75歳以上	14,072	22,784	23,846	24.6%
	老年人口	29,245	36,850	37,675	38.8%
	合計	127,080	116,618	97,075	100.0%
	増加数	-	-10,462	-30,005	

人口割合の推移

注4

注5

注3 割合

100%

75%

50%

25%

0%

2010年	2030年	2050年
29,245	36,850	37,675
81,032	67,729	50,013
16,803	12,039	9,387

老年人口
生産年齢人口
0〜14歳

注6

D13：=SUM(D7:D12)

E14：=E13-$D$13

G7：=ROUNDDOWN(F7/D7-1,3)

H7：=IF(G7<0%,"▲",IF(G7<=100%,"○","◎"))

I7：=RANK(G7,$G$7:$G$12,0)

D37：=SUM(D35:D36)

D40：=SUM(D38:D39)

D41：=D34+D37+D40

E42：=E41-$D$41

G34：=F34/$F$41

[切り離し円グラフ範囲]　C6 ～ C12，F6 ～ F12

[100%積み上げ縦棒グラフ範囲]　C33 ～ F34，C37 ～ F37，C40 ～ F40

┌─ 配点 ───

① コンマ‥‥‥‥‥‥‥‥‥‥‥‥‥‥‥‥‥‥ 5点×1箇所＝5点
　　　　　　　　　　　　　　　（「1．世界の人口」のコンマがすべて設定されている。）

② 罫線‥‥‥‥‥‥‥‥‥‥‥‥‥‥‥‥‥‥‥ 5点×1箇所＝5点
　　　　　　　　　　　　　　　（「1．世界の人口」の細線・太線が正確にできている。）

③ 表の作成（□□□□）の箇所 ‥‥‥‥‥‥‥ 5点×11箇所＝55点
　注1　ヨーロッパが▲，アフリカが◎，オセアニアが○。

④ グラフの作成（□□□□）の箇所 ‥‥‥‥‥ 5点×7箇所＝35点
　注2　「アジア」のみが切り離されている。数値（55.3%）。
　注3　方向，文字。
　注4　最小値（0%），最大値（100%）および間隔（25%）。
　注5　「2010年」が100%積み上げ縦棒グラフ。数値（29,245と81,032と16,803）。左右の位置や重ね順は問わない。
　注6　位置はグラフの右側であること。

└───

※筆記【6】における各設問のトレース表は次のとおりである。

問1

k	i	j	m
0			
0	15559		
0	15559	15	
0	15559	15	559
564	15559	15	559
564	15559	15	559

問2

k	i	j	m
0			
0	12476		
0	12476	12	
0	12476	12	476
476	12476	12	476
476	12476	12	476

【1】	1	キ	2	オ	3	コ	4	ク	5	イ	各3点　計15点

【2】	1	エ	2	コ	3	ケ	4	オ	5	イ	各3点　計15点

【3】	1	イ	2	ア	3	イ	4	ウ	5	イ	各3点　計15点

【4】	問1	ウ	問2	ア	問3	ウ	問4	ア	問5	イ	各3点　計15点

【5】	問1	12,000	問2	(1)	イ	(2)	イ				各4点　計12点

【6】	問1	15	問2	90					各4点　計8点

【7】	問1	①	11	②	3	③	9	④	7	⑤	22	すべてできて4点
	問2	イ	問3	ア	問4	ウ	問5	ア				各4点　計16点

解説

【1】解答以外の解答群の語句の説明は以下のとおりである。
ア．フォルダは，記憶媒体にファイルを分類，整理するために作られる保管場所。
ウ．Bluetooth は，電波を利用して近距離間でのデータ交換に利用されるインタフェース規格。
エ．ドメイン名は，URL や電子メールアドレスの組織・団体など所属を表す部分。
カ．入力装置は，五大装置の中で，プログラムやデータを主記憶装置に読み込む装置。
ケ．ユーザ ID は，コンピュータシステムに接続する際に，利用者本人を識別するために入力する番号や文字列。

【2】解答以外のB群の説明文は以下の語句についての説明である。
ア．インストール
ウ．ROM
カ．コンピュータウイルス
キ．Bcc
ク．カーソル

【3】1．2進数の各桁に，各桁の重み（2のべき乗）を掛けてその和を求める。
　　　$10001 = 1 \times 2^4 + 0 \times 2^3 + 0 \times 2^2 + 0 \times 2^1 + 1 \times 2^0 = 16 + 1 = 17$
　　2．イ．ns は，1,000,000,000（十億）分の1秒。
　　　　ウ．ps は，1,000,000,000,000（一兆）分の1秒。
　　3．ア．ファイルサーバは，複数の利用者が共有するワープロ文書のファイルやワークシートのデータなどを格納したサーバ。
　　　　ウ．Web サーバは，Web ページの情報を蓄積しておき，ブラウザからの要求に応じて，送信するコンピュータ。
　　4．ア．オペレーティングシステム (OS) は，ハードウェアとアプリケーションソフトウェアの間で動作し，それぞれを管理，制御するソフトウェア。
　　　　イ．EOS は，企業間の商品の受発注業務をオンラインで結ばれたコンピュータを用いて効率的に行うこと。
　　5．ア．ハードディスクは，金属性の磁気ディスクを回転させて，データを読み書きする記憶媒体。
　　　　ウ．ブルーレイディスクは，青紫色のレーザ光線で光ディスクにデータを読み書きする記憶媒体。

【4】問5　アは3位以下に，ウは4位以下に○を表示する。

【5】問1　$30,000 \times 120 \div 300 = 12,000$

【6】p.59 に流れ図（フローチャート）のトレース表を掲載。

【7】問2　計算式と桁数に注意する。
　　問3　◎を表示する条件を確認する。
　　問4　切り上げる関数は ROUNDUP。桁数に注意する。

クレープ売上一覧表

1．売上数

商品		売上数			備考
コード	商品名	午前	午後	計	
BA330	バナナ	47	47	94	
CH300	チョコ	38	31	69	○
CI400	チョコアイス	52	65	117	
CU320	カスタード	26	19	45	○
IC360	アイス	36	43	79	
ST330	イチゴ	21	36	57	
	合計	220	241	461	
	平均	37	40	77	
	最大	52	65	117	

注1

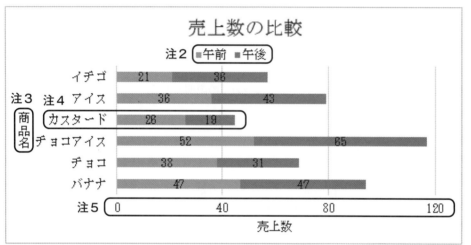

売上数の比較

注2 ■午前 ■午後

イチゴ　21　36
注3　注4　アイス　36　43
商品名　カスタード　26　19
チョコアイス　52　65
チョコ　38　31
バナナ　47　47
注5　0　40　80　120
売上数

2．売上高

コード	商品名	価格	売上高	順位
BA330	バナナ	330	31,020	2
CH300	チョコ	300	20,700	4
CI400	チョコアイス	400	46,800	1
CU320	カスタード	320	14,400	6
IC360	アイス	360	28,440	3
ST330	イチゴ	330	18,810	5
商品数		6	合計	160,170

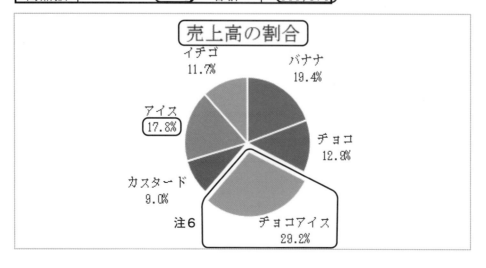

売上高の割合

イチゴ
11.7%

バナナ
19.4%

アイス
17.8%

チョコ
12.9%

カスタード
9.0%

注6　チョコアイス
29.2%

F7：=D7+E7　または　=SUM(D7:E7)
G7：=IF(D7>E7,"○","")
D13：=SUM(D7:D12)
D14：=AVERAGE(D7:D12)
D15：=MAX(D7:D12)
D34：=VALUE(RIGHT(B34,3))
E34：=F7*D34
F34：=RANK(E34,$E$34:$E$39,0)
C40：=COUNTA(C34:C39)
E40：=SUM(E34:E39)

[積み上げ横棒グラフ範囲]　C6 ～ E12

[切り離し円グラフ範囲]　C33 ～ C39，E33 ～ E39

※筆記【6】における各設問のトレース表は次のとおりである。

f	r	d	k	p	c	m	
5							
5	3						
5	3	0					
5	3	0	1				
5	3	0	1	3			
5	4	0	1	3			
5	4	0	1	3	15		（ア）1回目
5	4	0	1	3	15	7	
5	4	8	1	3	15	7	
5	4	8	2	3	15	7	
5	4	8	2	4	15	7	
5	6	8	2	4	15	7	
5	6	8	2	4	20	7	（ア）2回目
5	6	8	2	4	20	10	
5	6	90	2	4	20	10	
5	6	90	3	4	20	10	（イ）

| 【1】 | 1 | ケ | 2 | ア | 3 | キ | 4 | イ | 5 | エ | | 各3点　計15点 |

| 【2】 | 1 | エ | 2 | オ | 3 | コ | 4 | ク | 5 | イ | | 各3点　計15点 |

| 【3】 | 1 | ウ | 2 | ア | 3 | イ | 4 | イ | 5 | ウ | | 各3点　計15点 |

| 【4】 | 問1 | イ | 問2 | ア | 問3 | ウ | 問4 | ア | 問5 | 3 | | 各3点　計15点 |

| 【5】 | 問1 | 162 | 問2 | (1) | イ | (2) | ウ | | | 各4点　計12点 |

| 【6】 | 問1 | 1000 | 問2 | 1049 | | | 各4点　計8点 |

| 【7】 | 問1 | ① | F | ② | ゴールド | ③ | 6,846 | ④ | 3,584 | ⑤ | 27 | すべてできて4点 |
| | 問2 | イ | 問3 | ウ | 問4 | ア | 問5 | ア | | | 各4点　計16点 |

※　問1　コンマの有無は問わない。

解説

【1】解答以外の解答群の語句の説明は以下のとおりである。

ウ．EOS は，企業間の商品の受発注業務をオンラインで結ばれたコンピュータを用いて効率的に行うこと。

オ．ROM は，データの読み出し専用で，電源を切っても記憶内容が消えないメモリ。

カ．チェーンメールは，受信者に受信内容をほかの人へ送信するように促す迷惑メール。

ク．サーチエンジンは，インターネット上に公開されている情報を検索する際に利用するシステム。

コ．アクセス権は，ネットワーク上にあるコンピュータやファイル，情報機器を利用するための権限のこと。

【2】解答以外のB群の説明文は以下の語句についての説明である。

ア．HTML

ウ．トロイの木馬

カ．USB

キ．リアルタイム処理

ケ．URL

【3】1．10進数を2で割り，商が0になるまで余りを求める。

```
2) 2 4
2) 1 2 …0  ↑
2)   6 …0
2)   3 …0
2)   1 …1
     0 …1
```

2．イ．1 MB は，約 1,000,000（百万）バイト。

　　ウ．1 TB は，約 1,000,000,000,000（一兆）バイト。

3．ア．スパイウェアは，コンピュータに侵入し利用者の情報を収集して外部へ送信するマルウェア。

　　ウ．アクセス制限は，利用者の職位などによって，コンピュータやファイルなどを利用する権限を制限すること。

4．ア．添付ファイルは，電子メールの送信時に本文と一緒に送付されるファイル。

　　ウ．フィルタリングは，不適切な Web サイトなどへのアクセスを制限する機能。

5．ア．バーコードリーダは，商品などに付いたバーコードを光学的に読み取る装置。

　　イ．JAN コードは，JIS により規格化され，日本の共通商品コードとなっているバーコード。

【4】問4　A4 セルの文字列の左側から2文字を抽出する。

【5】問1　$3^2 × 3 × 6 = 162$

【6】p.62 に流れ図（フローチャート）のトレース表を掲載。

【7】問3　文字列を途中から抽出する関数は MID。会員番号の2文字目から1文字を抽出する。また，IF 関数の条件と表示するものの関係に注意する。

問4　切り上げる関数は ROUNDUP。

駅ナカ店売上表

1．前日との売上数比較　　　　　　　単位：個

商品コード	前日	本日	増減	増減率（％）	備考
AD120	161	173	12	7.4%	目標達成
BD200	150	118	-32	-21.3%	
AK080	198	242	44	22.2%	目標達成
BK130	175	194	19	10.8%	目標達成
CK150	116	89	-27	-23.2%	
AM110	148	150	2	1.3%	目標達成
合計	948	966	18		
最大	198	242			
最小	116	89			

注1

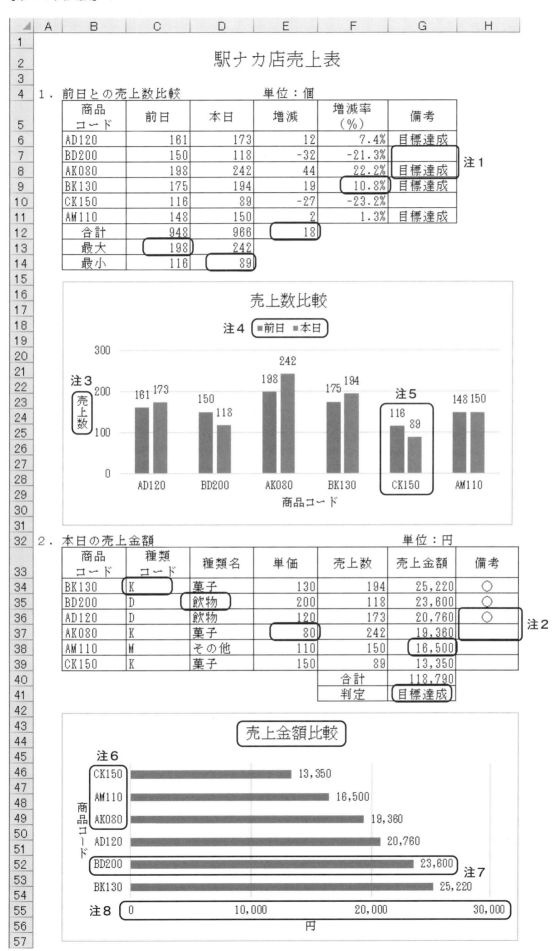

売上数比較

注4 ■前日 ■本日

注3 売上数

注5

161 173　150 118　198 242　175 194　116 89　148 150

AD120　BD200　AK080　BK130　CK150　AM110

商品コード

2．本日の売上金額　　　　　　　　単位：円

商品コード	種類コード	種類名	単価	売上数	売上金額	備考
BK130	K	菓子	130	194	25,220	○
BD200	D	飲物	200	118	23,600	○
AD120	D	飲物	120	173	20,760	○
AK080	K	菓子	80	242	19,360	
AM110	M	その他	110	150	16,500	
CK150	K	菓子	150	89	13,350	
				合計	118,790	
				判定	目標達成	

注2

売上金額比較

注6

CK150　13,350
AM110　16,500
AK080　19,360
AD120　20,760
BD200　23,600　注7
BK130　25,220

商品コード

注8　0　10,000　20,000　30,000

円

E6：=D6-C6

F6：=ROUNDDOWN(E6/C6,3)　または　=ROUNDDOWN(D6/C6-1,3)

G6：=IF(D6>=150,"目標達成","")

C12：=SUM(C6:C11)

C13：=MAX(C6:C11)

C14：=MIN(C6:C11)

C34：=MID(B34,2,1)

D34：=IF(C34="D","飲物",IF(C34="K","菓子","その他"))

E34：=VALUE(RIGHT(B34,3))

G34：=E34*F34

H34：=IF(G34>=20000,"○","")

G40：=SUM(G34:G39)

G41：=IF(G40>=100000,"目標達成","")

［並べ替え範囲］　B33 ～ H39　［先頭行をデータの見出しとして使用する］にチェックを入れる。
　　　　　　　　　　　　　［列　最優先されるキー］：売上金額　　［順序］：大きい順（降順）

［集合縦棒グラフ範囲］　B5 ～ D11

［集合横棒グラフ範囲］　B33 ～ B39，G33 ～ G39

┌─配点──
│ ①　コンマ……………………………………………… 5点×1箇所＝5点
│ 　　　　　　　　　　　　　　　　　　　　　　（「2．本日の売上金額」のコンマがすべて設定されている。）
│ ②　罫線………………………………………………… 5点×1箇所＝5点
│ 　　　　　　　　　　　　　　　　　　　　　　（「1．前日との売上数比較」の罫線が正確にできている。）
│ ③　表の作成（　　　　）の箇所 …………………… 5点×11箇所＝55点
│ 　　注1　BD200 が空白，AK080 が 目標達成 。
│ 　　注2　AD120 が○，AK080 が空白。
│ ④　グラフの作成（　　　　）の箇所 …………… 5点×7箇所＝35点
│ 　　注3　方向，文字。
│ 　　注4　位置はグラフの上側であること。順序は問わない。
│ 　　注5　「CK150」が集合縦棒グラフであること。数値（前日116　本日89）。左右の位置は問わない。
│ 　　注6　並び順。
│ 　　注7　「BD200」が集合横棒グラフであること。数値（23,600）。上下の位置は問わない。
│ 　　注8　最小値(0)，最大値(30,000)および間隔(10,000)。
└──

※筆記【6】における各設問のトレース表は次のとおりである。

問1

r	x	p	q
0			
0	1483		
0	1483	2966	
0	1483	2966	988
1000	1483	2966	988
1000	1483	2966	988

問2

r	x	p	q
0			
0	1567		
0	1567	3134	
0	1567	3134	1044
1049	1567	3134	1044
1049	1567	3134	1044

【1】	1	コ	2	オ	3	ク	4	ウ	5	カ	各3点　計15点
【2】	1	オ	2	コ	3	キ	4	ク	5	ウ	各3点　計15点
【3】	1	イ	2	ア	3	ウ	4	イ	5	ウ	各3点　計15点
【4】	問1	ウ	問2	イ	問3	イ	問4	ア	問5	ウ	各3点　計15点
【5】	問1	78.5	問2 (1)	ウ	(2)	イ					各4点　計12点
【6】	問1	12	問2	5							各4点　計8点

【7】	問1	①	450	②	4,429	③	2,842	④	3,102	⑤	2,956	すべてできて4点
	問2	ウ	問3	ア	問4	ウ	問5	ア				各4点　計16点

※　問1　コンマの有無は問わない。

解説

【1】 解答以外の解答群の語句の説明は以下のとおりである。
　ア．インクジェットプリンタは，細かな液状のインクを用紙に吹き付けて印字する出力装置。
　イ．中央処理装置（CPU）は，プログラムを解読して計算処理などを行い，各装置を制御するコンピュータの中心部分。
　エ．二次元バーコードは，縦と横の二方向で情報を記録するコード。
　キ．インストールは，コンピュータにソフトウェアを保存して使用可能な状態にすること。
　ケ．ビットは，2進数の1桁で表される情報の最小単位。

【2】 解答以外のB群の説明文は以下の語句についての説明である。
　ア．イメージスキャナ
　イ．URL
　エ．ブラウザ
　カ．スクロール
　ケ．ファイル名

【3】 1．2進数の各桁に，各桁の重み（2のべき乗）を掛けてその和を求める。
　　$11101 = 1 \times 2^4 + 1 \times 2^3 + 1 \times 2^2 + 0 \times 2^1 + 1 \times 2^0 = 16 + 8 + 4 + 1 = 29$
　2．イ．1GBは，約1,000,000,000（十億）バイト。
　　ウ．1TBは，約1,000,000,000,000（一兆）バイト。
　3．ア．イメージスキャナは，写真や絵などを光学的に読み取り，デジタルデータとして読み込む入力装置。
　　イ．POSシステムは，販売店のレジで商品のバーコードを読み取ることで，売上情報を収集して記録するしくみ。
　4．ア．Ccは，電子メールを複数の相手に同時に送信するとき，指定したメールアドレスは他の受信者にも通知される。
　　ウ．フィルタリングは，不適切な閲覧させたくないWebサイトへのアクセスを制限する機能。
　5．ア．RFIDは，電波を利用してICタグからの情報を読み書きする技術。
　　イ．ECは，インターネット上で商品やサービスの取引を行うしくみ。

【4】 問3　ウのAVERAGEは指定した範囲の平均を求める関数。
　問5　アのCOUNTAは指定した範囲に存在しているデータの件数を求める関数。

【5】 問1　$5^2 \times 3.14 = 78.5$

【6】 p.65に流れ図（フローチャート）のトレース表を掲載。

【7】 問2　作成条件2を参照し，関数式の中に入れる計算式に注意する。
　問3　作成条件4を参照し，関数式の中に入れる計算式に注意する。
　問4　式をコピーして使う場合，計算式の中で売上高（2ヶ月分）の合計は絶対参照にする。

ふるさと納税に関する調査

1. 団体別受入状況データ

単位：百万円　　　　　　単位：件

地方公共団体名	受入額		受入件数		1件当たり	備考
	平成30年度	令和元年度	平成30年度	令和元年度		
根室市	4,957	6,589	314,041	413,575	15,931	○
寒河江市	3,511	4,423	157,591	204,666	21,610	
燕市	1,684	4,237	70,013	131,513	32,217	
上峰町	5,318	4,672	303,083	278,000	16,805	○
都農町	9,627	5,208	585,450	270,465	19,255	○
南さつま市	2,239	4,644	103,996	254,344	18,258	○
最大	9,627	6,589	585,450	413,575		

注1

受入額の比較

注2　注3　注4

2. カテゴリ別返礼品データ

カテゴリ	受入件数	順位
果物・フルーツ	3,047,692	3
魚介・海産物	6,300,741	1
家電・電化製品	2,118,916	4
肉	5,318,292	2
旅行券・ギフト券	1,724,536	5
その他	4,825,900	
合計	23,336,077	

受入件数の割合

注5

C14：=MAX(C8:C13)
G8：=ROUNDDOWN(D8*1000000/F8,0)
H8：=IF(G8<20000,"○","")
C38：=SUM(C32:C37)
D32：=RANK(C32,$C$32:$C$36,0)

[集合縦棒グラフ範囲]　B7 ～ D13

[切り離し円グラフ範囲]　B31 ～ C37

┌─配点─────────────────────────────────
│ ① 　コンマ………………………………………… 5点×1箇所＝5点
│ 　　　　　　　　　　　　　　　　　　　　　　（「１．団体別受入状況データ」のコンマがすべて設定され
│ 　　　　　　　　　　　　　　　　　　　　　　ている。）
│ ② 　罫線………………………………………… 5点×1箇所＝5点
│ 　　　　　　　　　　　　　　　　　　　　　　（「１．団体別受入状況データ」の罫線が正確にできてい
│ 　　　　　　　　　　　　　　　　　　　　　　る。）
│ ③ 　表の作成（　　　　）の箇所 ………………… 5点×11箇所＝55点
│ 　　注1　燕市が空白，上峰町が ○ 。
│ ④ 　グラフの作成（　　　　）の箇所 …………… 5点×7箇所＝35点
│ 　　注2　文字，方向。
│ 　　注3　最小値(0)，最大値(10,000)および間隔(2,000)。
│ 　　注4　「上峰町」が集合縦棒グラフであること。数値（平成30年度5,318　令和元年度4,672）。
│ 　　注5　「魚介・海産物」のみが切り離されている。数値(27.00%)。
└─────────────────────────────────

※筆記【6】における各設問のトレース表は次のとおりである。

問1

m	y	r	p	k	t	u
3						
3	0					
3	0	3				
2	0	3				
2	0	3	13			
2	0	3	13	6		
2	0	3	13	6	4	
2	0	3	13	6	4	14
2	7	3	13	6	4	14
2	7	2	13	6	4	14
1	7	2	13	6	4	14
1	7	2	11	6	4	14
1	7	2	11	3	4	14
1	7	2	11	3	1	14
1	7	2	11	3	1	10
1	12	2	11	3	1	10
1	12	2	11	3	1	10

問2

m	y	r	p	k	t	u
2						
2	0					
2	0	2				
1	0	2				
1	0	2	11			
1	0	2	11	3		
1	0	2	11	3	1	
1	0	2	11	3	1	10
1	5	2	11	3	1	10
1	5	2	11	3	1	10

主催　公益財団法人　全国商業高等学校協会

令和5年度（第69回）情報処理検定試験　第3級　筆記

審　査　基　準

【1】

1	2	3	4	5
エ	ク	コ	オ	ウ

【2】

1	2	3	4	5
キ	イ	ア	ケ	カ

【3】

1	2	3	4	5
イ	ア	ウ	ア	イ

【4】

問1	問2	問3	問4	問5
ウ	イ	ア	ウ	イ

各3点 20問　小計 **60**

【5】

問1	問2	
	(1)	(2)
180	イ	ウ

【6】

問1	問2
9	2

【7】

問1				
①	②	③	④	⑤
マイクロバス	3,591	544	1,840	4,992

問2	問3	問4	問5
イ	ウ	ア	ア

※　**【7】問1**は①〜⑤のすべてができて正答とする。
　　コンマの有無は問わない。

各4点 10問　小計 **40**

得　点　合　計　**100**

主催　公益財団法人 全国商業高等学校協会
令和5年度（第69回）情報処理検定試験　第3級 実技
審 査 基 準

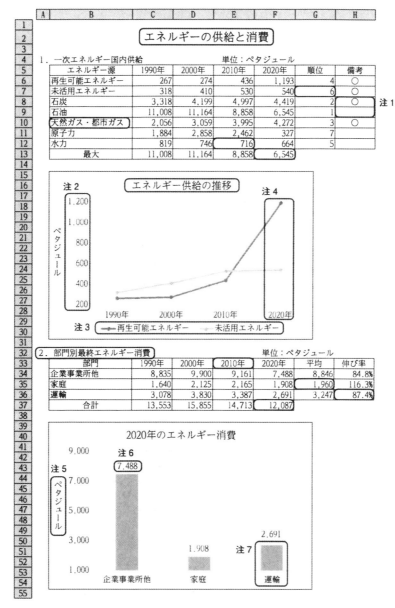

〈筆記〉

【1】 解答以外の解答群の語句の説明は以下のとおりである。
ア. ファイルサーバは，複数の利用者が共有するワープロ文書やワークシートなどのファイルを保存しているコンピュータ。
イ. レーザプリンタは，印字データをレーザ光により感光ドラムにあて，トナーを付着させてから用紙に転写する出力装置。
カ. ＡＩは，人間の知能をコンピュータで実現するための技術。自律的に認識・学習・判断・推論を行う。
キ. フィッシング詐欺は，偽の電子メールやWebサイトから，クレジットカード番号や暗証番号などの個人情報を不正に入手する詐欺行為。
ケ. 演算装置は，コンピュータにおける五大装置の中で，データの四則演算や比較判断を行う装置。

【2】 解答以外のB群の説明文は以下の語句についての説明文である。
ウ. 認証
エ. スパムメール
オ. カーソル
ク. ダウンロード
コ. ＯＳ（オペレーティングシステム）

【3】 1. 10進数を2で割り，商と余りを求めることを繰り返し，最後に余りを下から並べる。

```
2) 2 2
2) 1 1 …0
2)  5 …1
2)  2 …1   10110
2)  1 …0
    0 …1
```

ア. 1101の10進数は13。
ウ. 11010の10進数は26。

2. イ. μs は，処理速度の単位で，1,000,000（百万）分の1秒。
ウ. ns は，処理速度の単位で，1,000,000,000（十億）分の1秒。

3. ア. Bcc は，電子メールを複数の相手に同時に送信するメーラの機能で，指定したメールアドレスは他の受信者に通知されない。ブラインドカーボンコピーの略。
イ. To は，電子メールを送信する相手のメールアドレスを入力する場所。宛先。

4. イ. GUI は，コンピュータの操作を，ボタンやアイコンを選択することで直感的に簡単に行えるようにした操作環境。
ウ. RFID は，無線通信によりICタグからの情報を読み書きし，商品を管理する技術。

5. ア. DVD は，光ディスクに赤色レーザ光線を用いて約4.7GB読み書きできる記憶媒体。映像の記録などに用いる。
ウ. ブルーレイディスクは，光ディスクに青紫色レーザ光線を用いて一層式で約25GB読み書きできる記憶媒体。高画質の映像を記録できる。

【4】 問1. ア. セルの高さを調整する。
イ. 隣のセルとグループ化して同一の大きなセルになること。
問2. ア. 小数点以下の表示桁数を増やすボタン。
ウ. ％として書式設定するボタン。
問3. イ. 範囲内の合計を求める関数式。
ウ. 範囲内の数値データ件数を求める関数式。
問4. ア. 昇順に並べ替えたときに表示されるデータ。
イ. A5 に表示されるデータ。
問5. ア. 左端から1文字を抽出する式。この場合は，「卒」が表示される。

ウ. 左端から2文字目より1文字を抽出する式。この場合は，「業」が表示される。

【5】 問1. A1+B1/4＊A1 → 20 + 32 ÷ 4 × 20
→ 20 + 8 × 20
→ 20 + 160 → 180

問2. (1)ア. 集合横棒グラフは，量の変化や大きさを表すときに用いるグラフ。
ウ. 積み上げ横棒グラフは，総量の表示や総量に対する各データの比率を表すときに用いるグラフ。
(2)ア. 農産物算出額の割合は小さい。
イ. 「牛」の農産物算出額の割合が最も大きい。

【6】 問1

y	a	x
1		
1	3	
1	3	9
1	3	9

問2

y	a	x
1		
1	5	
1	5	25
2	5	25
2	5	25

【7】 問1. ①資料から，車種4番目の「マイクロバス」を調べる。
②資料の「2020年の車両数」から，貨物車の「3,591」を調べる。
③資料の「2021年の車両数」から，特殊車の「544」を調べる。
④資料の「車種別レンタカー車両数の推移」から，2022年の平均値（9200 ÷ 5 = 1,840）を計算する。
⑤資料の「車種別レンタカー車両数の推移」から，最大値の「4,992」を調べる。
問2. ア. 貨物車の車両数合計を求める関数式。
ウ. VALUE 関数は，文字列を数値に変換する関数。
問3. ア. 2019年の最小値を求める関数式。
イ. 2019年の貨物車と二輪車で比較し，最小値を求める関数式。
問4. イ. 「増減率」が5.0％以下の場合，○ を表示する。
ウ. 「増減率」が5.0％以上の場合，何も表示せず，それ以外の場合，○ を表示する。
問5. イ. 合計が2019年に固定されているため，この式はコピーできない。
ウ. 「合計 ÷ 乗用車」の式。

〈実技〉
G6：=RANK(F6,$F$6:$F$12,0)
H6：=IF(F6>C6,"○","")
C13：=MAX(C6:C12)

G34：=AVERAGE(C34:F34)
H34：=F34/C34
C37：=SUM(C34:C36)

[マーカー付き折れ線グラフ範囲]　B5～F7
[集合縦棒グラフ範囲]　B33～C36，F33～F36

主催　公益財団法人 全国商業高等学校協会

令和 5 年度（第 70 回）情報処理検定試験　第 3 級 筆記

審　査　基　準

【1】

1	2	3	4	5
カ	ア	ク	ウ	コ

【2】

1	2	3	4	5
イ	ケ	オ	キ	エ

【3】

1	2	3	4	5
イ	イ	ウ	ア	ウ

【4】

問1	問2	問3	問4	問5
ア	ウ	イ	ウ	イ

各3点
20問　小計　**60**

【5】

問1	問2	
	(1)	(2)
110	ア	ウ

【6】

問1	問2
160	1

【7】

問1				
①	②	③	④	⑤
ラジオ	45	168	271	52

問2	問3	問4	問5
ア	ウ	ア	イ

※　【7】問 1 は①〜⑤のすべてができて正答とする。

各4点
10問　小計　**40**

得　点　合　計
100

主催　公益財団法人 全国商業高等学校協会

令和5年度（第70回）情報処理検定試験　第3級 実技

審 査 基 準

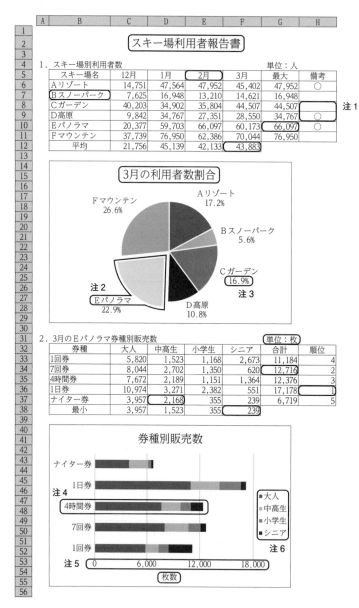

配点

① コンマ …………………………………… 5点×1箇所＝5点
   （「1．スキー場別利用者数」のコンマがすべて設定されている）

② 表の作成（⬭）の箇所 ……… 5点×11箇所＝55点
   注1 Cガーデンが空白，D高原が ○ 。

③ 罫線 …………………………………… 5点×1箇所＝5点
   （「2．3月のEパノラマ券種別販売数」の罫線が正確にできている）

④ グラフの作成（⬭）の箇所 … 5点×7箇所＝35点
   注2 分類名がEパノラマであり，Eパノラマのみが切り離されている。
   注3 数値（16.9%）。
   注4 「4時間券」が積み上げ横棒グラフであること。
   注5 最小値（0），最大値（18,000），および間隔（6,000）。
   注6 位置はグラフの右側であること。順序は問わない。

※ 審査にあたっては，必要に応じて「審査上の注意事項」を参照してください。

〈筆記〉

【1】 解答以外の解答群の語句の説明は以下のとおりである。
　　　イ．スクロールは，画面上に表示しきれない文字や画像
　　　　を見るために，表示範囲を移動させる操作。
　　　エ．RAM は，電源を切ると記憶内容が消える，書き込み
　　　　と読み取りが可能なメモリ。
　　　オ．RFID は，無線通信により IC タグからの情報を読み
　　　　書きし，商品を管理する技術。
　　　キ．検索エンジンは，インターネット上に公開されてい
　　　　る情報を検索するために利用する Web ページ。
　　　ケ．イメージスキャナは，写真や絵，印刷物などを光学
　　　　的に読み取り，デジタルデータとして入力する装置。

【2】 解答以外の B 群の説明文は以下の語句についての説明文
　　　である。
　　　ア．ブラインドカーボンコピー(Bcc)
　　　ウ．アンインストール
　　　カ．制御装置
　　　ク．二次元バーコード(QR コード)
　　　コ．スパイウェア

【3】 1．2 進数の各桁に，各桁の重み（2 のべき乗）を掛けて
　　　　その和を求める。
　　　　$10001 \rightarrow \underline{1} \times 2^4 + \underline{0} \times 2^3 + \underline{0} \times 2^2 + \underline{0} \times 2^1 + \underline{1} \times 2^0$
　　　　$\rightarrow 16 + 0 + 0 + 0 + 1 \rightarrow 17$
　　　　ア．12 の 2 進数は 1100。
　　　　ウ．33 の 2 進数は 100001。
　　　2．ア．1 KB は，約 1,000（千）バイト。
　　　　ウ．1 GB は，約 1,000,000,000（10 億）バイト。
　　　3．ア．EC は，インターネットを利用して，商品やサ
　　　　ービスの取引を行うしくみ。
　　　　イ．フォーマットは，記憶媒体を利用できるように
　　　　するための作業。初期化ともいう。
　　　4．イ．ファイル名は，データを記憶媒体に保存する際
　　　　に付ける名前。
　　　　ウ．アクセス権は，ネットワーク上にあるコンピュ
　　　　ータやファイル，情報機器を利用するための権限
　　　　のこと。
　　　5．ア．プリントサーバは，複数の利用者でプリンタを
　　　　共有するために設置されたコンピュータ。
　　　　イ．URL は，インターネットにおいて，HTML 文書や
　　　　画像などのファイルの保存場所を示すアドレス。

【4】 問1．イ．行を追加すること。
　　　　　　ウ．セルの幅を変えること。
　　　問2．ア．数値に桁区切り記号を付けるボタン。
　　　　　　イ．小数点以下の表示桁数を増やすボタン。
　　　問3．ア．10 円未満を四捨五入して表示する関数式。
　　　　　　ウ．10 円未満を切り捨てて表示する関数式。
　　　問4．ア．「自責点」を基準として昇順に並べ替えたと
　　　　　　きに表示されるデータ。
　　　　　　イ．「防御率」を基準として降順に並べ替えたと
　　　　　　きに表示されるデータ。
　　　問5．ア．2 文字目から 3 文字を抽出する式。この場合
　　　　　　は，「U20」が表示される。
　　　　　　ウ．左端から 3 文字を抽出する式。この場合は，
　　　　　　「BU2」が表示される。

【5】 問1．A1^2+B1/C1 → 10^2+20/2 → $10^2+20 \div 2$
　　　　　　　　　　　　　　　　→ 100+10 → 110
　　　問2．(1)イ．グラフの中に合計まで含まれてしまう。
　　　　　　　ウ．横軸ラベルが含まれず，合計が含まれてし
　　　　　　　まう。
　　　　　　(2)ア．2022 年の競技人口の方が多い。
　　　　　　　イ．競技人口が最も多いのは「バドミントン」
　　　　　　　である。

【6】 問1

a	b	x	y	z
1	6			
1	6	100		
1	6	100	60	
1	6	100	60	160
1	6	100	60	160

問2

a	b	x	y	z	m
2	3				
2	3	200			
2	3	200	30		
2	3	200	30	230	
2	3	200	30	230	1
2	3	200	30	230	1

【7】 問1．①資料から，媒体 4 番目の「ラジオ」を調べる。
　　　　　②資料の「2019 年の新聞」から，広告費の「45」
　　　　　　を調べる。
　　　　　③資料の「2020 年のプロモーションメディア」
　　　　　　から，広告費の「168」を調べる。
　　　　　④資料の「2021 年　媒体別広告費」から，最大値
　　　　　　の「271」を調べる。
　　　　　⑤資料の「媒体別広告費」から，雑誌における
　　　　　　2019〜2022 年の合計 (17 + 11 + 12 + 12 = 52)
　　　　　　を計算する。
　　　問2．イ．B5 と E5 の平均値を求める関数式。
　　　　　　ウ．2019 年の平均値を求める関数式。
　　　問3．ア．関数式をコピーした際，2022 年の年合計が
　　　　　　相対参照なので，セル位置が移動し正しく計算
　　　　　　できない。
　　　　　　イ．関数式をコピーした際，2022 年の年合計が
　　　　　　相対参照なので，セル位置が移動し，正しく計
　　　　　　算できない。また，分子を絶対参照するのは間
　　　　　　違い。
　　　問4．イ．条件が，E5>=D5 であれば，答えは 3 になる。
　　　　　　ウ．条件が，E5<=D5 であれば，答えは 4 になる。
　　　問5．ア．範囲の最大値を求める関数式。
　　　　　　ウ．範囲に入力されているデータの件数を求める
　　　　　　関数式。

〈実技〉

G6：=MAX(C6:F6)
H6：=IF(F6>=C6*2,"○","")
C12：=AVERAGE(C6:C11)

G33：=SUM(C33:F33)
H33：=RANK(C33,$C$33:$C$37,0)
C38：=MIN(C33:C37)

[切り離し円グラフの範囲]　B5〜B11, F5〜F11
[積み上げ横棒グラフの範囲]　B32〜F37